www.ingramcontent.com/pod-product-compliance
Lightning Source LLC
LaVergne TN
LVHW010158070526
838199LV00062B/4407
* 9 7 8 9 3 5 8 7 2 6 7 5 6 *

سید سبطِ علی صبا:
فن اور شخصیت

اخترشاد

© Akhtar Shaad
Syed Sabt-e-Ali Saba : Funn aur Shakhsiat
by: Akhtar Shaad
Edition: May '2024
Publisher :
Taemeer Publications LLC (Michigan, USA / Hyderabad, India)

ISBN 978-93-5872-675-6

مصنف یا ناشر کی پیشگی اجازت کے بغیر اس کتاب کا کوئی بھی حصہ کسی بھی شکل میں بشمول ویب سائٹ پر اَپ لوڈنگ کے لیے استعمال نہ کیا جائے۔ نیز اس کتاب پر کسی بھی قسم کے تنازع کو نمٹانے کا اختیار صرف حیدرآباد (تلنگانہ) کی عدلیہ کو ہوگا۔

© اخترشاد

کتاب	:	سید سبطِ علی صبا: فن اور شخصیت
مصنف	:	اخترشاد
صنف	:	تحقیق و تنقید
ناشر	:	تعمیر پبلی کیشنز (حیدرآباد، انڈیا)
سالِ اشاعت	:	۲۰۲۴ء
صفحات	:	۲۶۰
سرورق ڈیزائن	:	تعمیر ویب ڈیزائن

فہرست

انتساب

چند ضروری باتیں

باب اول

خاندانی پس منظر

پیدائش اور تعلیم

آغازِ شاعری

ملازمت، شادی اور گھریلو حالات

وفات

پس ماندگان

صبا ٹرسٹ

طشتِ مراد

شخصیت اور نظریات

باب دوم

بیسویں صدی کا سیاسی، سماجی ماحول اور جدید اردو غزل

سیّد سبطِ علی صبا کی غزل۔ ”طشتِ مراد“ کی غزلوں کا فکری تجزیہ [1]

باب سوم

نعت رسولِ مقبول

اردو نظم کی مختصر روایت

سید سبطِ علی صبا کی نظم

شہدائے کربلا کے حوالے سے نظمیں اور سلام

نوحے

غزل

سید سبطِ علی صبا کی شاعری کی فنی خصوصیات

بحریں

تمثال کاری :

تراکیب

استعارے

تشبیہات

لفظیات

علامات

نظموں کا فنی تجزیہ

ہیئت

حرفِ آخر

باب چہارم

اردو ادب میں سیّد سبطِ علی صبا کا مقام

انتساب

تیسری دنیا کے محنت کشوں کے نام

چند ضروری باتیں

سید سبطِ علی صبا کا ایک مشہور شعر تو میں لڑکپن سے سنتا آ رہا تھا۔ لیکن 1984ء میں ان کے چند اشعار میری نظر سے گزرے، جنہوں نے مجھ جیسے ادب کے طالب علم کو بہت متاثر کیا۔ 1984ء تا 1990ء کے چھ سالوں میں مَیں نے یہ بات خاص طور پر محسوس کی کہ سید سبطِ علی صبا جیسے جدید شاعر کے محض مزدور ہونے کی وجہ سے ان کی شاعری پر تنقیدی و تشریحی کام نہ ہونے کے برابر ہے۔ 1989ء میں جب مَیں ایم۔اے۔ سال اول میں تھا، تو یونیورسٹی کی طرف سے راولپنڈی کے شعبہ اردو کے طلباء کو پہلی مرتبہ تحقیقی و تنقیدی مقالے لکھنے کی اجازت ملی۔ میں نے یہ فیصلہ کر لیا کہ اگر مجھے مقالہ لکھنے کا موقع ملا تو میں سید سبطِ علی صبا پر کام کروں گا۔ مارچ 1990ء میں ہمارے سال اول کے نتیجے کے مطابق جب مجھے مقالہ لکھنے کا اہل قرار دیا گیا تو میں نے سید سبطِ علی صبا کا نام پیش کر دیا۔ جب مجھے یونیورسٹی کی طرف سے موضوع کی منظوری کی اطلاع ملی تو مجھے غیر معمولی خوشی حاصل ہوئی۔ کیونکہ اس کام کو میں اپنی نصابی ضرورت کے ساتھ ساتھ اپنا ایک سماجی فرض بھی سمجھتا تھا۔

مقالے کی تیاری کے دوران بہت سی مشکلات کا سامنا کرنا پڑا، جو کوئی اہم بات نہیں، کیونکہ مشکلات تحقیق کرنے والے ہر طالب علم کو پیش آتی رہتی ہیں۔ تاہم یہ بات اہم ہے کہ ان مشکلات کو دور کرنے میں بہت سے لوگوں نے میرے ساتھ تعاون کیا۔

میں سب سے پہلے پنجاب یونیورسٹی کے اربابِ اختیار کا شکریہ ادا کرتا ہوں جنہوں نے راولپنڈی کے طلباء وطالبات کو بھی مقالے لکھنے کی سہولت دے رکھی ہے، جو نہ صرف طلباء کے لئے سود مند ہے بلکہ اس طرح شمالی پنجاب کے گمنام ادیبوں پر بھی کام کرنے کے مواقع پیدا ہوئے ہیں۔ میں اپنے اس مقالے کے نگران اور اپنے شفیق استاد پروفیسر رفیق بیگ

صاحب (صدر، شعبہ اردو، گورنمنٹ پوسٹ گریجوایٹ کالج، اصغر مال، راولپنڈی) کا بے حد ممنون ہوں، جن کی حوصلہ افزائی اور راہنمائی نے مجھے یہ کام کرنے کا اعتماد بخشا۔ اپنے استادِ محترم پروفیسر یوسف حسن صاحب کا بھی تہِ دل سے ممنون ہوں جنہوں نے مقالے کی تیاری کے سلسلے میں مشفقانہ مشوروں سے نوازا، اور ضروری مطالعاتی مواد فراہم کیا۔ میں شعبہ اردو کے تمام اساتذہ کرام بالخصوص پروفیسر قیوم شاکر صاحب، پروفیسر ارشد احمد صاحب، پروفیسر ماجد صدیقی صاحب اور شعبہ انگریزی کے پروفیسر اظہر جاوید طارق صاحب کا بھی شکر گزار ہوں کہ وہ میرے کام میں دلچسپی لیتے رہے۔ میں اے۔ سی۔ ریکارڈ ونگ لیفٹیننٹ کرنل سید اقتدار حسین شاہ صاحب کا بھی ممنون ہوں جنہوں نے صبا کے کلام اور میرے کام میں دلچسپی لیتے ہوئے مجھے صبا کا آرمی سروس کا ضروری ریکارڈ فراہم کیا۔ ہفت روزہ ''ہلال'' راولپنڈی کے یٰسین صاحب اور ہفت روزہ ''واہ کاریگر'' کے میرے محترم طفیل کمالزئی صاحب میرے خصوصی شکریہ کے مستحق ہیں، جنہوں نے صبا کی تخلیقات کا ریکارڈ فراہم کیا۔ میں اپنے ہم جماعت دوست کمال پاشا راز اور نثار ترابی بھائی کا بے حد ممنون ہوں جو اس کام کے آغاز سے تکمیل تک میرے ہم قدم رہے۔ جناب ڈاکٹر توصیف تبسم، آفتاب اقبال شمیم، شفیع ضامن، نثار ناسک، رشید نثار، حسن ناصر، اکمل ارتقائی، علی مطہر اشعر اور نظیر اختر صاحب نے میرے ساتھ بھرپور تعاون کیا اور میری حوصلہ افزائی فرمائی۔ میں ان سب کا تہِ دل سے شکر گزار ہوں۔ میں بیگم صبا، صبا کے والد محترم اور ان کے جملہ اہلِ خانہ کا بھی ممنون ہوں جن کا تعاون قدم قدم پر شاملِ حال رہا۔ میں اپنے ایم۔ اے۔ کے سینئر دوست وسیم حیدر صاحب، اور اپنے دوستوں اشرف سلیم، ابوذر، وسیم کشفی، رؤف امیر اور یعقوب آسی کا بھی شکر گزار ہوں جنہوں نے میری معاونت اور حوصلہ افزائی کی۔ میرے برادرانِ حقیقی مہتاب احمد ستی اور اشتیاق احمد نے اپنا بہت سا قیمتی وقت میرے لئے وقف رکھا، ان کا شکریہ مجھ پر واجب ہے۔ میں کلاسک آئی بی ایم کمپوزرز راولپنڈی کے خرم نصیر بھائی اور ندیم اقبال قریشی کا

بھی بے حد ممنون ہوں جنہوں نے نہ صرف بہت کم وقت میں اس مقالے کو کمپوز کیا بلکہ اغلاط کو دور کرنے کے لئے اس کے صفحات کو بار بار لیزر پرنٹر سے گزارا۔

اور آخر میں، میں اپنے والد محترم کی خدمت میں تشکر کے جذبات پیش کرتا ہوں، جنہوں نے مقالے کی تیاری کے دوران مجھے ہر قسم کی متعلقہ سہولیات فراہم کیں۔ حقیقت یہ ہے کہ اگر ان کی شفقت کا سایہ میرے سر پر نہ ہوتا تو میرے لئے اس کام کی تکمیل ناممکن تھی۔

اختر شاد

03 جنوری 1991ء

باب اول

خاندانی پس منظر

سید سبطِ علی صبا کے آباء واجداد کا تعلق سادات کے جعفری ترمذی خانوادے سے تھا۔ دادا کا نام سید محمد علی شاہ تھا جو تحصیل و ضلع سیالکوٹ کے ایک گاؤں کوٹلی لوہاراں (مشرقی) کے ایک صاحبِ جائیداد شخص تھے۔ اپنی افتادِ طبع کے باعث سید محمد علی شاہ نے کاشت کاری پر ملازمت کو ترجیح دی اور محکمہ مال میں ملازمت اختیار کر لی۔ ایک عرصہ تک پٹواری کی حیثیت سے خدمات سر انجام دینے کے بعد اس ملازمت کو خیر باد کہہ دیا اور محکمہ ڈاک میں ملازم ہو گئے۔ عمر کے آخری ایام تک بطور پوسٹ ماسٹر خدمات سر انجام دیتے رہے۔[1]

سید محمد علی شاہ نے دو شادیاں کی تھیں۔ پہلی بیوی اپنے گاؤں کی تھی، جس سے کوئی اولاد نہ ہوئی۔ دوسری شادی جموں کشمیر کی ایک غیر سادات خاتون عائشہ بی بی سے کی۔ عائشہ بی بی کے یکے بعد دیگرے دس بچے کم سنی میں انتقال کر گئے۔ ادھیڑ عمری میں گیارھواں بچہ پیدا ہوا تو سید محمد علی شاہ نے اپنے دامنِ امید کو اپنے مذہبی اعتقادات سے وابستہ کرتے ہوئے اس کا نام زین العابدین رکھا۔ سید محمد علی شاہ کی خدا نے سن لی اور اس طرح خاندانِ اہل بیت کی طرح ان کے خاندان کا نام بھی مٹتے مٹتے بچا۔ سید این العابدین سید محمد علی شاہ کی واحد نرینہ اولاد ہیں۔ ان کے علاوہ دو بیٹیاں فرمان بی بی اور فاطمہ بی بی ہوئیں، جن کی شادیاں ہو چکی ہیں اور صاحبِ اولاد ہیں۔

سید زین العابدین نے ابتدائی تعلیم کوٹلی لوہاراں کے پرائمری سکول میں حاصل کی۔ لڑکپن میں والد کا انتقال ہو گیا اور والدہ محترمہ عائشہ بی بی نے (جو گاؤں میں مائی ڈوگری کے نام سے مشہور تھیں) بیٹے کی تربیت پوری توجہ سے کی۔ والد نے کافی جائیداد چھوڑی تھی لیکن کم عمری، نا تجربہ کاری اور اکیلا ہونے کی وجہ سے سید زین العابدین اس کو سنبھال نہ سکے۔

جائیداد دیکھ کر عزیز رشتہ دار ہمدردیاں جتانے لگے۔ باپ کی شفقت اور حقیقی بھائیوں کے سہارے سے محروم سید زین العابدین نے جائیداد کا ایک بڑا حصہ نام نہاد غم گساروں میں بانٹ دیا اور جائیداد کے انہیں بکھیڑوں سے تنگ آ کر برطانوی فوج میں ایک سپاہی کی حیثیت سے ملازمت کر لی۔ اس دوران ان کی شادی اپنے چچازاد بھائی سید امیر حیدر شاہ کی بیٹی سیدہ سفی بیگم سے ہوئی، جو قرآنِ پاک کا عمیق مطالعہ رکھنے والی ایک مذہبی اور روایتی اخلاقی اقدار کی پابند خاتون تھیں۔

افواج برطانیہ کی ملازمت کے دوران سید زین العابدین نے دوسری جنگِ عظیم میں شرکت کی اور پانچ برس تک جرمنی کے قیدی رہے۔ قید کے دوران قرآنِ پاک کا بغور مطالعہ کرنے کا موقع ملا اور دینی کتب کا مطالعہ بھی کیا۔ اس حوالے سے انہوں نے ایک ملاقات کے دوران بتایا: ''قیدِ جرمنی میں مجھے مذہبی معلومات رکھنے والے بہت سے لوگوں کے ساتھ بحث مباحثے کا موقع ملا۔ ان میں دو عالم تھے جن کے ساتھ میرے بڑے اچھے تعلقات تھے۔[2]

انہوں نے مزید بتایا کہ گھر کے ماحول کی وجہ سے وہ بچپن ہی سے مذہب کی طرف راغب تھے۔ اس کا علاوہ ان کی طبیعت میں تحقیق اور تجسّس کا مادہ بہت زیادہ تھا۔ جرمنی کی قید کے عرصے نے ان کے مذہبی اور تحقیق و تجسّس کے ذوق کو مہمیز لگائی اور جب قید سے رہا ہو کر واپس آئے تو نہ صرف ایک مذہبی شخص بلکہ ایک مبلّغ کی حیثیت سے پہچانے جانے لگے۔[3]

سید سبطِ علی صبا (مرحوم) سید زین العابدین کی پہلی نرینہ اولاد تھے۔ ان سے پہلے دو بچیاں کم سنی میں انتقال کر چکی تھیں۔ سبطِ علی صبا کے چھوٹے بھائی کا نام سید سبطِ حسن ہے جو راولپنڈی میں ایک پرائیویٹ ملازمت کرتے ہیں۔ ان سے چھوٹی بہن قسیم فاطمہ ہیں۔

قسیم فاطمہ سے چھوٹے بھائی کا نام سید ظہور حسین شاہ ہے، ان کے بعد بہن نجم السحر اور سب سے چھوٹے بھائی سید طاہر حسین شاہ ہیں، جو کاروبار کرتے ہیں۔

سید سبطِ علی صبا کے والد محترم سید زین العابدین جعفری کی عمر اس وقت اٹھتّر برس ہے۔ وہ لالہ رخ کالونی (واہ چھاؤنی) کے ایک مکان C -705 میں اپنے بیٹوں سید طاہر حسین شاہ، سید ظہور حسین شاہ اور بیٹی نجم السحر کے ساتھ رہائش پذیر ہیں۔ سید سبطِ علی صبا (مرحوم) کی والدہ محترمہ کا انتقال 1979ء میں ہوا تھا۔ مرحومہ لالہ رخ کالونی کے بڑے قبرستان میں مدفون ہیں۔

حواشی

1۔ خاندانی پس منظر کے بارے میں معلومات سید سبطِ علی صبا کے والد سید زین العابدین سے حاصل کی گئیں۔

2۔ سید زین العابدین سے راقم کی گفتگو، مؤرخہ 24 دسمبر 1990ء، رات آٹھ بجے، بمقام سی۔507، لالہ رخ، واہ چھاؤنی۔

3۔ سید زین العابدین سے راقم کی گفتگو، مؤرخہ 24 دسمبر 1990ء، رات آٹھ بجے، بمقام سی۔507، لالہ رخ، واہ چھاؤنی۔

پیدائش اور تعلیم

سید سبطِ علی صبا 11 نومبر 1935ء کو اپنے آبائی گاؤں کوٹلی لوہاراں (مشرقی) تحصیل و ضلع سیالکوٹ میں پیدا ہوئے۔[1] والدہ نے ان کا نام سبطِ علی رکھا۔ ان دنوں صبا کے والد زین العابدین فوج کی ملازمت کے سلسلے میں رڑکی (انڈیا) میں تھے۔ سید زین العابدین بتاتے ہیں: ''ان دنوں میں آرمی سروس کے سلسلے میں رڑکی (انڈیا) میں تھا۔ دریا کے کنارے ہمارا کیمپ تھا۔ اور وہاں بذریعہ خط مجھے سبطِ علی کی پیدائش کی اطلاع ملی تھی۔ خط پڑھتے ہی دوستوں نے اک جشن سا منا ڈالا، مٹھائی تقسیم کی گئی اور ہر طرف سے مبارک سلامت کی صدائیں آنے لگیں۔ گھر میں سبطِ علی کی ولادت پر کچھ اس لئے بھی زیادہ خوشی منائی گئی کہ وہ میرا پہلا بیٹا تھا۔ اس سے پہلے دو لڑکیاں ہوئی تھیں اور وہ بھی کم سنی میں چل بسی تھیں۔ اور، اس سے بھی بڑی بات یہ کہ خود مجھ سے بڑے دس بھائی ایک ایک کرکے فوت ہو چکے تھے اور ان میں سے تنِ تنہا میں خود تھا جو زندہ رہا تھا۔ گویا خاندان کا نام مٹتے مٹتے بچا تھا۔ اور میرے بعد اب ننھا سبطِ علی تھا جو خاندان کی بقا کی علامت بن گیا تھا۔ یہی وجہ تھی کہ جب وہ پیدا ہوا تو ایک عرصے تک میری ماں نے اسے باہر کے لوگوں سے چھپائے رکھا، مبادا بچے کو کسی کی نظر لگ جائے۔[2]

صبا کے بچپن ہی میں ان کے والد اپنے مختصر خاندان کو اپنے ساتھ رڑکی لے گئے۔ صبا کو والد نے آرمی کے ایک سکول میں داخلہ دلوایا۔ پرائمری تک تعلیم صبا نے وہاں سے حاصل کی اور ساتھ ساتھ اپنے والد سے ہی قرآنِ پاک ناظرہ پڑھا۔ گھر کا ماحول مذہبی تھا۔ والد اور والدہ دونوں ہی اپنے مذہبی عقائد کے پکے تھے۔ لہٰذا ابتدا ہی سے آنحضرت اور اہل بیت سے محبت صبا کے دل میں پروان چڑھنے لگی۔ والد کو مطالعہ کا شوق تھا اور گھر پر مذہبی تقریبات اور مباحثے بھی ہوتے تھے، جن کی وجہ سے اسلامی اقدار اور اسلامی تاریخ سے وابستگی

صبا کی شخصیت کا جزوِ لاینفک بن گئی۔ والد کی عسکری زندگی سے وابستگی کی بنیاد پر جنگی ساز و سامان کو صبا نے ایک بچے کی پر تجسّس نگاہ سے دیکھا۔ حب وطن کا جذبہ صبا کی شخصیت میں اسی دوران رچ بس گیا۔ کیونکہ انہوں نے اپنے بچپن کے اس دور میں لاکھوں مسلمانوں کے ساتھ اپنے باپ کو بھی بدیسی حکم رانوں کی اقتصادی، معاشرتی اور جسمانی غلامی میں دیکھا۔ صبا کے عہدِ طفلی میں ان کے والد پانچ سال تک جرمنی کے قیدی رہے۔ پھر برصغیر کی تقسیم سے پہلے اور تقسیم کے دوران کی تحاریک، مظاہرے اور فسادات اس وقت اپنے عروج پر صبا نے دیکھے جب وہ سنِ شعور میں داخل ہو رہے تھے۔

رڑکی میں صبا نے پرائمری تک تعلیم حاصل کی۔ تقسیم کے بعد سید این العابدین نے فوج سے ریٹائرمنٹ لے لی اور نئے سرے سے زندگی شروع کرنے کا عزم لے کر اپنے مختصر کنبے کے ساتھ پاکستان آئے، اور سیالکوٹ میں اپنے بہنوئی کپتان محبوب علی شاہ اور گاؤں کے دو اور آدمیوں محمد بشیر بٹ اور محمد نذیر بٹ کے ساتھ مل کر ایک کارخانہ ''جعفری ربڑ انڈسٹری'' کے نام سے کھول لیا۔ شب و روز کی محنت س اس کارخانے نے بہت ترقی کی۔ سید سبطِ علی صبا کو مقامی سکول میں داخل کروادیا گیا مگر شومئ قسمت سے چھٹی دہائی کے آخر میں، جب صبا نویں کے طالب علم تھے، یہ کارخانہ ایک تباہ کن سیلاب کی نذر ہو گیا۔ چونکہ کارخانے کے مالکان حکومت کے قرض دار بھی تھے، اس لئے ملبہ اور بچا کھچا سامان نیلام کر دیا گیا۔ ان حالات میں گھر کی معاشی ابتری کے باعث سید زین العابدین کو مجبوراً کوئی ملازمت تلاش کرنا پڑی۔ اس دور کو یاد کرتے ہوئے، وہ کہتے ہیں: ''میرے معاشی حالات ایسے نہ تھے کہ سبطِ علی کی پڑھائی جاری رہ سکتی''۔[3,4]

حواشی

1۔ تاریخ پیدائش کی سید سبطِ علی صبا کے سروس ریکارڈ سے تصدیق کی گئی۔

2۔ ''صبا ایک خود سر لڑکا'' سبطِ علی صبا کے والد محترم سے ایک گفتگو۔ مطبوعہ ''واہ کاریگر'' سبطِ علی صبا نمبر، جلد 1 4، شمارہ 8، یکم اگست 1980ء (ص 12) تحریر: غلام رسول

3۔ سید زین العابدین سے ایک گفتگو۔ مؤرخہ 51 دسمبر 1990ء بمقام سی ۔507، لالہ رخ، واہ چھاؤنی۔

4۔ راقم نے سید سبطِ علی صبا کے سروس ریکارڈ کا معائنہ کیا اور ان کے عزیز و اقارب سے رابطہ کر کے معلومات حاصل کیں، جن کے مطابق معاشی بد حالی کی وجہ سے وہ نویں جماعت سے آگے تعلیم حاصل نہ کر سکے۔ پروفیسر یوسف حسن نے اپنے کالم ''قوس در قوس'' مطبوعہ روزنامہ ''امروز'' لاہور 42 مئی 1990ء میں لکھا ہے کہ صبا نے میٹرک پاس کیا تھا۔ لیکن تحقیق سے یہ ثابت ہوا کہ صبا صرف نویں جماعت تک تعلیم حاصل کر سکے تھے۔

آغازِ شاعری

سید سبطِ علی صبا کے شعری سفر کے آغاز کے بارے میں ان کے والد سید زین العابدین جعفری کہتے ہیں : "شروع میں جب ہم رڑکی (انڈیا) میں رہتے تھے تو ہمارے ہاں شہدائے کربلا کے حوالے سے محفلیں ہوتی رہتی تھیں۔ صبا وہاں بھی مصرعے جوڑتا رہتا تھا۔ وہ شروع سے ہی میری طرح پر تجسّس طبیعت رکھتا تھا"[1]۔ سید سبطِ علی صبا کی زندگی اور شاعری کے بارے میں واہ کے ایک ادیب غلام رسول نے 1980ء میں صبا کے انتقال کے بعد مجلّہ "واہ کاریگر" کے سبطِ علی صبا نمبر کے لئے صبا کے والد سید زین العابدین سے ایک تفصیلی گفتگو کی، جو مذکورہ پرچے کے صفحہ 02، 12، 22 پر چھپی۔ جناب غلام رسول سوال کرتے ہیں۔

سوال: شعر و ادب کے ساتھ وابستگی صبا کو کہیں وراثت میں تو نہیں ملی؟ میرا مطلب ہے، ہو سکتا ہے آپ سے متاثر ہو کر وہ اس طرف مائل ہوئے ہوں۔

جواب: ایک حد تک یہ بات درست بھی ہے۔ مجھے شعر و شاعری کا شوق تو نہیں تھا البتہ مذہبی کتب کے مطالعہ کا شوق جنون کی حد تک تھا۔ اس کے علاوہ مذہبی امور پر دوستوں سے اکثر بحث و تمحیص رہتی۔ ان نجی محفلوں کا اثر یہ ہوا کہ صبا کے ذہن میں تجسّس کا مادہ پیدا ہوا اور اس کے دل میں حقائق کو کھوجنے اور پرکھنے کا اشتیاق پیدا ہوا۔ اس کے علاوہ گھر میں اکثر مذہبی تقریبات ہوتی رہتی تھیں اور صبا ان میں بڑی دلچسپی لیا کرتا تھا۔ ان چیزوں نے بھی اس کے ذہن پر اثر ڈالا۔

سوال: آپ کو یاد ہے، کہ صبا نے سب سے پہلا شعر کب اور کہاں کہا اور وہ کس قسم کا تھا؟

جواب: مجھے ٹھیک سے تو یاد نہیں۔ تاہم یہ کم و بیش اس زمانے کی بات ہے جب صبا نے دوستوں سے مل کر ایک بزم ادب بنا ڈالی تھی۔ سب سے پہلے اس نے جو شعر کہے وہ ایک قصیدے کے اشعار تھے اور یہ قصیدہ اس نے مدح اہل بیت میں کہا تھا۔ جب میں نے اس کا ذکر صبا کے نانا [2] سے کیا تو انہوں نے باقاعدہ ایک مجلس کا اہتمام کر ڈالا، جہاں سبطِ علی کو قصیدہ پڑھنے کو کہا گیا [3]۔

راقم نے اس سلسلے میں تفصیل جاننے کے لئے سید زین العابدین (صبا کے والد) سے رابطہ کیا تو وہ اس واقعے کو یاد کرتے ہوئے کہنے لگے: "ہمارے گاؤں (کوٹلی لوہاراں، ضلع سیالکوٹ) میں ایک خالی دکان تھی جو اکثر بند رہتی تھی۔ سبطِ علی کے پاس دو لڑکے آئے، ان میں سے اک کا نام بوٹا قصائی تھا وہ آج کل باہر کسی ملک میں ملازمت کرتا ہے اس نے دکان کے مالک سے چابی لے کر اس میں دو کرسیاں رکھوائیں اور دکان کے باہر "بزمِ ادب" کا بورڈ لگوایا۔ صبا نے مجھے بتایا کہ ہم نے ادبی تنظیم بنائی ہے۔ وہاں ایک محفل ہوئی، کیپٹن محبوب علی شاہ نے صبا سے شعر سنے۔ اس وقت صبا آٹھویں جماعت کا طالب علم تھا"۔ [4]

مندرجہ بالا بیانات سے ثابت ہوتا ہے کہ سید سبطِ علی صبا بچپن ہی سے شعر و شاعری سے رغبت رکھتے تھے لیکن ان کے کسی بھی عزیز یا رشتہ دار سے ان کے بچپن یا سکول کے دور کی شاعری کا کوئی نمونہ دستیاب نہیں ہو سکا۔ چھٹی دہائی کے ابتدائی سالوں میں ملک کے لئے دفاعی ساز و سامان کی ضروریات پوری کرنے کے لئے واہ (ضلع راولپنڈی) میں ایک کارخانے "پاکستان آرڈیننس فیکٹری" کا سنگِ بنیاد رکھا گیا، سید سبطِ علی صبا کے والد سید زین العابدین کاروبار ناکام ہونے کے بعد ملازمت کی تلاش میں سیالکوٹ سے واہ منتقل ہو گئے۔ جہاں 1953ء میں ان کو ملٹری انجینئرنگ سروسز میں بطور ورک منشی ملازمت مل گئی۔ سید سبطِ علی صبا تعلیم ترک کر کے اپنے والد کا ہاتھ بٹانے لگے۔ انہی دنوں توصیف تبسم کا تبادلہ پشاور سے واہ ہوا اور راولپنڈی سے آفتاب اقبال شمیم بھی ایف ایس سی کرنے کے بعد

واہ منتقل ہو گئے۔ ایک اور قابلِ ذکر شاعر شاہد نصیر بھی اس زمانے میں واہ میں موجود تھے۔ ان کے علاوہ الیاس صدا، نثار ناسک، اکمل ارتقائی، احمد جمیل، ظہیر رامپوری، نسیم قریشی اور جمال لکھنوی وغیرہ بھی واہ میں موجود تھے۔ شواہد سے پتہ چلتا ہے کہ سید سبطِ علی صبا شاعری کی طرف صحیح معنوں میں اس وقت متوجہ ہوئے جب انہیں واہ کی فضاؤں میں ادبی ماحول میسر آیا۔ تاہم ان کا چھٹی دہائی کا کلام کوئی خاص پہچان نہیں بناتا۔

ڈاکٹر توصیف تبسم اور پروفیسر آفتاب اقبال شمیم نے سبطِ علی صبا سے اپنی پہلی ملاقات کے حوالے سے راقم کو ایک مشترکہ ملاقات میں بتایا: ''ہم نے واہ میں پارٹیزن آرٹ اینڈ لٹریچر نام کی ایک ادبی تنظیم کی شاخ قائم کی۔ راولپنڈی میں اس کے روح رواں احمد ظفر، جمیل ملک، منظور عارف اور افضل پرویز وغیرہ تھے۔ یہ ترقی پسندوں کی ایک ادبی تنظیم تھی۔ واہ میں اس کے عہدے دار آفتاب اقبال شمیم اور الیاس صدا کو مقرر کیا گیا۔ اس تنظیم کا پہلا اور آخری اجلاس واہ کی اسلم مارکیٹ کے قریشی ہوٹل میں منعقد ہوا۔ یہ 1954ء کی بات ہے۔ وہاں سبطِ علی نے غیض کے تخلص کے ساتھ اشعار سنائے، اس وقت اس کی شاعری ناپختہ تھی'' [5]۔ تخلص کے سلسلے میں اسی ملاقات کے دوران ڈاکٹر توصیف تبسم نے بتایا: ''میں نے سبطِ علی سے کہا کہ تم نے یہ کیا تخلص رکھا ہے، تو اس کا جواب تھا: اگر فیض احمد فیض ہو سکتا ہے تو سبطِ علی غیض کیوں نہیں ہو سکتا؟ بعد ازاں اس نے اپنے ایک ساغر نامی دوست کے مشورے پر تخلص بدل کر ماضی رکھ لیا۔ ایک سال تک وہ ماضی رہا، اکثر ہم اس کو ماضی کہہ کر چھیڑتے رہے۔ بعد ازاں اس نے میرے مشورے پر صبا تخلص رکھا''۔

آفتاب اقبال شمیم اور ڈاکٹر توصیف تبسم نے مزید بتایا کہ: ''اس وقت صبا اپنے فنی سفر کے آغاز میں تھے۔ ان کا شعر کے ساتھ لگاؤ والہانہ تھا اور وہ ہر وقت مجنونِ شعر رہتے تھے، لیکن ان کی شاعری میں کوئی ایسی خاص بات نہ تھی جو سننے والے کی توجہ کو کھینچ سکے''۔ توصیف تبسم کہتے

ہیں : ''ان دنوں ، میں اور آفتاب ویلفیئر کلب کے عقب کے رہائشی ایریا (ایف ۔01) کے ایک کوارٹر میں ایک شاعر توصیف حسن کے ساتھ رہتے تھے۔ صبا روزانہ ہمارے پاس آتا تھا۔ ہمارے ایک باورچی ہوتے تھے (جن کو ہم بڑے میاں کہتے تھے)، صبا سے ایک دن ان کا حقہ ٹوٹ گیا تھا، وہ اکثر صبا کو ''چلم توڑ'' کہہ کر پکارتے تھے۔ وہ (صبا) اس وقت سکول چھوڑ کر واہ آیا تھا، بالکل نوجوان تھا۔ راہ چلتے ہوئے وہ ارد گرد سے بے نیاز نظر آتا تھا۔ گویا شاعری کے سوا اس کو کسی چیز سے سروکار ہی نہیں، وہ مجنونِ شعر بن کر آتا تھا۔''

سید سبطِ علی صبا مجنونِ شعر بن کر پہلے پہل 1953ء سے 1956ء تک واہ کی فضاؤں میں رہے لیکن ان کے گھر والوں عزیزوں یا دوستوں سے ان کی اس دور کی شاعری کا بھی کوئی نمونہ نہیں ملا۔ سب کی مشترکہ رائے ہے کہ اس دور کا کلام چونکہ مشقِ سخن کے علاوہ کچھ نہ تھا، اس لئے صبا نے اسے ضائع کر دیا ہے۔ 12 جون 1956ء کو صبا ایک رنگروٹ کی حیثیت سے پاک فوج میں بھرتی ہو کر نوشہرہ چھاؤنی چلے گئے۔ وہاں ان کی ملاقات کلیم جلسیری سے ہوئی جن کی وہاں تمباکو کی دکان تھی۔ اس ضمن میں صبا کے والد زین العابدین کہتے ہیں : ''جن دنوں وہ نوشہرہ میں تھا، ایک بار میں اسے ملنے وہاں گیا۔ وہ کہنے لگا: 'چلئے ابا، میں آپ کو اپنے ایک دوست سے ملواتا ہوں، وہ بہت بڑا آدمی ہے۔' میں اس کے ساتھ چل دیا۔ وہ مجھے مین بازار میں لے گیا اور ایک تمباکو فروش کی دکان پر لا کر بٹھا دیا۔ ایک دبلا پتلا منحنی سا بوڑھا، جو تمباکو کے ڈھیر میں گھرا ہوا ایک گاہک کو تمباکو دے رہا تھا یہ صاحب بڑے پختہ کار شاعر تھے اور ان کا تخلص تھا کلیم جلسیری۔''[6] صبا کے دیرینہ دوست اکمل ارتقائی (جو، اب بھی واہ میں موجود ہیں) کا کہنا ہے کہ صبا کی ملاقات نوشہرہ میں کلیم جلسیری سے رہتی تھی۔ اور اسی دوران صبا نے یہ غزل کہی تھی جو ان کے مجموعۂ غزل ''طشتِ مراد'' میں بھی شامل ہے[7]:

ہر اک قدم پہ زخم نئے کھائے کس طرح

رندوں کی انجمن میں کوئی جائے کس طرح

صحرا کی وسعتوں میں رہا عمر بھر جو گم

صحرا کی وحشتوں سے وہ گھبرائے کس طرح

جس نے بھی تجھ کو چاہا دیا اس کو تو نے غم

دنیا! ترے فریب کوئی کھائے کس طرح

زنداں پہ تیرگی کے ہیں پہرے لگے ہوئے

پُر ہول خواب گاہ میں نیند آئے کس طرح

زنجیرِ پا کٹی تو جوانی گزر گئی

ہونٹوں پہ تیرا نام صبا لائے کس طرح

اگرچہ یہ غزل بھی صبا کی دوسری غزلوں کی طرح ان کے مخصوص شعری مزاج کی آئینہ دار ہے، تاہم اس میں غزل کے روایتی موضوعات اور معاصر غزل کے معروف رویوں کی جھلکیاں نظر آتی ہیں، جو بعد میں ان کی شاعری میں بتدریج کم ہوتی گئیں اور صبا کی غزل صرف صبا کی غزل کے حوالے سے سامنے آنے لگی۔ تصوف ابتدا ہی سے غزل کا مرغوب موضوع رہا ہے اور "تصوف برائے شعر گفتن خوب است" کی مثالیں ہر شاعر کے ہاں مل جاتی ہیں۔ صبا کی اس غزل کے ایک شعر میں بھی اس روایتی موضوع کے ایک اہم پہلو 'دنیا کی بے ثباتی' کی طرف اشارہ ملتا ہے:

جس نے بھی تجھ کو چاہا دیا اس کو تو نے غم

دنیا! ترے فریب کوئی کھائے کس طرح

یہ وہ دور تھا جب فیض احمد فیض کی شاعری کے گلی گلی چرچے تھے، قفس، زنداں، زنجیر، سلاسل، تیرگی وغیرہ کے شعری استعارے اور امیجز عام تھے۔ صبا بھی فیض سے بہت متاثر تھے جس کا ثبوت ان کا اولین تخلص غیض اور پھر اس قسم کے اشعار تھے:

زنداں پہ تیرگی کے ہیں پہرے لگے ہوئے

پُر ہول خواب گاہ میں نیند آئے کس طرح

سید سبطِ علی صبا کے کلام کے ابتدائی نمونے کے طور پر مذکورہ بالا غزل کو ہی پیش کیا جا سکتا ہے کیونکہ ان کی اس سے قبل کی شاعری کا کوئی نمونہ دستیاب نہیں ہو سکا۔ واہ کے شاعر اکمل ارتقائی نے ایک ملاقات کے دوران بتایا: ”صبا نے یہ غزل پہلی مرتبہ 1958ء میں قمر واجد کے گھر (واقع 22 ایریا، واہ چھاؤنی) کی ایک نجی محفل میں سنائی تھی۔ اس محفل میں ان کے علاوہ احمد جمیل اور الیاس صدا نے بھی شرکت کی۔ ان دنوں وہ آرمی میں تھے اور واہ میں اپنے والدین سے ملنے کے لئے رخصت پر آئے ہوئے تھے۔[8]

حواشی

1۔ سید زین العابدین سے راقم کی گفتگو، مؤرخہ 51 دسمبر 1990ء شام سات بجے، بمقام سی۔507، لالہ رخ، واہ چھاؤنی۔

2۔ کیپٹن محبوب علی شاہ صبا کے سگے نانا نہیں بلکہ نانا کے چھوٹے بھائی اور حقیقی پھوپھا ہیں۔

3۔ ''صبا، ایک خود سر لڑکا'' واہ کاریگر (سبطِ علی صبا نمبر) اگست 1980ء، ص :12

4۔ سید زین العابدین سے راقم کی گفتگو، مؤرخہ 51 دسمبر 1990ء شام سات بجے، بمقام سی۔507، لالہ رخ، واہ چھاؤنی۔

5۔ آفتاب اقبال شمیم اور ڈاکٹر توصیف تبسم سے راقم کی ملاقات، مؤرخہ 7 دسمبر 1990ء شام چھ بجے، مکان نمبر 115، گلی نمبر 91، آئی نائن، اسلام آباد۔

6۔ سبطِ علی صبا نمبر، واہ کاریگر، ص :22۔

7۔ اکمل ارتقائی سے ایک گفتگو مؤرخہ 5 دسمبر 1990ء شام سات بجے، ایچ ایف ایف ہائی سکول، ٹیکسلا۔

8۔ اکمل ارتقائی سے راقم کی گفتگو، مؤرخہ 52 دسمبر 1990ء کی صبح دس بجے، بمقام عباسی ہوٹل، اسلم مارکیٹ، واہ چھاؤنی۔

ملازمت، شادی اور گھریلو حالات

12 جون 1956ء کو سبطِ علی صبا پاکستان آرمی میں بھرتی ہو گئے۔ آرمی کی ملازمت کے سات سالوں (12 جون 1956ء تا 12 جون 1963ء) کے دوران اُن کا قیام زیادہ تر نوشہرہ چھاؤنی میں رہا، جہاں وہ رسالے کے ایک سوار کی حیثیت سے خدمات انجام دیتے رہے۔[1]

نوشہرہ میں صبا کی ملاقات معروف شاعر کلیم جلسیری سے ہوئی، جن کی محفلوں میں ان کے ادبی ذوق کو جلا ملی۔ اس کے ساتھ ساتھ انہوں نے اپنے واہ کے ادبی دوستوں شاہد نصیر، توصیف تبسم، احمد جمیل، اکمل ارتقائی، علی مطہر اشعر، اور توصیف علوی سے مسلسل رابطہ رکھا۔ آفتاب اقبال شمیم صبا کی 1960ء سے پہلے اور بعد کے ادوار کی شاعری کے حوالے سے کہتے ہیں: ''اس کے فوج میں جانے سے پہلے ہم نے اسے کوئی اہمیت نہیں دی، لیکن جب 1960ء کے بعد میں نے اس کی غزلیں سنیں تو میں چونک اٹھا''۔[2]

سبطِ علی صبا کی یہی چونکا دینے والی شاعری ہے جو، اگرچہ اپنی مقدار کے اعتبار سے کم ہے لیکن معیار کے اعتبار سے آج ہمارے ملک کے نمائندہ ادب کا حصہ بن چکی ہے۔ ادب میں معیار و مقدار کی بحث کرتے ہوئے، احمد ندیم قاسمی لکھتے ہیں: ''ادب کا، اور ادب میری مراد اچھے ادب کا تخلیقات کی تعداد کے لحاظ سے جائزہ لینا گمراہ کن طرزِ عمل ہے۔ فن کا اولین اور اہم ترین مطالبہ موضوع اور صورت کا معیار ہوتا ہے۔ اگر ادب بڑی مقدار میں تخلیق ہو رہا ہے اور اس کا معیار بلند نہیں ہے تو یہ فن کے لئے کوئی نیک فال نہیں۔ اور اگر، ادبی تخلیقات کی تعداد کم ہے مگر ان میں سے بیشتر معیاری ہیں تو یہ نہایت حوصلہ افزا صورتِ حال ہے۔''[3]

1956ء سے قبل واہ کی ادبی محفلیں اکثر اوقات مختلف گھروں پر منعقد ہوتی تھیں، جن میں شعراء اور ادباء ملکی و بین الاقوامی حالات کے علاوہ اپنے عہد کے ادبی رویوں اور شعراء کے حوالے سے تبادلۂ خیالات کیا کرتے تھے۔ اسی زمانے میں واہ میں ادبی تنظیم ''حلقۂ اربابِ فکر و فن'' کا قیام عمل میں آیا۔ جس کے تنقیدی اجلاس کنٹونمنٹ لائبریری واہ (موجودہ کینٹ بورڈ ڈسپنسری) میں ہوتے تھے۔ اس تنظیم کے معتمد عمومی اختر عالم زلفی تھے۔ اس دور میں پہلے مذکور ہونے والے شعراء کے علاوہ علی مطہر اشعر، رفیق نشتر، عارف لکھنوی، ظہیر رامپوری، ظفر ابنِ متین، تپش برنی، جمال لکھنوی، کمال کاس گنجوی، نظیر اختر اور وصف وارثی وغیرہ وہ قابلِ ذکر شعراء ہیں جو بسلسلۂ روزگار واہ منتقل ہوئے۔ ساتویں دہائی کے آغاز میں جب جگر مراد آبادی کے شاگرد راز مراد آبادی نے راولپنڈی سے تبادلہ ہونے پر واہ آرڈیننس فیکٹریز میں بطور افسر تعلقاتِ عامہ اپنی ذمہ داریاں سنبھالیں، تو واہ کے ادبی ماحول میں ایک انقلاب آگیا۔ راز کی کوششوں سے واہ کے شعراء کو برصغیر کے بڑے شعراء مثلاً عدم، جوش، ناصر کاظمی، صوفی تبسم، احمد ندیم قاسمی، قتیل شفائی، وزیر آغا، احمد فراز، سید ضمیر جعفری، اور احسان دانش وغیرہ کے ساتھ مل بیٹھنے کے مواقع ملے۔ اس کے علاوہ راز مراد آبادی کی کوششوں کے نتیجے میں ہی واہ سے ایک ادبی تیکنیکی مجلّہ ''کاریگر'' کے نام سے جاری ہوا، جس کا نام بعد میں بدل کر ''واہ کاریگر'' رکھا گیا۔ ابتدا میں اس کے مدیر راز مراد آبادی تھے۔ ''کاریگر'' کا پہلا شمارہ مئی 1963ء میں شائع ہوا۔ اس میں کارخانے کی اہم خبروں، معلوماتی و تیکنیکی مضامین کے علاوہ واہ کے اس وقت کے معروف شاعر شاہد نصیر (جو اس وقت ''سویرا''، ''ادبِ لطیف'' اور دیگر بڑے ادبی رسائل میں چھپتے تھے) کی غزل اور واہ کے افسانہ نگار طفیل کمال زئی کا افسانہ ''شریف آدمی'' چھپا۔ اس کے بعد بتدریج یہ مجلّہ تیکنیکی سے زیادہ ادبی ہوتا گیا۔ اس کے اخراجات پی او ایف انتظامیہ برداشت کرتی رہی۔ حال ہی میں اس مجلے کو خبر نامے کی طرز پر کر دیا گیا ہے۔ لہٰذا اس کی وہ ادبی اہمیت نہیں رہی جو پہلے تھی۔

یہ وہ حالات تھے جن میں واہ جیسے دور افتادہ صنعتی علاقے میں ادب کو پھلنے پھولنے کا موقع ملا اور واہ اپنی صنعتی اور تاریخی اہمیت کے ساتھ ساتھ ایک ادبی مرکز کے طور پر بھی ابھرنے لگا۔ سید سبطِ علی صبا کو واہ کے اس زرخیز ادبی منظر کی کشش اکثر نوشہرہ سے کھینچ لاتی۔ یوں وہ مہینے میں دو مرتبہ ضرور واہ کے مشاعروں میں شریک ہوتے۔[4]

12 جون 1963ء کو انہوں نے آرمی کی ملازمت ترک کر دی اور مستقل طور پر واہ میں قیام پذیر ہو گئے۔ عسکری زندگی کے تجربات نے سید سبطِ علی صبا کی فکر کے دو پہلوؤں کو خاص طور پر اجاگر کیا۔ ایک تو ان کی مادرِ وطن سے والہانہ محبت اور اس کے لئے قربانی کا جذبہ تھا، اور دوسرا جنگ کی شدید مخالفت۔ لیکن جنگ کی مخالفت ان کے ہاں روایتی امن پسندوں کی طرح مخالفت برائے مخالفت نہیں اور نہ ہی ان کا نقطۂ نظر یہ ہے کہ دفاعِ وطن اور جائز خود مختاری کے لئے لڑی جانے والی جنگ کی مخالفت کی جائے۔ ان کے کلام میں شہدائے وطن کو خراج عقیدت پیش کرنے کی مثالیں بھی ملتی ہیں اور جنگ کے منفی اثرات کی وجہ سے جنگ کی مخالفت بھی۔ ذیل میں ان کے کلام سے دو مثالیں دی جاتی ہیں:

شہید جسمو! تمہارے خوں سے زمیں کا آنچل رنگا ہوا ہے

وطن کے بیٹو!

عظیم ماں کا شفیق چہرہ

تمہارے دم سے

عمل کے میداں میں

جراتوں کی سنہری کرنوں کی روشنی سے دمک رہا ہے[5]

نظم: یادِ شہدا

اور اب ایک غزل کے اشعار دیکھئے:

ہر طرف عفریت ہیں اور گھاٹیاں ہیں خوں میں تر

پیشۂ ہستی کی سب پگڈنڈیاں ہیں خوں میں تر

مسکراتے گاؤں آثارِ قدیمہ بن گئے

لشکری خوش ہیں کہ ان کی وردیاں ہیں خوں میں تر

صبا کی شاعری میں موجود ان رویوں کو سمجھنے کے لئے ایک اقتباس درج کیا جا رہا ہے۔ احمد ندیم قاسمی اپنے مضمون ''ستمبر کی جنگ اور ہمارا ادب'' میں پاکستانی ادیب کے بارے میں لکھتے ہیں : ''وہ امن پسند ہے۔ امن ہی کو ملکی ترقی وارتقا کا ایک ذریعہ سمجھتا ہے۔ مگر وہ اس حماقت کی حد تک امن پسند نہیں ہے کہ حملہ آور کے سامنے ہتھیار ڈال دے۔ اس کے نزدیک اپنے تحفظ کی جنگ بھی اسی طرح مقدس ہے، جس طرح عزت مندانہ امن مقدس ہے۔ وہ امن کی اس تعلیم سے نفرت کرتا ہے جو آج کل مغربی ''جمہوریتوں'' اور ان کے ہم خیالوں کو بہت عزیز ہے۔ اور جس کے تحت محکوم اور نیم محکوم قوموں کو تلقین کی جاتی ہے کہ وہ ظلم و جبر کے خلاف ہتھیار نہ اٹھائیں، ورنہ عالمی جنگ چھڑ جانے کا خطرہ ہے۔ یہ محکوموں کو محکوم رکھنے کا ایک ''ترقی یافتہ'' طریقہ ہے اور پاکستانی ادیبوں کو امن کے اس معیار سے نفرت ہے۔ اس نظریۂ امن کے مطابق تو کشمیر، ویتنام اور فلسطین وغیرہ میں تشدد و دہشت کے خلاف لڑنا بھی امن دشمنی قرار پاجاتا ہے۔ پاکستانی ادیب کو جنگ ستمبر نے اس حد تک باشعور کر دیا ہے۔ رہا اس شعور اور اس جذبے کا ادب میں انعکاس، تو یہ سلسلہ جاری ہے اور جاری رہے گا۔''[6]

فوج سے واپس آنے کے بعد سید سبطِ علی چند ماہ فارغ رہے۔ 61 اکتوبر 1963ء کو ان کے والد کی کوششوں سے ان کو پاکستان آرڈیننس فیکٹری کے شعبہ ایس اے اے فیکٹری میں بطور مشین آپریٹر (ورک مین) ملازمت مل گئی۔ اس وقت ان کی ماہانہ

بنیادی تنخواہ صرف ساٹھ روپے تھی۔ لیکن گھر کے معاشی حالات ایسے تھے کہ وہ صرف ساٹھ روپے کے عوض اپنے شب و روز کو سائرن کی صدا کے تابع کرنے پر مجبور ہو گئے۔

ہر ماں کے دل میں بیٹے کے سر پر سہرا دیکھنے کا ارمان اس کے جوانی کی حدود میں قدم رکھتے ہی شدید ہو جاتا ہے۔ لیکن صبا کے حالات نے اس سے پہلے اجازت نہ دی کہ دیہی معاشرے کی روایت کے مطابق ان کی جلد شادی ہو سکے۔ اب صبا کے والدین کے خیال میں صبا کو ''معقول'' ملازمت مل گئی تھی، لہٰذا ان کی شادی کر دینے کا فیصلہ کیا گیا۔ 6 مئی 4 196ء کو سید سبطِ علی صبا کی شادی قصبہ لکھنوال (جلال پور جٹاں) تحصیل و ضلع گجرات کے سید گلاب شاہ بخاری کی صاحب زادی فضہ خاتون سے کر دی گئی۔ نکاح نامہ کے مطابق فضہ خاتون کا حق مہر ایک ہزار روپے (مؤجل) مقرر کیا گیا۔ سید گلاب شاہ بخاری اس زمانے میں پاکستان آرڈیننس فیکٹری میں بطور گیٹ کیپر خدمات انجام دے رہے تھے اور سید سبطِ علی صبا کے والد سید زین العابدین سے ان کے دوستانہ مراسم تھے۔ جو سید سبطِ علی صبا اور سیدہ فضہ خاتون کی شادی پر منتج ہوئے۔

5 اکتوبر 1964ء کو ریزروسٹ ٹریننگ کے لئے پاکستان آرمی کی طرف سے صبا کو کھاریاں چھاؤنی بلوایا گیا، جہاں وہ 82 نومبر 1964ء تک رہے۔ یہ وہ وقت تھا جب پاک بھارت سرحدوں پر جنگ کے بادل منڈلا رہے تھے۔ لہٰذا دیگر بہت سے ریٹائرڈ اور ریزروسٹ فوجی ملازمین کے ساتھ صبا کو بھی وطنِ عزیز کے دفاع کے لئے بلا لیا گیا۔ 31 مئی 1965ء کو صبا نے پی او ایف انتظامیہ کو اپنے ہاتھ سے ایک درخواست لکھی جس میں جنگ میں شرکت کی اجازت مانگی گئی۔ 61 مئی 1965ء کو صبا دوسرے بہت سے رسالہ سواروں کے ساتھ نوشہرہ چھاؤنی سے اپنا ٹینک لے کر کھیم کرن محاذ کے لئے روانہ ہوئے[7] لیکن اپنے شاعر دوستوں سے جذباتی وابستگی کا یہ عالم تھا کہ جب فوجی ٹینکوں کا قافلہ راولپنڈی (مری روڈ) سے گزر رہا تھا تو باوردی ٹینک سوار سید سبطِ علی صبا نے گارڈن کالج کے استاد اور اپنے دوست

آفتاب اقبال شمیم سے ملاقات کی خاطر اپنا ٹینک گارڈن کالج کے گیٹ کے سامنے لا کھڑا کیا۔ آفتاب اقبال شمیم بتاتے ہیں : ''مجھے معلوم ہوا کہ ایک فوجی سپاہی سٹاف روم کے سامنے میرے بارے میں پوچھ رہا ہے۔ میں جب مذکورہ مقام پر پہنچا تو دیکھا کہ با وردی صبا کالج کے لڑکوں میں گھرا ہوا ہے جو اس سے جنگ کے بارے میں مختلف سوالات کر رہے ہیں۔ مجھے دیکھا تو حسبِ معمول بڑی گرم جوشی سے ملا، کہنے لگا: 'یار! کیا پتہ زندگی پھر ملاقات کا موقع دے، نہ دے۔ ہم لوگ مری روڈ سے گزر رہے تھے، میں نے سوچا تم سے ملاقات کرتا چلوں'۔ [8]

جنگِ ستمبر میں صبا اگلے مورچوں پر لڑتے رہے اور پاکستان آرمی کی طرف سے ان کو دو فوجی اعزازات ''تمغۂ جنگ'' اور ''ستارۂ حرب'' سے نوازا گیا۔[9] جنگ بندی کے بعد 5 اگست 1966ء کو صبا واپس واہ آ گئے اور 2 ستمبر 1966ء سے اپنی وفات تک پاکستان آرڈنینس فیکٹریز واہ کینٹ میں ایک مزدور کی حیثیت سے خدمات سرانجام دیتے رہے۔

سید سبطِ علی صبا کی عائلی زندگی پے در پے مالی مشکلات، محرومیوں اور دکھوں کی داستان ہے۔ مفلسی ان کو وراثت میں ملی تھی۔ اوپر سے تعلیم نامکمل رہ جانے کا دکھ، پھر صنعتی ماحول سے مزاج کی عدم مطابقت، نہایت ہی محدود ماہانہ مشاہرہ اور عذابِ دربدری وہ مسائل تھے، جنہوں نے صبا کو عمر بھر زندگی کی صباحتوں سے دور رکھا۔ ان کی اہلیہ سے ملاقات کے دوران پتہ چلا [01] کہ کئی مرتبہ ان کے گھر میں فاقہ کشی تک نوبت آئی۔ لیکن صبا اس قدر غیور، حساس اور خود دار شخص تھے کہ کسی دوست یا عزیز رشتہ دار کے سامنے دستِ سوال دراز کرنا اپنے اندر کے انسان کی موت سمجھتے تھے۔ صبا کے والد نے اپنے انٹرویو مطبوعہ ''واہ کاریگر: صبا نمبر'' میں بتایا ہے کہ صبا نے عمر بھر ان سے کبھی اپنی کسی خواہش کا اظہار نہیں کیا، سوائے اس کے کہ ان کے مجموعۂ کلام کی اشاعت کا بندوبست ہو جائے۔ [11]

صبا بنیادی طور پر ایک غریب گھر کے چشم و چراغ تھے۔ سن شعور میں داخل ہوتے ہی محروموں کے آتشیں بگولوں نے ان کو اپنے حصار میں لے لیا تھا۔ جیسا کہ پہلے ذکر ہو چکا، شادی کے وقت ان کی ماہانہ آمدنی نہایت ہی محدود تھی۔ اس پر یکے بعد دیگرے ان کے ہاں سات بچے پیدا ہوئے اور ان کے انتقال کے وقت ان کا بڑا بیٹا نویں جماعت کا طالب علم تھا۔ ان کا اپنا گھر بھی کوئی نہیں تھا اور فیکٹری انتظامیہ ان کی مدت ملازمت کم ہونے کی وجہ سے ان کو گھر فراہم نہیں کر سکتی تھی کیونکہ مزدوروں کی تعداد کے مقابلے میں گھروں کی تعداد بہت کم تھی اور ان سے سینئر مزدور بھی بے گھر تھے۔ للذا صبا کو اپنے بیوی بچوں کے ساتھ در در کی ٹھوکریں کھانا پڑیں۔ اردو کے مفلوک الحال ادیبوں اور شاعروں میں شاید ہی کوئی شخص ایسا ہو جو صبا کی طرح عذابِ دربدری کا شکار رہا ہو۔

صبا کی شادی دیگر والدین کی طرح صبا کے والدین نے بھی بڑے چاؤ سے کی تھی اور شادی کے بعد تین سال تک وہ مع اپنی اہلیہ کے اپنے والدین کے ساتھ رہے۔ لیکن معاشی مسائل کی وجہ سے یہ ساتھ زیادہ دیر تک قائم نہ رہ سکا اور پہلے بچے میثاق علی کی پیدائش کے بعد صبا کی اہلیہ کو گجرات (اپنے میکے) جانا پڑا۔ صبا کے دوسرے بچے جرار حیدر کی پیدائش اپنے ننھیال میں ہوئی۔ جرار کی پیدائش کے بعد صبا اپنے بیوی بچوں کو دوبارہ اپنے والدین کے گھر واہ لے آئے، لیکن ایک ماہ بعد ان کو پھر وہ گھر چھوڑنا پڑا۔ ان حالات میں صبا کے ایک شاعر دوست مسرور قدر مانی نے پی او ایف کے رہائشی علاقہ 8۔ایچ میں واقع اپنے دو کمروں کے مکان میں سے ایک کمرہ صبا کو بیوی بچوں کے سر چھپانے کے لئے فراہم کیا۔ اس مکان میں صبا ایک ماہ تک رہے، پھر ان کی اہلیہ اپنے بچوں کو ہمراہ لے کر گجرات چلی گئیں کیونکہ آمدنی ناکافی ہونے کی وجہ سے یہاں گزر اوقات محال ہو گئی تھی۔

صبا کی بڑی بیٹی زریں سحر نے بھی اپنے ننھیال میں آنکھ کھولی۔ اہلیہ کی صحت کی بحالی پر صبا اپنے بچوں اور اہلیہ کو پھر واہ اپنے والدین کے گھر لے آئے۔ بعد ازاں رہائشی علاقہ

22۔جی میں انہوں نے اپنے ایک دوست سے دس روپے ماہانہ پر ایک کمرہ حاصل کیا اور اپنے بچوں کے ساتھ وہاں منتقل ہو گئے۔ کچھ عصہ بعد وہ کمرہ ان سے خالی کروالیا گیا اور وہ اپنے گھر کے مختصر سامان اور بچوں کے ساتھ 12۔ایریا کے ایک جی۔ٹائپ مکان میں اپنے ایک مزدور ساتھی انوار کے کوارٹر میں شفٹ ہو گئے۔ انوار نے صبا سے تقاضا کیا کہ اس کا ماہانہ خرچہ ادا کریں۔ اس دوران صبا کی اہلیہ نے اپنے زیورات فروخت کر کے ایک سلائی مشین خریدی اور لوگوں کے کپڑوں کی سلائی کر کے اپنے شریک حیات کا ہاتھ بٹانے لگیں۔

لوگوں کی چادروں پہ بناتی رہی وہ پھول

پیوند اس نے اپنی قبا میں سجا لئے

صبا کی اہلیہ کے پاس زیورات میں سے صرف دو طلائی انگوٹھیاں بچی تھیں، جو ان کے بقول 21۔ایریا میں رہتے ہوئے چوری ہو گئیں۔ سلائی مشین قسطوں پر لی گئی تھی۔ جس مہینے قسط کم پڑنے کا خطرہ ہوتا بیگم صبا بچوں کو لے کر اپنے میکے چلی جاتیں اور یوں گھر کے اخراجات سے جو بچت ہوتی، اس سے سلائی مشین کی قسط ادا کی جاتی۔ کچھ عرصہ بعد تہی دست صبا کو یہ گھر بھی چھوڑنا پڑا تو انہوں نے 91۔ایریا میں اپنے بیوی بچوں کے ہمراہ ایک دوست ذوالفقار کے گھر کے ایک کمرے میں رہائش اختیار کی۔ لیکن بجلی، سوئی گیس کے بل ادا کر کے گھریلو اخراجات کم تنخواہ میں پورے نہ ہوتے۔ ان حالات میں یہ فیصلہ کیا گیا کہ ایسے مکان کا بندوبست کیا جائے جہاں بجلی پانی اور گیس کی سہولتیں نہ ہوں، تاکہ ان کے بل بچا کر گھر کے اخراجات پورے کئے جا سکیں۔ لہٰذا 1972ء میں دو چارپائیوں، دو کمبلوں اور مٹی اور پیتل کے چند برتنوں پر مشتمل اسباب کے ساتھ مفلوک الحال صبا اور ان کے بیوی بچے راولپنڈی سے پشاور کو جانے والی جی ٹی روڈ کی بائیں طرف، لالہ رخ کے بڑے قبرستان کے اس پار ایک خستہ اور تاریک کمرے میں رہائش پذیر ہوئے، اس کا کرایہ پندرہ روپے ماہانہ تھا۔ کچھ دنوں کے بعد اس کے ساتھ ایک اور کمرہ بھی حاصل کیا۔ یہ دو کمرے کا مکان تھا جس میں صبا اپنے بچوں کے

ساتھ پانچ سال تک رہے اور یہ ان کی عائلی زندگی کے دوران کسی مکان میں طویل ترین قیام تھا۔ بیگم صبا نے اس گھر کے بارے میں بتایا: "یہ کچی دیواروں اور کچی چھت کا بغیر صحن کے ایک کمرے کا مکان تھا، جس کے ساتھ باورچی خانہ، غسل خانہ اور لیٹرین وغیرہ کچھ بھی نہیں تھا۔ ہم نے پرانی چارپائیاں کھڑی کرکے پردے کے لئے صحن بنایا، اینٹوں کے ٹکڑے جمع کر کے غسل خانہ بنایا۔ بعد میں ساتھ ہی اسی طرح کا ایک اور کمرہ ہم نے 4 روپے کرایہ پر لے لیا۔ یہاں ہم 1977ء کے الیکشن تک رہے۔ [12]

راولپنڈی سے پشاور کو جانے والی جی ٹی روڈ کے بائیں جانب جس بستی میں صبا اور ان کے بچے رہتے تھے، رات کو تا حدِ نظر تاریکی کے سوا کچھ نظر نہیں آتا تھا۔ اس قریۂ تاریک میں مفلوک الحال مقامی دیہی آبادی کے علاوہ مقامی صنعتی اداروں کے وہ مزدور رہائش پذیر تھے جن کو بوجوہ اپنے کفیل اداروں کی طرف سے مکان فراہم نہیں کئے گئے تھے۔ صبا بھی ان مزدوروں میں سے ایک تھے۔ یہ بستی پی او ایف کی سولہ ہزار کے قریب آفیسرز اور ورکرز کے مکانات پر مشتمل کالونی کے بالمقابل جی ٹی روڈ کے اس پار واقع ہے۔ ٹیکسلا سے حسن ابدال تک کی پہاڑیوں تک پھیلی جگمگاتی ہوئی سرکاری کالونی کے کسی مکان، کلب یا ہوٹل میں روزانہ شام کو کوئی نہ کوئی ادبی محفل برپا ہوتی، صبا ان ادبی محفلوں کے روح رواں ہوتے۔ ان دنوں وہ واہ کی فعال ادبی تنظیم "بزمِ فانوسِ ادب" کے جنرل سیکرٹری بھی تھے۔ اور ان کا یہ معمول تھا کہ وہ روزانہ اپنے ڈیوٹی کے اوقات کے بعد سب سے پہلے وہاں پہنچ جاتے جہاں احباب کو جمع ہونا ہوتا۔ کئی کئی گھنٹے وہاں شغلِ شعر و شاعری رہتا اور رات گئے روشنی اور تاریکی کی حد فاصل جی ٹی روڈ کو قطع کرتے ہوئے صبا اپنے خستہ حال سائیکل پر گھر پہنچتے۔

ہمیشہ تیرگی سے برسرِ پیکار رہتا ہوں

تمہارے جگمگاتے شہر کے اس پار رہتا ہوں

یہ گھر محمد ارشاد نامی ایک شخص کی ملکیت تھا۔ صبا نے یہاں اپنے قیام کے دوران شہکار اشعار تخلیق کئے:

لوگوں کی چادروں پہ بناتی رہی وہ پھول

پیوند اس نے اپنی قبا میں سجا لئے

جب چلی ٹھنڈی ہوا بچہ ٹھٹھر کر رہ گیا

ماں نے اپنے لال کی تختی جلا دی رات کو

مرغزارِ شاعری میں گم رہا سبطِ علی

سو گئی رہ دیکھتے بیمار بیوی رات کو

اپریل 1977ء میں پی او ایف کے ایک کارکن نے اپنے کرائے کے مکان سے دو کمرے صبا کو رہائش کے لئے فراہم کئے۔ طے یہ ہوا کہ اس مکان کا کرایہ ایک سو روپے صبا ادا کریں گے، جب کہ بجلی اور گیس کا بل ان کے ذمے نہیں ہو گا۔ ایک سال تک صبا اس گھر میں رہے اور معاہدے کے مطابق کرایہ ادا کرتے رہے۔ لیکن ایک سال بعد جب ان کا ساتھی کرایہ دار پی او ایف کی ملازمت چھوڑ کر چلا گیا تو پتہ چلا کہ وہ بجلی اور گیس کا بل کئی نوٹس ملنے کے باوجود ادا نہیں کرتا رہا۔ لہٰذا اس مکان کی بجلی اور گیس کے کنکشن کاٹ دئے گئے۔ یہ مکان چھوڑنے کے بعد لالہ رخ کے بڑے قبرستان کے قریب صبا نے دو کمرے کا ایک مکان کرایہ پر حاصل کیا۔ لیکن مکان بدلنے سے حالات بدلتے ہوتے تو کب کے بدل چکے ہوتے۔ یہاں بھی حسبِ سابق بے سر و سامانی اور فاقہ کشی کا سامنا تھا۔ کثرتِ اولاد کے سبب معاشی دکھوں کے سائے کچھ اور گہرے ہو گئے تھے۔ صبا کی کل تنخواہ ان دنوں تین سو روپے ماہانہ تھی۔ سات بچوں اور ایک بیوی کی کفالت کا بوجھ صبا کی بے لچک گردن جھکانے پر آمادہ تھا۔ زندہ رہنے کے لئے غذا کے ساتھ ساتھ رہائش صحت اور تعلیم کی سہولتیں بھی ضروری ہوتی ہیں۔ لیکن صبا

کے خاندان کو تو دو وقت کی روٹی بھی میسر نہیں تھی۔ سردیوں کی ٹھٹھرتی راتوں میں نو افراد پر مشتمل یہ خاندان دو رضائیوں میں گزارا کرتا تھا۔ جو دو بچے سکول جاتے تھے ان کی فیس ماں لوگوں کے کپڑے وغیرہ سی کر بمشکل پوری کرتیں۔ گھر کی حالت یہ تھی کہ اگر آٹا میسر ہے تو سبزی نہیں اور اگر کبھی سبزی بازار سے منگوالی تو آٹے کے لئے رقم نہیں ہے۔

یہ دور صبا کے تخلیقی عروج کا دور بھی تھا۔ صبا کی بڑی بیٹی زریں سحر کے مطابق، وہ گھر سے سبزی لینے نکلتے تو پتہ چلتا کہ راولپنڈی مشاعرے میں چلے گئے ہیں۔ اس کے علاوہ، وہ فیکٹری سے بھی چھٹیاں بہت زیادہ کرنے لگے تھے، جس کی وجہ سے تنخواہ کٹ جاتی تھی۔ صبح سویرے تیار ہو کر ڈیوٹی پر روانہ ہوتے لیکن اپنے لطیف تخلیقی موڈ کو کارخانے کی چنگھاڑتی ہوئی سفاک فولادی چڑیلوں سے بچانے کے لئے ''مین گیٹ'' سے پلٹ آتے اور پہروں واہ کی سڑکوں پر آوارہ گردی کرتے رہتے، یا جی ٹی روڈ کے اس پار ویرانوں میں چلے جاتے اور اپنی بربادی کی داستان کو شعروں کے قالب میں ڈھالتے رہتے۔ صبا کی اسی دور کی شاعری ہے جو مشرقی ممالک کے مشترکہ دکھوں کی داستان ہے:

ترس گئی ہیں یہ آنکھیں گلاب چہروں کو

مریض جسم نکلتے ہیں اب مکانوں سے

زردار کے کمرے کی دیوار کے سائے میں

بیٹھے ہیں زمیں زادے کشکول نظر کھولے

پس ماندگانِ صبا سے ملنے والی تفصیلات اور صبا کی اس دور کی تصویر سے یہ اندازہ ہوتا ہے کہ صبا جیسا خوددار شخص، آہن صفت مزدور، آتش نوا انقلابی شاعر اور دیو ہیکل سپاہی، حالات سے لڑتے لڑتے اندر سے بالکل ٹوٹ پھوٹ چکا تھا۔ سولہ سالہ پریشان حال عائلی زندگی کی المناک داستان بارہ گھروں کے بوسیدہ در و دیوار پر نقش ہو چکی تھی۔ اب مزید دربدر

کی ٹھوکریں کھانے کا حوصلہ نہیں رہا تھا۔ اپنوں اور پرایوں کی سرد مہری بھی عروج پر تھی۔ اکڑی ہوئی گردن میں خم آ چکا تھا اور تنے ہوئے سینے میں موجود مزاحمتی اور غیرت مند دل نے صبا سے بغاوت کر دی تھی۔

صبا خود کو ہمیشہ سے بجا طور پر معاشرے کا بلند کردار اور برتر انسان خیال کرتے تھے لیکن معاشرہ (جس میں اپنے، پرائے دونوں شامل تھے) صبا کو غریب مزدور ہونے کی پاداش میں زیریں سماجی سطح پر رکھنے کی سر توڑ کوشش کر رہا تھا۔

احساس کی بھٹی میں جلایا بھی گیا ہوں

نفرت کی میں سولی پہ چڑھایا بھی گیا ہوں

میں وقت کا یوسف ہوں، مرے بھائی ہیں دشمن

افلاس کے زنداں میں گرایا بھی گیا ہوں

بازو مرے کمزور سمجھ کر سر محفل

تشہیر کا سامان بنایا بھی گیا ہوں

ذہنی معیار اور سماجی رتبے کی مسلسل کش مکش اور تصادم کی وجہ سے صبا کی فصیلِ جسم میں دراڑیں پڑ چکی تھیں۔ وہ دل کے مریض ہو چکے تھے، اور جب دل جسم کو خون بہم پہنچانے سے گریزاں ہونے لگے تو بازو کمزور پڑنے لگتے ہیں اور صبا کمزور بازوؤں کے ساتھ زندہ رہنا زندگی کی توہین سمجھتے تھے۔ انقلابی لہجہ رکھنے والے صبا نے ایک موقع پر کہا تھا:

محسوس جب ہوا کہ میں ہستی پہ بار ہوں

میں نے کتابِ زیست کے پرزے اڑا دیے

لیکن مسائل کے سنگ ہائے گراں سے الجھ الجھ کر اب ان کے بازوؤں میں اتنی سکت بھی باقی نہیں رہی تھی کہ وہ سپاہی اور مزدور صبا کے سے جارحانہ انداز کی لاج رکھے ہوئے کتاب زیست کے پرزے ہی اڑا دیتے۔ مسائل کے سنگ و خار، ماحول کے آتش و آہن اور مفلسی کے پر ہول منظروں کی ڈسی ہوئی آنکھیں اب ہمیشہ کے لئے بند ہونے کو بے چین تھیں اور بموں کے دھماکوں، مشینوں کی خوف ناک چیخوں اور فاقہ زدہ معصوموں کی آہوں اور سسکیوں کو سننے والے کان موت کی لوری سننے کے لئے بے قرار ہو رہے تھے۔ صبا کو اپنے دکھوں سے نجات کا کوئی راستہ نہیں سوجھتا تھا سوائے اس کے کہ وہ موت کی لوری سن کر ہمیشہ ہمیشہ کے لئے سو جائیں۔ لہٰذا انہوں نے اپنے مخصوص جارحانہ اور رزمیہ انداز کی بجائے دھیمے لیکن دل ہلا دینے والے لہجے میں اپنی اس خواہش کا اظہار کیا:

پھر کوئی موت کی لوری کوئی الجھا ہوا گیت

میں بہت دیر کا جاگا ہوں، سلایا جاؤں

حواشی

1۔ بحوالہ خط نمبر Rec/NE-4/1014225 مؤرخہ 09۔08 دسمبر اے۔ سی۔ سینٹر، ریکارڈ وِنگ، نوشہرہ چھاؤنی۔

2۔ آفتاب اقبال شمیم سے راقم کی گفتگو، مؤرخہ 7 ستمبر 1990ء، اسلام آباد

3۔ احمد ندیم قاسمی "تہذیب و فن" بار دوم (اگست 1979ء) ص :205، ناشر مکتبہ فنون، لاہور

4۔ بحوالہ "واہ کاریگر" کے 1963ء تا 1980ء کے شمارے

5۔ ہفت روزہ "ہلال" راولپنڈی، جلد۔ 31، شمارہ ۔82، ص :71

6۔ احمد ندیم قاسمی "تہذیب و فن" بار دوم (اگست 1979ء) ص :202۔203، ناشر مکتبہ فنون، لاہور

7۔ بحوالہ سروس ریکارڈ

8۔ آفتاب اقبال شمیم سے راقم کی گفتگو، مؤرخہ 7 ستمبر 1990ء، اسلام آباد

9۔ بحوالہ خط نمبر Rec/NE-4/1014225 مؤرخہ 08-90- Dec اے۔ سی۔ سینٹر، ریکارڈ وِنگ، نوشہرہ چھاؤنی۔

01۔ عائلی زندگی کے بارے میں تفصیلات بیگم صبا نے راقم سے ملاقات مؤرخہ 91 نومبر 1990ء کے دوران فراہم کیں۔

11۔ "واہ کاریگر" سبطِ علی صبا نمبر۔ اگست 1980ء، ص: 32

21۔ بیگم صبا سے راقم کی ملاقات، مؤرخہ 91 نومبر 1990ء

وفات

ستر کی دہائی کے آخری سالوں میں صبا کی سب سے چھوٹی بہن نجم السحر کو شادی کے چند ماہ بعد طلاق ہو گئی۔ اور اس کے بعد 1979ء کے ابتدائی مہینوں میں ان کی سادہ دل اور مہربان ماں کا بھی انتقال ہو گیا۔ صبا ماں اور بہن دونوں سے بہت محبت کرتے تھے۔ وہ عمر بھر اپنے زخموں کی نمائش سے گریزاں رہے، لیکن ان کے بھائی سید طاہر حسین شاہ کے بقول [1] حقیقی رشتوں کے ان دو عظیم دکھوں کے تذکرے پر ان کی حالت غیر ہو جاتی تھی۔ صبا نے زندگی کا ہر وار سہا تھا، اپنی اپنی نوعیت کے ان دو سنگین دکھوں کی کمی تھی، سو یہ بھی صبا کے اثاثۂ غم میں شامل ہو گئے۔ نتیجہ دسمبر 1979ء میں دل کے دورے کی شکل میں ظاہر ہوا۔ صبا کو پی او ایف کے بڑے ہسپتال میں داخل کروا دیا گیا۔ ہسپتال میں دو مہینے زیرِ علاج رہے۔ اور اس دوران ان کے گھر کی معاشی حالت ناگفتہ بہ ہو گئی۔ وہ مکمل طور پر صحت یاب نہیں تھے لیکن ان کو گھر بھیج دیا گیا کیونکہ مریضوں کی تعداد میں اضافے کے تناسب سے ہسپتالوں کے بستروں کی تعداد میں اضافہ نہیں کیا جا سکتا تھا:

شکستہ دل فقط کچھ سانس گن کر ہسپتالوں میں

نئے لوگوں کی خاطر اپنے بستر چھوڑ دیتے ہیں

بیماری کے دوران ہسپتال میں ملاقات کے لئے آنے والے اپنے دوست محمود اختر عادل سے گفتگو کرتے ہوئے، صبا نے کہا: "عادل! بھوک ہمارا بنیادی مسئلہ ہے۔ ہمارے آگے پیچھے مسائل کے پہاڑ ہیں۔ بیماریوں کے جال ہیں۔ ہم آبادی کے جس حصے سے متعلق ہیں ان کے صرف ووٹ گنے جاتے ہیں اور بس۔ کارخانوں کی مشینوں میں ہمیں اپنا خون شامل کر کے بھی کچھ نہیں ملتا سوائے دل کے دورے اور ٹی بی کے، ہمیں بیماری کی نوعیت کی بجائے اپنے خانوں کے حساب سے علاج ملتا ہے" [2]

ڈاکٹر نے صبا کو ایک ماہ کی چھٹی دی، اور آرام کا مشورہ دیا لیکن گھر کی معاشی حالت کے پیشِ نظر صبا کے ڈیوٹی پر حاضر ہونا شروع کر دیا تاکہ اوور ٹائم کر کے بیوی بچوں کا پیٹ بھر سکیں۔ اس دوران صبا کے ہاں آخری بچہ ثمر عباس پیدا ہوا۔ بیوی کی علالت کے دوران کوئی پرسانِ حال نہ تھا، سوائے ایک سہیلی رضیہ کے، جو گھر کے کام کاج کرتی تھی۔ محمود اختر عادل ان دنوں صبا سے اپنی ملاقاتوں کے حوالے سے لکھتے ہیں: ''صبا ہسپتال سے گھر آ گیا۔ ڈاکٹروں نے اس کو ذہنی محنت سے اجتناب اور مکمل آرام کرنے کا مشورہ دیا تھا، مگر اس کی بے چین طبیعت اسے ایک دوپہر کیفے ناز* میں لے ہی آئی۔ وہ خاصا بجھا بجھا سا تھا۔ چہرے پر پیلاہٹیں رقصاں تھیں۔ بار بار اس کا ہاتھ دل پر آ کر رک جاتا اور وہ کسی اندرونی کش مکش کو ظاہر نہ کرنے کی سعی میں لگا رہا۔'' [3]

بیگم صبا نے بتایا کہ '' 31 مئی 1980ء کو صبا رات گئے اپنے پڑوسی دوست منور احمد جاوید کے گھر سے واپس آئے تو بہت نحیف و نزار دکھائی دے رہے تھے۔ 41 مئی کو علی الصبح میں نے جگایا، ناشتے پر صبا نے اپنے چھوٹے بیٹے شہزاد کو ساتھ بٹھایا۔ چھوٹی بیٹی آٹھ سالہ مضراب السحر کو گردن توڑ بخار تھا۔ ڈیوٹی پر جانے کے لئے تیار ہوئے تو میں نے کہا: 'آپ کی طبیعت زیادہ خراب لگتی ہے، اس لئے آج ڈیوٹی پر نہ جائیں'۔ متفکر صبا نے کہا: 'نہیں، میں بغیر اطلاع چھٹی نہیں کر سکتا'۔ پھر چند قدم چلنے کے بعد پلٹ کر مجھ سے کہا: 'تم گڑیا کو ہسپتال لے جانا!'۔ اور پھر اسی کیفیت میں گھر سے نکل گئے''۔ [4]

اسی صبح سات بجے کے قریب صبا کو واہ آرڈنینس کلب کے سامنے پی او ایف کے گیٹ نمبر (1) کے قریب دل کا دوسرا دورہ پڑا۔ سائیکلوں پر ٹفن کیریئر رکھے ہوئے گیٹ کی طرف بڑھنے والے مزدور صبا کی طرف لپکے۔ ایک ساتھی مزدور اصغر نے گاڑی منگوا کر پی او ایف ہسپتال پہنچایا، جہاں دن دس بجے کے قریب ان کو دل کا تیسرا اور آخری دورہ پڑا۔ اس طرح صبا نے 41 مئی 1980ء کو صرف چوالیس سال چھ ماہ کی عمر میں تمام مسائل اور

دکھوں سے ہمیشہ ہمیشہ کے لئے نجات حاصل کر لی۔ نماز جنازہ میں دور دراز شہروں کے اہلِ قلم کی متوقع شرکت کے پیشِ نظر ان کی میت ہسپتال کے کولڈ روم میں رکھوا دی گئی اور اگلے دن، 15 مئی 1980ء کو لالہ رخ کے اسی قبرستان میں (جس کے مضافات میں صبا نے اپنی زندگی کی کئی خزائیں گزاری تھیں) انہیں اپنی والدہ کے پہلو میں منوں مٹی تلے دفنا دیا گیا۔ ان کی لوحِ قبر پر ان کا یہ شعر درج ہے:

پھر کوئی موت کی لوری، کوئی الجھا ہوا گیت

میں بہت دیر کا جاگا ہوں، سلایا جاؤں

سید سبطِ علی صبا کے انتقال پر ملک بھر کی ادبی تنظیموں نے تعزیتی جلسے منعقد کئے۔ ان کی وفات اور تعزیتی جلسوں کی خبروں کو ملک بھر کے اخبارات میں نمایاں سرخیوں کے ساتھ شائع کیا گیا۔ پس ماندگان کو بڑی ادبی شخصیات کی طرف سے تعزیتی خطوط لکھے گئے، کالم لکھے گئے اور منظوم نذرانے پیش کئے گئے۔ احمد ندیم قاسمی نے صبا کے برادرِ نسبتی حسن ناصر کے نام اپنے خط میں لکھا: ”سبطِ علی صبا کی اچانک موت نے ہلا کر رکھ دیا ہے۔ ایک تو وہ خوبصورت شاعر تھے اور نکھر رہے تھے، دوسرے میرے ساتھ جو ان کا تعلقِ خاطر تھا، وہ بھولنے کی چیز ہی نہیں۔ وہ مجھے اور ہم سب کو ہمیشہ یاد رہیں گے۔ محبت، خلوص، جرات اور حوصلہ مندی کے اس پیکر کے انتقال نے ہمیں کتنا بڑا نقصان پہنچایا ہے۔ دیگر پس ماندگان تک بھی میرا انتہائی دکھ پہنچا دیجئے۔“ [5]

جمیل الدین عالی نے اپنے کالم ”رنج، غم اور امید“ (مطبوعہ: جنگ کراچی) میں لکھا: ”لاہور سے ایک بڑی دل دوز خبر آئی ہے۔ آج صبح جنگ کے ادبی ایڈیشن پر دیکھی تو باقی مضمون بدلنا پڑا۔ واہ کینٹ میں اک محنت کش جوان شاعر انتقال کر گیا۔ وہ شکیب جلالی کی طرح ایک عجیب و غریب شاعر لگتا ہے۔ اپنی جہالت کا اقرار کہ پہلے اس کا صرف نام ہی سنا تھا اس کے کلام سے واقف نہ تھا جنہوں نے پیر 27 مئی کا ادبی ایڈیشن پڑھا ہے انہوں نے دیکھ

لیا ہوگا کہ اس جواں مرگ کا نام سید سبطِ علی صبا تھا۔ وہ مزدوری کرتا تھا۔ اللہ ایسی توفیق سب شعراء کو دے کہ محنت کی کھائیں اور یہ توفیق معاشرے کو بھی دے کہ شاعر کو بیکار اور محض شاعر رکھنے پر اصرار نہ کرے۔ وہ کیسے شعر کہتا تھا، کوئی مجموعہ کلام میرے سامنے نہیں ہے۔ جناب خالد احمد نے اسی ادبی ایڈیشن میں اس کے کچھ شعر نقل کئے ہیں۔ ان ہی میں سے سناتا ہوں۔ دوبارہ، سہ بارہ، بار بار یہ چونکاتے ہیں صبا صاحبِ دیوان معلوم نہیں ہوتا۔ موت نے اسے بہت جلد پکڑ لیا، مگر اس کا ایک ایک شعر کتابوں پر بھاری ہے۔ بتایا گیا ہے کہ معاشی ابتری کا شکار تھا اور دل کے دورے میں گیا۔ مگر اپنی رِیت کے مطابق ہم اسے کسی قدر اعزاز کے ساتھ تو دفنا سکتے ہیں۔ ہماری تمام آوازیں لاہور اور راولپنڈی کے ساتھ ہیں کہ اکادمی ادبیات پاکستان سید سبطِ علی صبا کے معاملے پر غور کرے، اس کے لواحقین کے بارے میں فوراً تحقیق ہو، اور ان کے لئے فوری اور طویل المیعاد وظائف جاری کئے جائیں۔" [6]

سید حسن ناصر اور اکمل ارتقائی کے مطابق ترقی پسند نقاد اور شاعر یوسف حسن کے صبا کے غم کو شاعروں ادیبوں میں سے سے بڑھ کر محسوس کیا۔ ان کی تدفین کے وقت وہ دھاڑیں مار مار کر روئے اور صبا کی تعزیتی قرار داد لکھتے وقت اپنے اشکوں سے اسے بھگو دیا۔ یوسف حسن اپنے مضمون "محنت کشوں کا شاعر" میں لکھتے ہیں: "سبطِ علی صبا کی موت آبادی کے شمار میں ایک عدد کی تفریق نہیں، اس کی موت ایک باشعور محنت کار، ایک انسان دوست فن کار اور ایک صاحب کردار انسان کی موت ہے۔ کہنے کو وہ ایک عام آدمی تھا مگر اپنے مشخص فکری اور فنی کردار میں اس کی ذات ایک مثال تھی"۔ [7]

خالد احمد نے اپنے کالم "لمحہ لمحہ" میں لکھا: "سید سبطِ علی صبا کی بے وقت موت پر کراچی کے بہت سے شعراء نے تعزیتی خطوط مرحوم کے متعلقین کے نام ہماری معرفت بھیجے ہیں۔ ان میں اطہر نفیس اور سلیم کوثر کے جذبات اس قدر شدید ہیں کہ ہم ایک بار تو لرز کر رہ گئے اور فیصلہ نہ کر پائے کہ یہ خطوط مغموم خاندان کو بھیجیں یا نہ بھیجیں کراچی سے لاہور اور

لاہور سے پشاور تک سید سبطِ علی صبا کا جس انداز میں ماتم ہوا، اس سے یہ بات کھل کر سامنے آ گئی ہے کہ اگر توجہ دلائی جائے تو اہلِ دل حضرات کی کوئی کمی نہیں۔" [8]

سید سبطِ علی صبا کے انتقال پر بہت سے شعرائے کرام نے ان کے فن اور شخصیت کے حوالے سے منظوم نذرانے لکھے جو فنون، اوراق، واہ کاریگر، روزنامہ جنگ اور دیگر اخبارات و رسائل میں شائع ہوئے۔ صبا کے قریبی دوست آفتاب اقبال شمیم صبا کے انتقال کے وقت اپنی تدریسی خدمات کے سلسلے میں چین میں مقیم تھے، انہوں نے راقم سے ملاقات (مؤرخہ 7 دسمبر 1990ء) میں بتایا کہ: "میں اپنے فلیٹ میں تھا۔ مجھے میرے پاکستانی دوست رشید بٹ کا فون موصول ہوا کہ انہیں حامد ہاشمی کے خط کے ذریعے پتہ چلا ہے کہ صبا انتقال کر گئے ہیں۔ میں یہ توقع نہیں کر سکتا تھا کہ صبا ہمیں اتنی جلدی چھوڑ کر چلے جائیں گے۔ کسی ایک خبر یا واقعے نے مجھے شاید کبھی اتنا متاثر نہ کیا ہو جتنا اس دل دوز خبر نے کیا۔ یہی وجہ تھی کہ خبر سننے کے بعد پانچ منٹ میں اپنی نظم "یارِ بے پروا سبطِ علی صبا" مکمل کر چکا تھا۔" [9]

مجھے ملنے نہیں آیا
عظیم الشان سناٹے کی اس اقلیم میں
شاید مجھے تنہا، بہت تنہا، حسن ابدال تک جانا پڑے گا
ایک متحرک خلا کے ساتھ اک بے انت دوری کے سفر پر
کیوں نہیں آیا
ہمیشہ کا وہ سیلانی
ذرا اس کو صدا دو
وہ یہیں اس روشنی کی آڑ میں

ان خوشبوؤں کی اوٹ میں شاید چھپا ہو
کیا خبر وہ یارِ بے پروا کسی چاہت کے کنجِ خواب میں
دبکا ہوا ہو
ہاں صدا دو، نا!
مجھے تم اس طرح کیوں تک رہے ہو
میں نہیں روؤں گا
میں بالکل نہیں روؤں گا
کیسے مان لوں وہ میرے آنے پر مجھے ملنے نہ آئے
وہ یہیں ہو گا، یہیں ہو گا
مجھے تم کل اسی رستے پہ اس کے ساتھ دیکھو گے

آفتاب اقبال شمیم کے علاوہ حزیں لدھیانوی، رشید نثار، حلیم قریشی، ظفر ابن متین، منشی لطیف گجراتی، منور عزیز، اقبال کوثر، مسرت ہاشمی، یوسف حسن، عنایت کبریا، علی مطہر اشعر، الیاس صدا، حسن ناصر، ریاض حسین چوہدری، احسان اللہ خان احسان، اور دیگر کئی شعرائے کرام نے صبا کے لئے نظمیں، غزلیں اور نوحے لکھے۔ واہ کے ادبی، تیکنیکی مجلّہ ''واہ کاریگر'' نے سبطِ علی صبا کے حوالے سے ایک خصوصی نمبر شائع کیا، جسے مجلّہ کے مدیر سعید اختر اور معاون مدیر شاہین اقبال نے حسن ناصر کے تعاون سے ترتیب دیا۔ معروف شاعر تنویر سپرا نے اپنے شعری مجموعے ''لفظ کھردرے'' کا انتساب سبطِ علی صبا اور تنویر جیلانی کے نام کیا۔

ذیل میں ان منظومات میں سے ایک انتخاب پیش کیا جاتا ہے جو سید سبطِ علی صبا کے انتقال پر ان کے لئے لکھی گئیں:

خود ہی چپ چاپ رہ جاں سے گزر جائے گا
ہم پہ جینے کا یہ الزام بھی دھر جائے گا
مجھ کو کیسے یہ یقیں آئے صدا جی، بولو
اپنے یاروں پہ جو مرتا تھا وہ مر جائے گا

(الیاس صدا) : واہ کاریگر صبا نمبر 1980ء

صبا کو موت نہیں زندگی نے مار دیا
وہ ساعتیں کہ بھرا شہر اجنبی سا لگا
زمیں کا لعل لحد میں اتارنے کے لئے
ہر ایک آنکھ چھپائے تھی بانجھ پچھتاوے
بس ایک پل میں لغت بن گئی جدائی کی
مجھے شریک سفر، راستے میں چھوڑ گیا
مثالِ ابر یہاں ریت جب برسنے لگی
وہ شاخ شاخ پہ اپنا لہو نچوڑ گیا
اٹھائے پھرتا رہا کانچ کا بدن وہ بھی
ہوائے تند کا جھونکا اسے بھی توڑ گیا

(حسن ناصر) : ماہنامہ ''فنون'' لاہور اگست 1980، شمارہ 14

پھر تری مہکی ہوئی غزلوں سے نکلیں تتلیاں

پھر عروسِ شہرِ گل کو پر فشاں ہونا پڑا

تیری تربت پر سلگتی خوشبوؤں کو دیکھ کر

قطرہ قطرہ خون کو اشکِ رواں ہونا پڑا

(ریاض حسین چوہدری): ''فنون'' شمارہ 4 1 اگست 1980 ص 71

صبا صفت تھا چمن سے گیا صبا کی طرح

انا پرست تھا، زندہ رہا خدا کی طرح

وہ ایک شعرِ مجسم، وہ ایک فکرِ تمام

جنوں کا حسن تھا، اک حرفِ مدعا کی طرح

تھا اس کے شعر میں زندہ غرورِ صبحِ ادب

وہ شب چراغ تھا اک شعلۂ نوا کی طرح

(رشید نثار): ''اوراق'' لاہور، ''واہ کاریگر صبا نمبر اگست 1980ء

روکا تھا ہم سفر نے دم صبح مگر گیا

وہ مستقر سے اٹھ کے بہت پیشتر گیا

اک جست میں وہ سرحدِ جاں سے گزر گیا

بیسا کھیوں کو پھینک دیا، اور مر گیا

سوچا تو کوئی غیر شریک ستم نہ تھا

الزام اس کی موت کا اپنوں کے سر گیا

خود پھول تھا کہ زینت ِ شاخ اجل ہوا

اور ہم سفر کی گود کو کانٹوں سے بھر گیا

(علی مطہر اشعر): "واہ کاریگر" صبا نمبر

چلا گیا ہے مرا سبطِ علی صبا بھی کہیں

مہک سے اس کی گریزاں ہوا نہیں ہوتی

ہمارے ہاتھ میں سونپی تھی اس نے اپنی صلیب

یہ قسط ہم سے وفا کی ادا نہیں ہوتی

رہے گا حشر تلک اس کے شعر کا چرچا

وہ انجمن ہے مگر، اب بپا نہیں ہوتی

(عنایت کبریا): روز نامہ جنگ، 18 جون 1986ء

آج کہاں ہے

جس کو دیکھو اس کی آنکھ سوالی ہے

لفظ اپنے مفہوم سے خالی ہے

سب نے ایک ہی بات کہی ہے

سب کے دل میں درد کی ایک ہی لہر رواں ہے

میں بھی خزاں ہوں، تو بھی خزاں ہے

ایک ہجومِ چارہ گراں ہے

کل جو ہنستا بستا چہرہ سبطِ علی کا

زندگیوں کے صحراؤں میں مثلِ شجر استادہ تھا

آج کہاں ہے؟

(حلیم قریشی)

''تنویر جیلانی اور سبطِ علی کے نام''

جو زخم جاں پہ کف اندمال رکھتے تھے

گئے وہ یار جو ہم کو بحال رکھتے تھے

کھنڈر میں رہ کے بھی سوچیں کھنڈر نہ تھیں ان کی

وہ اپنے خواب میں شہرِ مثال رکھتے تھے

(یوسف حسن)

گونجتا شعر، محبت کے ترانے سے اٹھا

ایک انمول خزینہ تھا خزانے سے اٹھا

''ہائے کیا موت کی لوری تھی وہ الجھا ہوا گیت''

ایسا سویا کہ کسی کے نہ جگانے سے اٹھا

گیت گم سم ہے، غزل چپ سی ہے، نظمیں خاموش

ہائے کیا بولتا فنکار زمانے سے اٹھا

زندگی! تو اسے ہر گام پہ ٹھکراتی رہی

موت! اپ اس کا جنازہ تو ٹھکانے سے اٹھا

(ظفر ابن متین): "فنون" لاہور، شمارہ 61 جون جولائی 1981ء

آج تو جینا بھی دو بھر ہو گیا

غم بڑھا، ہر شخص پتھر ہو گیا

"لال کی تختی" کا غم کھاتا تھا جو

خاک اس شاعر کا پیکر ہو گیا

چھا گئی ہر سو غموں کی تیرگی

زندگانی کی ضیاء کو کیا ہوا

(حزیں لدھیانوی): "واہ کاریگر صبا نمبر

توں سندھور وچہ غزل دی مانگ بھریا، سرمہ غزل دی اکھ وچہ پایا توں

پاٹے ہوئے میلے ایہدے لاہ لیڑے، ایہنوں نواں لباس پہنایا توں

اجڑ گئی سی جگر دے بعد جھرڑی، سہاگن ایس نوں فیر بنایا توں

نویں نویں خیالاں دے پا گہنے نویں سروں پھر ووہٹی بنایا توں

ویکھن واسطے صورت صبا تیری اکھاں گل نرگس تاڑے لالیاں نیں

ایدھر گل لالے تیرے سوگ اندر پٹ پٹ چھاتیاں کر لیاں کالیاں نیں

بوٹے بوٹے مڈھ پھوہڑیاں پین کیوں نہ، باغ بان وی سَیں قدردان سی سَیں

ترگیا ایں صباتے پتہ لگا اے، توں اس بھری بہار دامان وی سَیں

(منشی لطیف گجراتی)

آنکھوں میں جتنے رنگ تھے سب سنگ ہو گئے

اس آب میں جو عکس اجالا، کسی کا تھا

ہر سانس کر رہا تھا وہ تزئینِ کربلا

سبطِ علی صبا تو حوالہ کسی کا تھا

(منور عزیز)

مانا کہ دل فگار تھا، سبطِ علی صبا

اک بحرِ بے کنار تھا، سبطِ علی صبا

اس نے ادب میں ایک نئی روح پھونک دی

بزمِ سخن کا یار تھا، سبطِ علی صبا

(احسان اللہ خان احسان) : ''واہ کاریگر'' صبا نمبر 1980ء

حواشی

1۔ سید طاہر حسین شاہ کے راقم کی ملاقات مؤرخہ 02 دسمبر 1990ء، واہ چھاؤنی

2۔ محمود اختر عادل ''غریبِ شہر'' مطبوعہ ''واہ کاریگر'' سبطِ علی صبا نمبر (اگست 1980ء)

3۔ ''کیفے ناز''، جہاں شعراء کی محفلیں جمتی تھیں، اسلم مارکیٹ، واہ کینٹ میں ہے۔

4۔ محمود اختر عادل ''غریبِ شہر'' مطبوعہ ''واہ کاریگر'' سبطِ علی صبا نمبر (اگست 1980ء)

5۔ احمد ندیم قاسمی کا خط مؤرخہ 02 مئی 1980ء بنام حسن ناصر، مطبوعہ ''واہ کاریگر'' سبطِ علی صبا نمبر (اگست 1980ء)

6۔ جمیل الدین عالی کا کالم مطبوعہ ''جنگ''، مطبوعہ بارِ دگر ''واہ کاریگر'' سبطِ علی صبا نمبر (اگست 1980ء)

7۔ ''واہ کاریگر'' سبطِ علی صبا نمبر (اگست 1980ء)

8۔ خالد احمد کا کالم ''لمحہ لمحہ'' مطبوعہ روزنامہ جنگ، راولپنڈی۔ مطبوعہ بارِ دگر ''واہ کاریگر'' سبطِ علی صبا نمبر (اگست 1980ء) ص :64

9۔ آفتاب اقبال شمیم کی نظم ''یارِ بے پروا (سبطِ علی صبا)'' صبا کے مجموعہ کلام ''طشتِ مراد'' میں شامل ہے۔

پس ماندگان

سید سبطِ علی صبا نے اپنے پیچھے ایک بیوی اور سات بچے سوگوار چھوڑے۔ جن میں سے پانچ بیٹے اور دو بیٹیاں ہیں۔ سب سے بڑے بیٹے کا نام میثاق علی ہے، جو صبا کے انتقال کے وقت پندرہ برس کے تھے اور نویں جماعت کے طالب علم تھے۔ باپ کی وفات کے بعد معاشی پریشانیوں کے باعث تعلیم ترک کر کے پاک فوج میں بھرتی ہو گئے۔ آج کل کوئٹہ میں ایک سپاہی کی حیثیت سے خدمات سر انجام دے رہے ہیں۔ میثاق علی ساگر تخلص کرتے ہیں۔ شاعری کا اچھا ذوق رکھتے ہیں۔ ذیل میں دو اردو اور دو پنجابی کے اشعار درج کئے جاتے ہیں جو ان غزلوں میں سے منتخب کئے گئے ہیں جو انہوں نے راقم سے ملاقات (واہ کینٹ : 91 نومبر 1990ء) کے دوران سنائیں :

اس لئے بھی دھوپ نے جھلسا دیا میرا بدن

میرے سر پر باپ کا ٹھنڈک بھرا سایہ نہ تھا

چھوڑ کر ایک ناؤ کاغذ کی

طنز دریا پہ کر گئے بچے

ایسے پاروں سچے شعر دا قحط پیا

سوچاں نال سخن ور چوری ہو گئے نیں

ایس عمارت ڈھے جانا، میثاق میاں!

بنیاداں دے پتھر چوری ہو گئے نیں

میثاق علی سے چھوٹے جرار حیدر ہیں۔ جرار، صبا کے ایک محنتی اور ہونہار بیٹے ہیں۔ میٹرک واہ کے ایک سکول سے کیا۔ ایف ایس سی اور بی ایس سی، گورنمنٹ ڈگری کالج سٹلائٹ ٹاؤن راولپنڈی سے کیا۔ میٹرک سے بی ایس سی تک ضلع میں نمایاں پوزیشن لے کر کامیاب ہوتے رہے۔ آج کل قائدِ اعظم یونیورسٹی اسلام آباد میں ایم ایس سی ریاضی کے طالب علم ہیں۔ وسیع مطالعہ رکھنے والے نوجوان مقرر ہیں۔ مختلف رسالوں میں سائنسی اور تیکنیکی نوعیت کے مضامین بھی لکھتے ہیں۔

صبا کی زندگی اور شاعری سے یہ ثبوت ملتے ہیں کہ وہ عورت سے ماں، بہن، بیوی اور بالخصوص بیٹی کے روپ میں بہت محبت کرتے تھے۔ بیگم صبا نے راقم سے ملاقات مؤرخہ 19 نومبر 1990ء کے دوران بتایا کہ جرار کی پیدائش پر صبا نے کہا تھا کہ اگر اب بھی میرے گھر میں لڑکا پیدا ہوا تو میں کسی بچی کو لے پالک رکھ لوں گا۔ خدا نے صبا کی خواہش پوری کی اور ان کو ایک بیٹی عطا فرمائی جس کا نام انھوں نے خود زریں سحر رکھا۔ زریں، جرار سے چھوٹی بہن ہیں جو میٹرک واہ کے ایک ہائی سکول سے کرنے کے بعد دو سال تک کالج میں پڑھتی رہی ہیں، لیکن ایف اے کی انگریزی میں ناکام ہو جانے کے باعث تعلیم ترک کر دی۔ خانہ داری کے ساتھ ساتھ اردو ادب کے مطالعہ کا شوق رکھتی ہیں۔ زریں سحر سے چھوٹے بھائی کا نام فرخ جواد ہے جنھیں ملازمت کرنے (خاص طور پر فوج کی ملازمت) کا بہت شوق تھا۔ گزشتہ دنوں میٹرک سے ہی تعلیم چھوڑ کر عسکری تربیت کے لئے سندھ روانہ ہو گئے۔ فرخ جواد سے چھوٹی بیٹی کا نام خود صبا نے مضراب سحر رکھا۔ مضراب نے 1990ء میں میٹرک پاس کیا اور آج کل سال اول کی طالبہ ہیں۔ مضراب سحر سے چھوٹے بیٹے کا نام شہزاد عابد ہے جو بجلی کا کام کرتے ہیں اور سب سے چھوٹے ثمر عباس ہیں جو پرائمری کے طالب علم ہیں۔

مئی 1980ء میں صبا کا انتقال ہوا تو بیوی بچوں کا کوئی ذریعۂ معاش نہ رہا۔ صبا کے ادبی دوستوں بالخصوص ان کے برادرِ نسبتی حسن ناصر کی کوششوں سے بیگم صبا کو پاکستان

آرڈیننس فیکٹریز، واہ میں بطور لیبر ملازمت مل گئی۔ بیگم صباب بھی صبح ساڑھے چھ بجے کے سائرن کے ساتھ گھر سے فیکٹری کے لئے روانہ ہوتی ہیں اور شام سات بجے اوور ٹائم کرکے واپس آتی ہیں۔ جمیل الدین عالی، احمد ندیم قاسمی، اور پروفیسر شریف کنجاہی کی اپیلوں اور خالد احمد، حسن ناصر اور صبا کے دیگر ادبی دوستوں اور تنظیموں کی کوششوں سے اکادمی ادبیات پاکستان اور ایک بین الاقوامی مالیاتی ادارے نے صبا کے پس ماندگان کے لئے اپنے ضوابط کے مطابق وظائف جاری کئے جن سے بچوں کی معاشی ضروریات تو کسی حد تک پوری ہو جاتی ہیں لیکن زیادہ بچے پس ماندگی کے باعث تعلیم کی روشنی سے محروم رہ گئے۔ پاکستان آرڈیننس فیکٹریز نے صبا کے بچوں کو سر چھپانے کے لئے ایک دو کمرے کا مکان بھی فراہم کیا ہوا ہے، لیکن اب تک ان کا اپنا گھر کوئی نہیں ہے۔ پاکستان آرمی نے مانکی روڈ نوشہرہ میں قسطوں پر ایک دس مرلے کا پلاٹ بیگم صبا کو صبا کے انتقال کے فوراً بعد مہیا کیا تھا جس کی مکمل قیمت تو ادا کر دی گئی ہے لیکن قرضہ نہ مل سکنے کی وجہ سے مکان تعمیر نہیں کیا جا سکا۔ اس کے علاوہ پلاٹ کی الاٹمنٹ کے لئے دوسرے بہت سے مزدوروں کے ساتھ بیگم صبا سے بھی 1986ء میں ایک خطیر رقم وصول کی گئی، جو انہیں صبا کے انتقال پر ملنے والے بقایا جات اور امدادی رقوم کی صورت میں حاصل ہوئی تھی۔ لیکن تا حال نہ ہی ان کو پلاٹ مل سکا ہے اور نہ رقم واپس ملی ہے۔[1]

حواشی

1۔ وظائف اور رہائشی سکیموں کی تفصیلات بیگم صبا نے راقم سے ملاقات مؤرخہ 91 نومبر 1990ء کے دوران بتائیں۔

صبا ٹرسٹ

صبا کے انتقال کے بعد جمیل الدین عالی کی کوششوں سے صبا کے لواحقین کی مالی امداد اور مرحوم کے مجموعۂ کلام کی اشاعت کا بند و بست کرنے کی غرض سے ''صبا ٹرسٹ'' کا قیام عمل میں لایا گیا، جس کے عہدیداران مندرجہ ذیل تھے:

سرپرست: جمیل الدین عالی

صدر: سید ضمیر جعفری

سینئر نائب صدر: مختار علی خان (پرتو روہیلہ)

جنرل سیکرٹری: سلطان رشک

ادا جعفری، زہرہ نگاہ، عرفانہ عزیز، پروین شاکر، فیض احمد فیض، قدرت اللہ شہاب، مختار مسعود، مشتاق احمد یوسفی، شان الحق حقی، ڈاکٹر وزیر آغا، اشفاق احمد، افتخار عارف، عالم تاب تشنہ، ڈاکٹر انور سجاد، ریاض انور، جمیل الدین عالی، سلطان رشک اور کئی دوسرے ادیبوں نے صبا ٹرسٹ میں عطیات کے طور پر چیک جمع کروائے تھے، جن میں سے فیض احمد فیض کا چیک ان کے انتقال کے باعث کیش نہ ہو سکا۔ صبا ٹرسٹ نے مجلسِ تصنیف و تالیف واہ کے زیر اہتمام چھپنے والے صبا کے مجموعۂ کلام ''طشتِ مراد'' کی ایک سو کاپیاں خریدنے کے علاوہ پس ماندگان کو کچھ رقم عطیہ کی صورت میں پہنچائی۔ 1987ء کے بعد کہ ٹرسٹ تقریباً غیر فعال ہو کر رہ گیا۔ [1]

حواشی

1۔ ''صباٹرسٹ'' کے بارے میں معلومات سکرٹری ٹرسٹ جناب سلطان رشک کے پاس موجود صباٹرسٹ کی فائل سے حاصل کی گئیں۔

طشتِ مراد

جنوری 1986ء میں مجلسِ تصنیف و تالیف واہ چھاؤنی کے زیرِ اہتمام سید سبطِ علی صبا (مرحوم) کا مجموعۂ کلام ”طشتِ مراد“ کے نام سے شائع ہوا۔ اس مجموعے میں صبا کی ایک نعت، ساٹھ غزلیں اور آٹھ متفرق اشعار شامل ہیں۔ ”طشت مراد“ کے مرتب و ناشر قاضی عارف حسین ہیں۔ فلیپ پر احمد ندیم قاسمی، ڈاکٹر وحید قریشی، جمیل الدین عالی، آفتاب اقبال شمیم اور علی مطہر اشعر کی آراء درج ہیں، جب کہ کتاب کے شروع میں احمد ندیم قاسمی کا ”پیش لفظ“، آفتاب اقبال شمیم کی نظم ”یار بے پروا (سبطِ علی صبا)“، پروفیسر سجاد شیخ کا مختصر مضمون "SABA, A REMARKABLE POET" اور ”اپنی باتیں“ کے عنوان سے مرتب کا دیباچہ شامل ہیں۔ اس کے بعد صبا کی تصویر مع ان کے سوانحی اشاروں اور پس ماندگان کے ناموں کی فہرست کتاب میں شامل کی گئی ہے۔ کتاب کے سرِ ورق پر طشت تھامے ہوئے ایک ہاتھ کو دکھایا گیا ہے۔ انتساب ”صبحِ جمہوریت اور نئے مستقبل کے نام“ ہے اور ”طشت مراد“ کی ترکیب کتاب میں شامل بیسویں غزل کے مطلع سے لی گئی ہے:

آزادیِ ضمیر کا احساس مر گیا

طشتِ مراد کاغذی پھولوں سے بھر گیا

”اپنی باتیں“ میں مرتب و ناشر لکھتے ہیں: ”مرحوم نے اپنے مجموعہ کا نام ’ابرِ سنگ‘ تجویز کیا تھا کہ اسے زندگی بھر پتھروں کی بارش کا سامنا رہا۔ لیکن یہ پتھروں کی بارش اس کی آنکھ بند ہوتے ہی ختم ہو گئی۔ اب تو اس کے لئے محبتوں کے پھول ہیں، خلوص کے پھول ہیں۔“

تحقیق کے سلسلے میں صبا کے عزیز و اقارب، دوستوں اور معروف ادبی شخصیات سے راقم کی ملاقاتوں کے دوران یہ بات خاص طور پ سامنے آئی کہ صبا انتہائی خوددار اور انا پرست انسان تھے۔ وہ اپنے دولت مند عزیز و اقارب سے محض اس لئے ملاقات تک نہیں کرتے تھے کہ کہیں وہ یہ نہ سمجھ لیں کہ صبا کو ان سے کوئی مالی فائدہ حاصل کرنا ہے۔ وہ بنیادی طور پر مزاحمتی مزاج اور لہجہ رکھنے والے شخص اور شاعر تھے۔ اور اسی لئے وہ اپنے مجموعۂ کلام کا نام بھی ''ابرِ سنگ'' رکھنا چاہتے تھے۔ ''طشتِ مراد'' ان کی ایک غزل میں شامل ترکیب ضرور ہے لیکن کتاب میں شامل دوسرے مواد کی اس نام سے کوئی مطابقت نہیں ہے۔ اس کے علاوہ بعض نمائندہ غزلیں کتاب میں شامل ہونے سے رہ گئی ہیں ۔ بعض ابتدائی دور کی غزلیں کتاب کے آخری حصے میں ہیں اور بعض فنی و فکری پختگی کے دور کی نمائندہ غزلیں شروع کے صفحات میں درج کر دی گئی ہیں۔ کتاب کی اشاعت سے قبل شاعر اپنی تخلیقات کو تراش خراش کے عمل سے بھی گزارتا ہے، کچھ زبان و بیان کی خامیوں کو دور کرتا ہے اور کچھ الفاظ کی نشست و برخاست سے مصرعوں کو چست بناتا ہے۔ صبا کے بعض اشعار کو بھی اس عمل سے گزارنے کی ضرورت تھی، لیکن ان کی زندگی نے اس کا موقع ہی نہیں دیا تھا۔ غزلوں کی تراش خراش کا یہ عمل تو اب ناممکن ہو گیا ہے، کیونکہ اپنی فکری ندرت کی وجہ سے صبا کے بہت سے اشعار لوگوں کو ازبر ہو چکے ہیں اور ان کی بہت سی غزلیں مختلف منتخب غزلوں کے مجموعوں میں بھی شامل ہو چکی ہیں ۔ اہم یہ ضروری ہے کہ کوئی شاعر، ادیب یا ادارہ صبا کی غیر مطبوعہ غزلیں، نظمیں، نوحے اور سلام بھی شامل کرتے ہوئے، ان کے مجموعۂ کلام کو نئی ترتیب اور نئے نام سے شائع کرے تاکہ ان کا قیمتی کلام قطعی طور پر اور بہتر انداز میں محفوظ ہو سکے۔

شخصیت اور نظریات

شخصیت کی تعریف و تشریح کے سلسلے میں محمد موسیٰ خان کلیم لکھتے ہیں: ''شخصیت وہ بنیادی چٹان ہے جس پر انسانی کردار کا انحصار ہوتا ہے۔ جس کے آب و گل سے اس کردار کو ایک مخصوص صورت اور وضع حاصل ہوتی ہے۔ یہی مخصوص صورت آدمی کو اپنے ماحول کے باقی تمام لوگوں سے جدا اور ممیّز کر دیتی ہے اور جو سچ پوچھئے تو، اس سے اس کی ظاہری صورت بھی بنتی ہے۔ ناک نقشہ اگرچہ زیادہ مختلف نہیں ہوتا لیکن دو آدمی بالکل مختلف دکھائی دیتے ہیں اور دونوں کی موجودگی سے الگ الگ بلکہ بعض اوقات متضاد اثر پیدا ہوتا ہے۔ علمائے نفسیات کا قول ہے کہ انسان کی تعمیری قوتوں کے چشمے اسی چٹان سے پھوٹتے ہیں ۔'' [1] محمد موسیٰ خان کلیم نے شخصیت کو شخص اور اس کے ذاتی اور تخلیقی کردار کی بنیادی چٹان قرار دیا ہے اور یہ محض اتفاق ہے کہ سید سبطِ علی صبا کی شخصیت خارجی اعتبار سے بھی ایک چٹان کی مانند تھی۔ بظاہر سخت لیکن اندر سے نرم اور گداز چٹان، جس سے ایک عمر تخلیق کے چشمے پھوٹتے رہے۔

صبا کے دوست پروفیسر شفیع ضامن لکھتے ہیں: ''سبطِ علی صبا مر چکا ہے!!! اور اس کے ساتھ ہی واہ کینٹ کی ادبی تاریخ کا ایک شاندار اور جاندار باب بھی ختم ہو گیا ہے۔ ضلع سیالکوٹ کے ایک مشہور قصبے ''کوٹلی لوہاراں'' کے ایک سید گھرانے کا چشم و چراغ، ناز و نعم میں پلنے والا کھلنڈرا اور ضدی سبطِ واہ فیکٹری کا ایک پر جوش اور منہ پھٹ مزدور، رسالے کا ایک سابق سوار، ایک پر جوش ٹینک کی طرح گرجتا، دھاڑتا، راست اور پتھریلے لہجے اور گھمبیر اسلوب کا ایک منفرد شاعر، باہر سے کھردرا، اور اندر سے ریشم کی طرح ملائم، ایک بہت ہی پیارا، محبت کرنے والا! یہ سبطِ علی صبا جو اب ہم سے بہت دور جا چکا ہے۔'' [2]

سید سبطِ علی صبا کی خارجی شخصیت کا خاکہ [3] کچھ اس طرح سے تھا: سرخ و سفید رنگ، متناسب سر اور پیشانی، نسبتاً بڑی اور نہایت ہی روشن آنکھیں (جو بقول آفتاب اقبال شمیم، ایسے ہوتی تھیں جیسے ہر وقت ان میں کوئی دھات پگھل رہی ہو)، بھنویں جدا جدا اور گھنی، ناک درمیانی، ہلکی مونچھیں ہٹلر کی طرح [4]، متناسب تراش خراش کے خوبصورت ہونٹ، سامنے کے دانتوں کے درمیان معمولی خلا، نچلے ہونٹ اور ٹھوڑی کے عین نیچے ہلکے ہلکے گڑھے، نتھنوں اور رخساروں کے درمیان قوسین کی شکل میں معمولی گہری لکیریں، خوبصورت چہرہ (لیکن اس پر کرختگی ہر وقت نمایاں رہتی)، قد تقریباً پانچ فٹ آٹھ انچ (جو سینہ تان کر اور گردن اکڑا کر کھڑے ہونے یا چلنے کی وجہ سے کچھ اور بڑھ جاتا)، وزن تقریباً ایک سو چالیس پونڈ، سینہ فراخ، دست و بازو بظاہر بہت قوی۔ وہ پتلون کی دونوں جیبوں میں ہاتھ ڈالے، سینہ تان کر ایسے چلتے جیسے کسی فوجی پریڈ سے آ رہے ہوں۔ گفتگو عام طور پر پنجابی زبان میں اور بآوازِ بلند کرتے جیسے کسی سے لڑ رہے ہوں۔ لباس عام طور پر پرانا اور استری سے بے نیاز لیکن صاف ستھرا، شلوار قمیض اور پتلون شرٹ زیادہ پہنتے اور سردیوں میں آرمی کا اوور کوٹ زیبِ تن کرتے۔ چائے اور سگرٹ کے بہت شوقین تھے۔ جس دوست کے پاس جاتے، فوراً نعرہ لگاتے: "چاء پلا، یار!"۔ جس دن اپنی جیب میں پیسے ہوتے تو کہتے: "بہہ جا، اج میں چاء پلاواں گا"، "کے۔ٹو" اور "کنگ۔ سٹارک" کے سگرٹ پیتے اور بہت پیتے تھے۔ غذاؤں میں قیمہ کریلے، کباب اور مچھلی شوق سے کھاتے۔ مچھلی کے شکار کے لئے چھٹی والے دن خود بھی اپنے چھوٹے بچوں کو ساتھ لے کر قریب ہی "کالے نالے" پر جاتے۔ جذباتی بہت تھے، ادھر کسی نے ذرا سی بات کی ادھر یہ سیخ پا ہو گئے لیکن یہ کیفیت صرف چند لمحے رہتی۔ کسی سے زیادہ دیر خفا نہیں رہ سکتے تھے۔ اگر کسی دوست سے شدید دکھ پہنچتا تو دوسرے دوستوں سے اس کا تذکرہ کرتے ہوئے بعض اوقات ان کی آنکھوں میں آنسو بھی آ جاتے تھے۔ طبیعت میں کھردرا پن تھا۔ بات کرتے وقت آداب کو ملحوظ رکھنا ان کے بس کی بات نہیں تھی۔ طفیل کمالزئی کے الفاظ میں: "جس دن وہ آداب کو ملحوظ رکھ کر مخاطب ہوتا تو

یوں لگتا جیسے اسے بہت سی بھڑوں نے ایک ساتھ کاٹ لیا ہو، وہ کبھی آپ، کبھی تم، کبھی یار کا سہارا لے کر اٹک اٹک کر بات کرتا۔"[5]

فنی انانیت صبا میں بہت تھی۔ تنقیدی نشستوں میں فن پاروں پر گفتگو کرتے ہوئے کوئی لگی لپٹی رکھے بغیر قطعی اور بے باکانہ رائے دیتے۔ زیادہ تر تخلیقات کو طبقاتی شعور کی کسوٹی پر پرکھتے۔ نجی محفلوں میں، اگر کوئی تخلیق ان کو پسند نہ آتی تو اپنے روایتی بلند بانگ لہجے میں کہتے: "کیا بکواس لکھ لائے ہو، یار"۔ احباب ان کے اس رویے سے بڑے چیں بہ جبیں ہوتے اور ان "جرائم" کی پاداش میں ان کو واہ کی بڑی ادبی محفلوں سے باہر بھی رکھا جاتا۔ ایک وجہ یہ بھی تھی کہ ان کی سماجی حیثیت (ایک مزدور ہونے) کے پیشِ نظر ان کو بڑے کلبوں میں ہونے والے مشاعروں میں نہیں بلایا جاتا تھا[6] جس کا وہ گہرا اثر لیتے اور ہر افسر کو طبقاتی کردار کے حوالے سے ہی دیکھتے تھے۔

شاعری میں کسی سے اصلاح انہوں نے کبھی نہیں لی۔ یہ ان کے مزاج کے منافی تھا۔ ابتدا میں دوستوں کے مشورے قبول کر لیتے تھے۔ شعر کے فنی فکری لوازمات کا شعور انہوں نے دوستوں کی نجی محفلوں اور اپنے مطالعے کے ذریعے حاصل کیا تھا۔ آفتاب اقبال شمیم کہتے ہیں: "وہ اصلاح کا قائل نہیں تھا۔ ہی واز اے سیلف میڈ پوئٹ۔"[7] فیض احمد فیض، احمد ندیم قاسمی اور نظیر اکبر آبادی سے متاثر تھے۔ فیض کی مزاحمتی شاعری کو بہت اہمیت دیتے تھے اور اپنا تخلص انہوں نے فیض سے متاثر ہو کر 'غیض' رکھا تھا جس کا ذکر ہم ان کے شعری سفر کے آغاز کے سلسلے میں کر آئے ہیں۔ ندیم کی "شعلۂ گل" ان کے زیرِ مطالعہ رہتی تھی اور اکثر کہتے: "میری کتاب کا دیباچہ ندیم لکھے گا"۔[8]

حسرت اور اقبال کی زمینوں میں انہوں نے غزلیں بھی کہیں، جو ان کے دیوان میں شامل ہیں۔ ان کے دوست اکمل ارتقائی نے ایک ملاقات میں راقم کو بتایا کہ وہ انیس کی قادر الکلامی، نظیر کی عوامی شاعری اور اقبال کی انقلابی شاعری سے بہت متاثر تھے اور بسا اوقات

جذباتی انداز میں ہاتھ ہوا میں لہراتے ہوئے کہتے: 'کاش، گراں خواب پاکستانی بھی سنبھلنے لگیں اور (اسلام آباد اور ٹیکسلا کے درمیان ایستادہ پہاڑیوں کی طرف دیکھتے ہوئے) مارگلہ کے چشمے اگلنے لگیں۔" اپنے اس جذباتی انداز اور انقلابی فکر کے باعث وہ اپنے دوستوں میں "انقلابی" کے نام سے مشہور تھے۔ ان کی شاعری بھی اسی واضح اور غیر مبہم انقلابی سوچ کی عکاسی کرتی ہے۔"[9]

صبا کی شخصیت کے نمایاں خدوخال کی جھلکیاں ان کے شاعر دوست شفیع ضامن کے مضمون 'کھردرا ریشم" میں ملتی ہیں۔ لکھتے ہیں: "چلچلاتی دھوپوں، سرد کٹیلی ہواؤں، غذائیت سے خالی دواؤں اور پے در پے مالی پریشانیوں نے اس کے خدوخال کو سخت اور اس کے لہجے کو کرخت بنا دیا تھا اور میرے سمیت اس کے سب ملنے والے اس سے شاکی رہتے تھے۔ لیکن اس کی موت پر جس طرح اس کے احباب ایک دوسرے کے گلے مل مل کر روئے اور چیخے ہیں، اس سے یہ ثابت ہوتا ہے کہ اس کی خوبیاں نہایت ٹھوس اور پائیدار تھیں۔ وہ ریشم کی ایک انٹی کی طرح تھا جس کا بیرونی حصہ تو جھلس کر سخت اور کھردرا ہو گیا تھا لیکن جو، اندر سے بالکل صاف چمک دار اور نرم و گداز تھی۔ صبا ایک دکھی انسان تھا اور پے در پے پریشانیوں نے اسے تلخ گو، انا پرست اور انتہا پسند بنا دیا تھا۔ وہ کم از کم واہ کینٹ میں کسی کو بھی اپنے سے بڑا شاعر تسلیم نہیں کرتا تھا۔ یہ بات شاید کچھ ایسی غلط بھی نہیں ہے، لیکن صبا جس طرح چھاتی پر ہاتھ مار کر اس کا اعلان کرتا تھا وہ ہم میں سے اکثر لوگوں کو گراں گزرتا۔ وہ اپنے مزدور ہونے کے بارے میں میں حد درجہ حساس تھا، یہاں تک کہ وہ کسی دوست یا رشتہ دار کی بالکل اتفاقیہ اور غیر شعوری فرو گزاشت کو بھی "طبقاتی کردار" کے حوالے سے دیکھتا تھا اور اس سلسلے میں وہ اپنے بہنوئی حسن ناصر اور اپنی بہن کو بھی معاف نہیں کرتا تھا۔ لیکن اس کی حساسیت اور انتہا پسندی کا اظہار عام طور پر ہنگامی اور عارضی ہوتا تھا اور وہ جتنی جلدی خفا ہوتا، اس سے کہیں زیادہ تیزی سے من جاتا تھا۔" [01]

سید سبطِ علی صبا انتہائی خوددار شخص تھے۔ ان کو ساری عمر تنگ دستی کا سامنا رہا۔ ان کے حقیقی بھائی سبطِ حسن کے مالی حالات اچھے تھے لیکن صبا محض اس لئے ان سے نہیں ملتے تھے کہ کہیں وہ یہ نہ سمجھنے لگیں کہ بھائی کو مجھ سے کوئی مالی فائدہ حاصل کرنا ہے اس سلسلے میں سید سبطِ حسن نے راقم کو ایک ملاقات کے دوران بتایا: ''ایک دفعہ کا ذکر ہے، میں دوبئ سے رخصت پر گھر آیا ہوا تھا۔ اس کا ایک دوست ہے، علی مطہر اشعر، اس نے صبا سے کہا: یار میں اکثر دیکھتا ہوں کہ تمہارا بھائی سبطِ حسن شاعروں ادیبوں کے ساتھ پھرتا رہتا ہے۔ امان اللہ (افسانہ نگار) کے ساتھ میں اسے اکثر دیکھا ہوں، مگر تمہارے ساتھ بھائی کو کبھی نہیں دیکھا۔ صبا نے جواب دیا: علی مطہر! امان اللہ میرے بھائی کا دوست ہے، اس کے ساتھ وہ اٹھ بیٹھ سکتا ہے لیکن لوگ مجھے اگر بھائی کے ساتھ دیکھیں گے تو سمجھیں گے کہ شاید صبا بھائی سے کوئی فائدہ حاصل کرنے کے چکر میں ہے۔'' [11]

بات یہیں پر ختم نہیں ہو جاتی۔ بلکہ صبا کی خودداری کا یہ عالم تھا کہ اپنے والد سے بھی کبھی کوئی فرمائش نہیں کی۔ ان کے والد کے بیان سے پتہ چلتا ہے کہ خودداری صبا کے خمیر میں شامل تھی اور بچپن ہی سے ان کی شاعرانہ انفرادیت نمایاں ہونا شروع ہو گئ تھی۔ ان کے والد سید زین العابدین کہتے ہیں: ''سختی اور کھردرے پن کا جو عنصر اس کی طبیعت میں تھا، اسے میں نے بھی محسوس کیا ہے۔ شروع میں میرا خیال تھا کہ سبطِ علی بڑا خودسر اور مغرور لڑکا ہے لیکن پھر مجھے اپنی رائے تبدیل کرنا پڑی کہ وہ خودسر اور مغرور کم اور خوددار زیادہ تھا۔ اک عجیب بات، میں آپ کو بتاؤں، مجھے یاد نہیں پڑتا اس نے زندگی میں کبھی مجھ سے کوئی چیز مانگی ہو۔ وہ اپنی والدہ سے فرمائشیں کرتا ہوگا مگر مجھ سے کبھی کوئی فرمائش نہیں کی اور اس کی یہ عادت باقی بچوں سے ہٹ کر تھی، حالانکہ میرے دوسرے بچے اور بچیاں باوجود اس کے کہ جوان ہیں، خود مختار ہیں، اکثر مجھے کوئی نہ کوئی چیز مثلاً کپڑے اور جوتے وغیرہ لا کر دینے کو کہتے رہتے ہیں، مگر سبطِ علی کی یہ عادت نہیں تھی۔ موت سے دو یا تین روز پہلے کی بات ہے

کہ وہ گھر میں میرے قریب ہی چارپائی پر لیٹا ہوا تھا۔ باتوں باتوں میں اپنی چھوٹی بہن سے کہنے لگا: ''گڈو! میری ایک خواہش ہے۔''

خواہش کا لفظ سن کر میرے کان کھڑے ہو گئے۔ یا اللہ! یہ لفظ میں اس کے منہ سے پہلی بار سن رہا ہوں۔

''کیا خواہش ہے تمہاری؟'' مجھ سے نہ رہا گیا اور میں نے پوچھ ہی لیا۔

''میری خواہش ہے کہ میرا شعری مجموعہ چھپ جائے''

''کتنے پیسے لگ جائیں گے، اس مجموعے پر؟'' میں نے پوچھا۔

اس نے بتایا کہ کم از کم تین چار ہزار روپے لگیں گے۔

تو یہ تھی غالباً پہلی اور آخری خواہش، جس کا اظہار اس نے میرے سامنے کیا، وہ بھی براہِ راست نہیں بلکہ بالواسطہ طور پر۔'' [21]

صبا کی خود داری کے حوالے سے کئی ایسے ہی واقعات ہیں لیکن چند ایک ان کی شخصیت کو سمجھنے کے لئے بہت اہم ہیں۔ ان سے دو واقعات مزید یہاں درج کئے جاتے ہیں۔

بیگم صبا نے راقم کو بتایا: ''یہ ان دنوں کی بات ہے، جب ہم پشاور روڈ کے پار کچے مکان میں رہتے تھے۔ ایک رات گھر میں کھانے کے لئے کچھ بھی نہیں تھا۔ میں نے بچوں کو بھوکا سلا دیا۔ سبطِ رات گئے ڈیوٹی سے آئے تو پوچھنے لگے کیا پکایا؟ میں نے بتایا کہ کچھ بھی نہیں، بچوں کو بھوکا سلا دیا ہے۔ سامنے ایک بابا رہتا تھا۔ آٹا ختم ہوتا تو ہم اس کے گھر سے آٹا ادھار لے آتے، لیکن آج اتفاق سے اس کے گھر میں بھی آٹا نہیں تھا۔ صبح صبا کو ہر صورت میں ڈیوٹی پر جانا تھا۔ نہ جانے ان کے دوست حکیم معین الدین کو کیسے پتہ چلا کہ انہوں نے صبح ہمارے گھر آٹا بھجوا دیا۔ بعد میں ایک دن صبا شربت کی دو بوتلیں گھر لے کر آئے اور ان میں سے ایک حکیم کے گھر بھجوا دی۔'' [31]

واہ کے ایک شاعر قاضی نورالدین نوری جو صبا سے اپنے اشعار کے سلسلے میں اصلاح بھی لیتے تھے رقمطراز ہیں : ’’میں اور چند دوست بمع سبطِ علی صبا ایک ایسے دوست کے گھر بیٹھے تھے۔ (اس دوست کے گھریلو اور ازدواجی حالات شدید الجھے ہوئے تھے۔) اس دوران اس دوست کا ایک قرض خواہ آیا اور مہمان دوستوں کی موجودگی میں نہایت غیر اخلاقی گفتگو کرتے ہوئے قرض کی ادائیگی کا تقاضا کرنے لگا۔ جس دوست کے گھر ہم بیٹھے ہوئے تھے وہ دوست نہایت کھسیانا ہو کر احساس ندامت میں ڈوبا ہوا تھا۔ اور اس بے عزتی پر چہرہ سرخ تھا۔ ہم سب اس قرض خواہ کی غیر اخلاقی حرکت اور قرض دار دوست کی کسمپرسی کو دیکھ ہی رہے تھے کہ اچانک سبطِ علی تلملا کر اٹھا جیسے خود اپنی بے عزتی تصور کر رہا ہو۔ قرض خواہ کو لعن طعن کرتے ہوئے بڑے تحکمانہ لہجے میں رقم معلوم کی، اور نہایت مستحکم انداز میں قرض خواہ سے کہا: ’یہ رقم کل اسی وقت یہیں آ کر مجھ سے لے جانا۔ اس دوست کو پریشان کیا تو مجھ سے برا کوئی نہ ہوگا، سمجھے!‘۔ ہم سب حیران رہ گئے کہ سو روپے کے لگ بھگ رقم صبا جیسا پھکڑ اور پھٹیچر کل کیسے دے گا۔ وہ بات کا دھنی اور وعدے کا پکا وقت مقررہ پر اس دوست کے گھر گیا اور قرض خواہ کے آنے پر اس کی مطلوبہ رقم ادا کر کے اپنے دوست کو نہایت حوصلہ دلا کر کہنے لگا: ’مت سوچو کہ یہ رقم میں نے ادا کی ہے۔ یہ تیری بھابی نے پس انداز کر کے رکھی ہوئی تھی، بچوں کے کپڑے بنوانے کے لئے۔ تم بھی مزدور ہو اور تمہاری بھابی ایک مزدور کی بیوی ہے۔ رات میں نے تیری بھابی کو تیرا ماجرا سنایا تو وہ بھی رو پڑی اور میرے بغیر طلب کئے اس نے یہ رقم تیرے قرض خواہ کو ادا کرنے کے لئے دے دی۔ جب تیری گنجائش ہو تو ادا کر دینا ورنہ تیری بھابی نے معاف کر دئے ہیں۔ تیرا دکھ میرا دکھ ہے اور اس دکھ کو اپنا دکھ وہی سمجھ سکتا ہے جو خود اس قسم کے دکھ سہتا ہو۔‘‘ [41]

اپنے مسائل کے ساتھ ساتھ صبا دوسروں کے مسائل کے بارے میں بھی نہایت سنجیدگی سے سوچتے اور حتی المقدور ان کے حل کے لئے کوشاں رہتے۔ ان کے پڑوسی منور احمد جاوید لکھتے ہیں : ’’اور اس رات جو میری اور اس کی ملاقات کی آخری رات تھی اور اس کی

زندگی کی بھی آخری رات تھی، وہ کچھ پریشان پریشان تھا۔ میں نے دریافت کیا کہ کیا ہوا بولا: میرے ملنے والے ایک صاحب ہیں۔ ان کے بچے کے داخلے کا مسئلہ ہے۔ میں نے کہا کہ پھر تم کیوں پریشان ہو، داخلہ آخر کار مل ہی جائے گا۔ کہنے لگا کہ داخلہ نہ ملا تو بچہ آوارہ ہو جائے گا، اس کے والدین بہت فکر مند ہیں۔ وہ غریب کبھی ایک سکول اور کبھی دوسرے سکول مارے مارے پھرتے ہیں۔ میں نے اس سے کہا: میرا خیال ہے وہ خود اتنے پریشان نہیں ہوں گے جتنے تم ہو۔ مجھے تو یوں لگ رہا ہے جیسے تمہارا اپنا بچہ داخلے سے محروم ہے۔ کہنے لگا: اپنا ہی سمجھو یار، صبح سویرے اس کے لئے بھی کچھ کرنا ہے۔ [51]

صبا صرف اپنے دوستوں ہی نہیں بلکہ ہر ذی روح سے محبت کرتے تھے۔ ان میں ایک حساس فن کار اور بلند کردار انسان کی تمام خصوصیات موجود تھیں۔ معاشی اعتبار سے پسے ہوئے طبقے کے لئے وہ سر گرم حمایتی تو تھے ہی، لیکن سماجی اعتبار سے جو شخص انہیں زندگی کی دوڑ میں پیچھے نظر آتا اپنی فطری انسان دوستی کی وجہ سے اس سے خصوصی ہمدردی سے پیش آتے اور بساط بھر اس کی اخلاقی حمایت کرنے کی کوشش کرتے۔ ان کے بھائی سید طاہر حسین شاہ نے راقم کو بتایا: ''روزانہ شام کو ہم محلے کے سب لڑکے مل کر کرکٹ کھیلا کرتے۔ بھائی جان کو کرکٹ دیکھنے کا بہت شوق تھا۔ ہمارے ساتھ ایک کالا سا لڑکا کھیلا کرتا، اس کا نام ''بابو'' تھا لیکن اس کے کالے رنگ اور کھیل اچھا نہ ہونے کی وجہ سے سب لڑکے اس کو تضحیک کا نشانہ بناتے۔ بھائی جان اس کو بہت حوصلہ دلاتے۔ میں نے یہ محسوس کیا کہ وہ بابو کے آؤٹ ہونے تک کرکٹ دیکھتے ہیں۔ جونہی وہ آؤٹ ہوتا ہے تو چلے جاتے۔ پھر ان کا یہ معمول بن گیا کہ بابو کے آؤٹ ہوتے ہی کہہ دیتے: بابو میرا یار ہے، آؤٹ ہو گیا، لو میں جا رہا ہوں۔ بابو جو یتیم اور حساس لڑکا تھا، بھائی جان کے اس حسنِ سلوک سے بہت متاثر ہوا۔ ان کے انتقال پر دھاڑیں مار مار کر رویا اور مجھ سے کہنے لگا: چند ماہ پہلے مجھے اپنے باپ کے انتقال پر اتنا دکھ نہیں ہوا تھا، جتنا سبطِ بھائی کے مرنے پر ہوا ہے۔'' [16]

مفلسی کے ساتھ ساتھ صبا نے بے گھری کا عذاب بھی برداشت کیا تھا اور اپنی فوج کی ملازمت کے دوران کئی سرد راتیں کھلے آسمان تلے بھی گزاری تھیں۔ اس لئے وہ رات کے نامہربان روپ سے بخوبی آشنا تھے۔ یہی وجہ تھی کہ انسان تو کیا کسی جانور کی بے گھری بھی ان کو تڑپا دیتی۔ ان سے رفاقت کے دنوں کو یاد کرتے ہوئے ان کے قریبی دوست علی مطہر اشعر کہتے ہیں : ''سردیوں کی ایک رات کا واقعہ ہے۔ میں اور صبا سڑک کے کنارے کنارے چل رہے تھے کہ اچانک صبا کی نظر ایک پلے پر پڑی جو سردی سے ٹھٹھر رہا تھا اور کسی پناہ گاہ کی تلاش میں تھا۔ صبا نے فوراً آگے بڑھ کر اس کو اٹھالیا۔ پیار سے اس کے سر پر ہاتھ پھیرا۔ میرا گھر وہاں سے نزدیک تھا، مجھے کہنے لگا: یار، اس کو گھر لے چلتے ہیں، بے چارہ سرد رات میں ٹھٹھر کر مر جائے گا۔'' میں پلے کو سائیکل کے کیریئر پر رکھ کر گھر لے آیا۔ صبا اس وقت اپنے گھر چلا گیا اور صبح سویرے ڈیوٹی پر جانے سے پہلے بذریعہ سائیکل میرے گھر آیا اور پلے کی خیریت دریافت کرنے کے بعد ڈیوٹی پر گیا'' [17]

صبا کو اپنے حقیقی رشتوں سے بہت محبت تھی، لیکن ان کی غربت ان کو رشتوں کے سماجی تقاضے پورے نہیں کرنے دیتی تھی، جس کی وجہ سے وہ اندر ہی اندر کڑھتے رہتے تھے۔ وہ چاہتے تو تھے کہ بہن بھائیوں اور عزیز و اقارب کی خوشیوں میں بڑھ چڑھ کر حصہ دار بنیں لیکن اس کی استطاعت نہیں رکھتے تھے۔ پھر بھی ان کی زندگی کے چند چھوٹے چھوٹے ایسے واقعات سامنے آتے ہیں جو ان کی وضع داری کو اجاگر کرتے ہیں ۔ مثلاً انہوں نے اپنی چھوٹی بہن نجم السحر کی شادی پر فیکٹری سے قرض لیا اور جہیز میں اپنا حصہ ڈالا۔ کمزور معاشی حالت کی وجہ سے مہمان نوازی تک کی استطاعت نہیں رکھتے تھے، جس کا اظہار ان کے اس شعر میں بھی ہوتا ہے:

کس طرح کروں زحمتِ مہمان نوازی

بچوں کے لئے گھر پہ غذا ہی نہیں ہوتی

لیکن اس کے باوجود جب کبھی ممکن ہو یا، اپنے دوستوں کو گھر بلاتے اور ان کی خاطر تواضع کرتے۔ مثال کے طور پر: ''اتوار کی ایک صبح آج چھٹی کا دن ہے، میں اور خواجہ (شاہد نصیر) بیٹھے گپ شپ لگا رہے ہیں، اتنے میں صبا آتا ہے۔ 'چلو یار، جلدی کرو، والدہ نے بلایا ہے، میں تمہیں لینے آیا ہوں'۔ ہم اس کی بات سمجھ نہیں پا رہے ہیں مگر اس کے ساتھ ساتھ چلے جا رہے ہیں۔ اس کا گھر آ جاتا ہے۔ ماں، مہرباں ماں، دروازہ کھولتی ہے۔ وہ ٹھنڈی ٹھنڈی روشنی میں ملبوس ہے ماما کی روشنی جو اس کی ایک ایک جنبش سے پھوٹ رہی ہے ہم کمرے میں آ کر بیٹھ جاتے ہیں۔ تھوڑی ہی دیر میں کمرہ دیسی گھی کی خوشبو سے مہک اٹھتا ہے۔ ہمارے سامنے مکئی کی چپڑی ہوئی روٹیاں اور دیسی گھی ملا ہوا سرسوں کا ساگ ہے۔''
[18]

صبا کی شخصیت کی ایک نمایاں خصوصیت ان کی زندہ دلی تھی۔ وہ دکھوں کا شکار ضرور تھے لیکن دکھوں کی تشہیر کے قائل نہیں تھے۔ دوستوں کی محفلوں میں کھل کر دنیا جہان کے موضوعات پر گپ شپ کرتے، خود ہنستے، دوسروں کو ہنساتے، حتیٰ کہ ان کی ذات پر بھی اگر کوئی مزاح کی پھلجھڑی یا طنز کا نشتر چھوڑتا تو محفل میں ان کا اپنا قہقہہ سب سے بلند ہوتا۔ عارف لکھنوی لکھتے ہیں کہ ابتدائے شاعری سے ہی ان کی ''بہت پر مذاق طبیعت تھی۔ چہرے سے بالکل اندازہ نہیں ہوتا تھا کہ یہ شخص اپنے سینے میں کتنے دکھ چھپائے ہوئے ہے۔'' [19] وہ دکھوں کو چھپاتے رہے تا کہ ان کی کمزوریاں کسی پر نہ کھل سکیں، لیکن معاشرہ ان کے اس طرزِ عمل کو دیکھ کر اور زیادہ دکھ دیتا گیا:

مجھ کو زخموں کی نمائش سے گریزاں پا کر
لوگ ہر روز نئے زخم لگانے آئے

لیکن صبا نے اپنی روش ترک نہیں کی۔ وہ برابر ہنستے رہے اور ہنساتے رہے۔ ان کے مذاق میں پھکڑ پن یا عمومیت نہیں ہوتی تھی بلکہ بذلہ سنجی اور ذہانت ملتی تھی۔ ان کے

دوست الیاس صدا (مرحوم) لکھتے ہیں: ”بذلہ سنجی کا یہ عالم تھا کہ ایک روز کسی مشاعرے کی صدارت کے بعد ایک بزرگ پروفیسر ساتھ آتے ہوئے فٹ پاتھ پر مل گئے۔ پروفیسر سے میرا تعارف کروایا۔ میری شاعری کی بڑی تعریف کی اور آخر میں یہ جملہ بھی شامل کر دیا کہ ’یہ میرے شاگردوں میں سے ہے‘۔ مجھے بڑا غصہ آیا مگر ضبط کر لیا۔ کئی روز بعد جب صبا سے میری ملاقات ہوئی تو میں نے سخت احتجاج کیا۔ بڑی سنجیدگی سے فرمانے لگے کہ اس قسم کا کوئی پڑھا لکھا بزرگ میرے پاس لے آؤ، میں اس کے سامنے تمہارا شاگرد بننے کو تیار ہوں۔“ [20]

صبا کی زندگی سے اس کا کوئی ثبوت نہیں ملتا کہ انہوں نے کبھی کسی کو کوئی نقصان پہنچایا ہو۔ چند لمحوں سے زیادہ کسی سے ناراض رہے ہوں یا کبھی جھوٹ بولا ہو۔ ان سے اگر زیادہ سے زیادہ کسی کو شکایت ہوتی تو اتنی کہ وہ منہ پھٹ تھے۔ خود کو بڑا شاعر سمجھتے اور کسی دوسرے کو خاطر میں نہ لاتے اور کبھی کبھی نجی اور باقاعدہ ادبی محفلوں میں ان کی کڑی تنقید لوگوں کو گراں گزرتی۔ احباب کی محفلوں میں مذاق اور جملے بازی میں پیش پیش ہوتے۔ لیکن اس انداز میں کہ کسی کو ان کی کوئی بات ناگوار نہ گزرتی تھی۔ عمر کے آخری ایام میں ان کا رنگ طبیعت وہ نہیں رہا تھا جو پہلے تھا۔ گفتگو اسی طرح کرتے، سب سے گھل مل کر رہے لیکن طبیعت میں وہ بذلہ سنجی نہ رہی تھی۔

عارف لکھنوی ان سے 1979ء میں ہونے والی آخری ملاقات کے حوالے سے لکھتے ہیں: ”صبا کی شاعری میں بڑی توانائی اور نکھار آ گیا تھا۔ وہ شوخی، وہ چھیڑ چھاڑ، وہ ہنسی مذاق اب بھی اپنی افتادِ طبع کے تحت کرتا لیکن اب وہ بات کہاں جو پہلے تھی۔“ [21]

سید سبطِ علی صبا کے احباب میں سے کچھ لوگ ان کی شخصیت اور شاعری کو تمسخر کا نشانہ بناتے تھے۔ شخصیت کے سلسلے میں تو صبا بظاہر در گزر کر جاتے اور دوستوں کے قہقہوں میں خود بھی شامل ہو جاتے لیکن جب ان سے یہ کہا جاتا کہ ان کی یہ مزدوروں، غریبوں اور

ان کے مسائل کے حوالے سے جو شاعری ہے، یہ محض ایک بحرانی دور کی شاعری ہے، اور یہ کہ جب وہ اس بحران سے نکلیں گے تو اچھی شاعری کرنے لگیں گے [22] تو اس پر وہ سیخ پا ہو جاتے اور جو منہ میں آتا کہہ جاتے۔ گالی دینے سے بھی گریز نہیں کرتے تھے۔ اور تھوڑی دیر میں معاملے کو بھول جاتے لیکن چونکہ وہ دل کے صاف اور شفاف انسان تھے اور خود کو شاعری کے لئے وقف رکھتے ہوئے، بڑی محنت سے شعر کہتے تھے، اس لئے جائز پذیرائی نہ ملنے کی وجہ سے اندر ہی اندر ٹوٹتے پھوٹتے رہے۔

کل پکارو گے مسیحا کہہ کر

آج سولی پہ چڑھادو مجھ کو

بازو مرے کمزور سمجھ کر سرِ محفل

تشہیر کا سامان بنایا بھی گیا ہوں

اس قدر مجھ کو زمانے نے ستایا ہے صبا

سر بکف پھرتا ہوں اب موت کا ڈر کوئی نہیں

صبا کو اپنی والدہ سے بہت محبت تھی۔ ماں بھی اپنے پہلے بیٹے سے اس لئے بہت محبت کرتی تھیں کہ وہ ان کی دوسری اولاد کی نسبت غریب تھا۔ صبا کے انتقال سے چند ماہ قبل ان کی مہربان ماں جو بیٹے کو کبھی تنہا نہ چھوڑتی تھی اس دارِ فانی سے کوچ کر گئی۔ صبا کی اہلیہ نے راقم کو بتایا کہ صبا ماں کے انتقال کے بعد ان کی تصویر دیکھتے ہی رو پڑتے تھے۔ لہٰذا جب وہ والدین کے گھر جاتے تو ماں کی تصویر ہٹا دی جاتی۔

بہن بھائیوں میں صبا کو سب سے زیادہ محبت قسیم فاطمہ سے تھی، جو معروف شاعر حسن ناصر کی اہلیہ ہیں۔ گھریلو تعلقات کی وجہ سے صبا کا زیادہ وقت ناصر کے ساتھ گزرتا تھا اور دونوں مل کر مشقِ سخن کرتے تھے۔

دوستوں میں ان کے سب سے قریبی دوست علی مطہر اشعر تھے جو ان کے ساتھ فیکٹری میں مزدور تھے۔ اشعر کے علاوہ مبارک خان، اکمل ارتقائی، قیصر عابدی، احمد جمیل، امان اللہ اور تنویر سپرا ان کے قریبی دوستوں میں سے ہیں۔ صبا کے برادرِ نسبتی حسن ناصر نے بتایا کہ صبا اور تنویر سپرا کے درمیان معاہدہ تھا کہ وہ اپنے شعری مجموعوں کے انتساب ایک دوسرے کے نام کریں گے۔ [23] صبا کے مجموعے کا انتساب ان کے انتقال کے سبب تنویر سپرا کے نام نہیں ہو سکا لیکن تنویر سپرا نے اپنا وعدہ پورا کیا اور اپنے مجموعۂ کلام کا انتساب سبطِ علی صبا اور تنویر جیلانی کے نام کیا ہے۔ آفتاب اقبال شمیم، ڈاکٹر توصیف تبسم، نثار ناسک، شفیع ضامن، جلیل عالی اور یوسف حسن صبا کے قریبی دوست ہیں۔ جبکہ پشاور کے غلام محمد قاصر اور جہلم کے مسرت ہاشمی اور اقبال کوثر بھی صبا کے خصوصی دوستوں میں سے ہیں۔

دوسروں کے دکھوں کو اپنا سمجھنے والے صبا دوستوں کے غم گسار بھی تھے اور ان کی خوشیوں میں بھی پیش پیش رہتے تھے۔ اکمل ارتقائی نے راقم سے ملاقات 25 دسمبر 1990ء کے دوران بتایا کہ جس دن ان کے مشترکہ دوست احمد جمیل کی شادی تھی، سب لوگ واہ کی اسلم مارکیٹ کے کیفے ناز پر بیٹھے ہوئے تھے، اور صبا نے آ کر شور مچا دیا: ”احمد جمیل کی شادی ہے اور تم سب یہاں بیٹھے ہو۔ تمہیں شرم نہیں آتی؟ وہاں کام کون کرے گا!“ اور پھر سب دوستوں کو ساتھ لے گئے اور شامیانے کرسیوں کا بندوبست کیا۔ ایسا لگتا تھا کہ صبا کے اپنے گھر کے کسی فرد کی شادی ہے، جس کا سارا بندوبست انہوں نے اپنے ذمے لے رکھا ہو۔ اسی طرح اگر کوئی دوست بیمار ہو جاتا یا اس کو کوئی پریشانی یا حادثہ در پیش ہوتا اور صبا کو پتہ چلتا تو فرداً فرداً تمام دوستوں سے رابطہ کر کے ان کو بتاتے۔

پاکستان آرڈیننس فیکٹریز کی ورک مین ایسوسی ایشن کے صبا سرگرم رکن تھے اور مزدوروں کے کام کروانے کے لئے ہمہ وقت بھاگ دوڑ میں مصروف رہتے۔ ایسوسی ایشن کے جلسوں میں تقریریں کرتے، نظمیں پڑھتے۔ اپنے آپ کو پرولتاری کہتے تھے اور مزدوروں میں

طبقاتی شعور پیدا کرنے کے لئے ہمہ تن کوشاں رہتے۔ جہاں کسی مزدور کے ساتھ زیادتی ہوتی دیکھتے فوراً انتظامیہ کے خلاف آواز اٹھاتے۔

اکمل ارتقائی نے اسی ملاقات کے دوران بتایا: " 1973ء میں جب مزدوروں کو یومِ مئی منانے کا حق دیا گیا تو صبا نے "بزمِ فانوسِ ادب" کے پلیٹ فارم سے ویلفیئر کلب ہال میں ایک عظیم الشان جلسے کا اہتمام کیا جس کی صدارت ایوارڈ یافتہ مزدور رہنما عبدالغفار خان، صدر ورک مین ایسو سی ایشن نے کی۔ اس جلسے میں مزدوروں کے حقوق کے حوالے سے تقریریں ہوئیں اور نظمیں پڑھی گئیں۔ صبا کے ساتھ قیصر عابدی (ظفر ابنِ متین) اس جلسے کے اہتمام میں پیش پیش رہے۔"

صبا کے اکثر عزیز و اقارب اور دوستوں نے راقم کو بتایا کہ صبا حضرت ابوذر غفاری رضی اللہ عنہ (صحابیٔ رسول) کے تقسیمِ دولت کے نظریات سے بہت متاثر تھے اور ان کو اپنا آئیڈیل کہتے تھے۔ ان کے زہد و تقویٰ اور منکسر المزاجی جیسی خصوصیات کے مداح تھے اور خاص طور پر چند ہاتھوں میں دولت کے ارتکاز اور شاہانہ ٹھاٹ باٹ کے خلاف ان کی تعلیمات سے صبا نے بہت اثر قبول کیا، اور انھی تعلیمات کے زیرِ اثر وہ اپنے معاشرے میں معاشی انقلاب کے علم بردار تھے۔ ترقی پسند تحریک کا معاشی پہلو چونکہ حضرت ابوذر غفاری رضی اللہ عنہ کے تقسیم دولت کے نظریات سے ہم آہنگ تھا اس لئے صبا ترقی پسند تحریک کے شعراء بالخصوص فیض اور ندیم کو بھی بہت پسند کرتے تھے۔ ان کی طبقاتی وابستگی کا اندازہ ذیل کے اقتباس سے کیا جا سکتا ہے: "چند برس پیش تر جب واہ کی مزدور تنظیم نے یومِ مئی منانے کا فیصلہ کیا تو صبا نے "فانوس" (بزمِ فانوسِ ادب) کو بھی جلوس میں نمائندگی دلانے تھی تجویز پیش کی۔ مصلحت پسند لوگوں میں مَیں بھی تھا کہ اس لمحے اس کا ساتھ نہ دیا۔ نئے دور کی باتیں کرنے والے کاغذی گھوڑے دوڑانے تک ہی محدود رہے، کسی نے فانوس کے بینر تلے جلوس میں شرکت نہ کی۔ صبا وہ تنہا سپاہی تھا جس نے "ادب برائے انقلاب" کا سرخ بینر اٹھایا

ہوا تھا۔ فانوس کی جار حانہ نمائندگی کرنے والا تنہا صبا مجھے اپنے مقصد کے ساتھ کتنا وفادار اور پر خلوص نظر آیا، اس کا احساس کون کرے" [24]

سید سبطِ علی صبا شیعہ خاندان کے چشم و چراغ تھے۔ اہل بیت اور بالخصوص حضرت امام حسین رضی اللہ عنہ سے والہانہ عقیدت رکھتے تھے۔ دوسرے ترقی پسند شیعہ اہلِ قلم کی طرح وہ اہل کربلا کی محبت سے آزاد نہیں ہو سکے تھے۔ اپنے خاندانی پس منظر کی وجہ سے شہدائے کربلا سے ان کو عقیدت تھی۔ ان کے اہل خانہ نے بتایا کہ ان کو زندگی میں دو غموں پر اکثر روتے ہوئے دیکھا گیا؛ اپنی والدہ مرحومہ کی یاد میں یا غم شہدائے کربلا میں۔ نوحہ لکھتے وقت ان پر غشی طاری ہو جاتی۔ لکھتے ہوئے ساتھ ساتھ پڑھتے بھی جاتے اور روتے جاتے۔ محرم کے دنوں میں عزا داری کی مجلسوں اور جلوسوں میں بڑے اہتمام سے شرکت کرتے اور وہاں سلام اور نوحے پڑھتے۔ اپنے علاقہ میں عزا داری کے اہتمام میں پیش پیش رہتے اور خود بھی باقاعدہ زنجیس زنی کرتے۔ سانحہ کربلا دوسرے شیعہ اہل قلم کی طرح صبا کے لئے بھی کسی حد تک جذباتی مسئلہ تھا لیکن اہم بات یہ ہے کو وہ اس سانحہ کو ظالم اور مظلوم کی تقسیم کے حوالے سے دیکھتے تھے، اس لئے نسبتاً زیادہ جذباتی تھے۔ وہ مذہب پرست بالکل نہیں تھے۔

ان کے دوست نثار ناسک، اور بھائی سبطِ حسن نے (جن کی راقم سے ملاقات کی تاریخیں اسی باب میں رقم ہو چکی ہیں) راقم کو بتایا کہ صبا کسی ایک مذہب کے پرستار نہیں تھے۔ وہ کہتے تھے کہ "دنیا کے تمام مذاہب کی اچھائیوں کو جمع کر کے ایک ہی مذہب تشکیل دیا جانا چاہیے۔ اس سلسلے میں اچھائی اگر گوتم بدھ سے ملے تو اسے بھی اپنا لینا چاہیے، کیونکہ بنیادی مذہب انسانیت ہے، باقی باتیں ثانوی حیثیت رکھتی ہیں۔" علی مطہر اشعر نے راقم کو بتایا کہ صبا اس سلسلے میں اکثر یزید اور وہب قلبی کی مثال دیتے ہوئے کہتے کہ دیکھو! یزید مسلمان تھا لیکن اس نے آلِ رسول پر ظلم و ستم کئے، لیکن وہب قلبی نے غیر مسلم ہوتے ہوئے بھی راہ حق میں لڑتے ہوئے جان دے دی۔ [25] علی مطہر اشعر نے مذکورہ ملاقات

میں صبا کی ایک گفتگو کا حوالہ دیا: ”خدا نے پیغمبروں کو کیوں بھیجا ہے؟ اس لئے کہ معاشرے کی اصلاح کریں اور جو معاشرہ فلاحی، پرامن اور با عزت ہے وہ خدا کے حسبِ منشا ہے۔ خواہ وہ مسلم معاشرہ ہو، نصرانی ہو یا اہلِ ہنود سے تعلق رکھتا ہو۔“

سبطِ علی صبا کے والد ایک پر تجسّس طبیعت کے انسان تھے۔ ہر مذہب کی تازہ چھپنے والی کتابوں اور رسالوں میں بہت دلچسپی لیتے تھے۔ پہلے پہل وہ احمدی فرقے کی تعلیمات سے متاثر ہوئے۔ اس سلسلے میں دو مرتبہ ربوہ گئے اور مرزا غلام احمد قادیانی سے ملاقات بھی کی لیکن مرزا کی تعلیمات سے مطمئن نہ ہو سکے۔ بعد ازاں اپنے ایک قریبی عزیز میجر نوازش علی کے زیرِ اثر بہائی مذہب کی طرف راغب ہو گئے اور ایک عرصہ تک واہ میں اس مذہب کے سرگرم مبلغ رہے۔ ایک ملاقات میں راقم کو انھوں نے بتایا: ”میری طبیعت کچھ ایسی تھی کہ میں ہر مذہب کے بارے میں تحقیق کرتا رہتا تھا۔ پہلے میں قادیانی مسلک میں پڑ گیا لیکن بعد ازاں میں نے ان کا ایک رسالہ پڑھا جس میں اسلامی تعلیمات کا مذاق اڑایا گیا تھا۔ بہائیت کے بارے میں میجر نوازش علی شاہ نے مجھے کتابیں اور رسائل فراہم کئے۔ مجھے بہائیوں کے سماجی نظریات اور صلح پسندی کی پالیسی نے بہت متاثر کیا اور میں اس مذہب کی طرف اتنا راغب ہوا کہ اس کا اثر میرے بچوں پر بھی ہوا اور وہ باقاعدہ ان کے جلسوں میں جانے لگے۔“ [26]
بیگم صبا نے بھی ایک ملاقات میں راقم کو بتایا کہ وہ واہ میں فرقے کی مجلسوں میں جاتے رہتے تھے اور صبا بھی بہائی فرقے کی کچھ خوبیوں سے بہت متاثر ہوئے۔

بہائیت نے انیسویں صدی کے ربع اول کی ایرانی بابی تحریک سے جنم لیا تھا۔ دائرہ معارفِ اسلامیہ کے مرتب لکھتے ہیں: ”انیسویں صدی کے ربع اول میں ایران میں جو تحریکیں پیدا ہوئیں ان میں مذہبی اور سیاسی ردعمل کے اعتبار سے بہائیت کو قابلِ ذکر سمجھا جاتا ہے۔ اس کے بانی سید علی محمد شیرازی (رک بہ باب علی محمد) کا دعویٰ تھا کہ اللہ تعالیٰ اس سے ہم کلام ہوتا ہے اور (نعوذ باللہ) اس کی طرف وحی نازل ہوتی ہے اور مامورِ الٰہی اور باب

ہے باب کا دعویٰ نقطہ اولیٰ، نقطہ اعلیٰ اور نقطہ بیان اور نقطہ مشیت ہونے کا بھی تھا جو ایک دوسرے نقطہ نگاہ سے اصطلاح 'باب' ہی کی توضیح ہے۔ اس کے مرید بعض اوقات مسیح ناصری سے باب کی متعدد مشابہتوں کا ذکر بھی کرتے ہیں، جس سے ظاہر ہوتا ہے کہ وہ اسے مثیل مسیح بھی مانتے ہیں اس کے ماننے والے قرآن مجید کو آخری شریعت نہیں مانتے ان کے نزدیک بابی شریعت نے قرآن مجید اور کتب سابقہ الٰہیہ کی تکمیل کی ہے اور اس سلسلہ ارتقاء میں اس کا مقام قرآن مجید سے آگے ہے۔ حج بیت اللہ کا مقام بھی ان کے ہاں مکہ معظّمہ نہیں اور نہ بیت اللہ کی طرف منہ کر کے یہ لوگ نماز پڑھتے ہیں۔ بدشت کانفرنس میں قرۃ العین [27] نے غیر مبہم الفاظ میں کہا کہ بھائیو! ہم جس دور سے گزر رہے ہیں اس میں گزشتہ دور ختم ہو چکا ہے اور گزشتہ شریعت بھی منسوخ ہو چکی ہے۔ یہ نماز روزہ، عبادات اور نبی پر درود و سلام بھی بے کار ہے۔" [28]

"بہائیت: اس مذہب کی بنیاد مرزا حسین علی نوری نے رکھی تھی جسے اس کے مقتدرِ اعلیٰ علی محمد باب نے 'بہا اللہ' کا لقب دیا تھا بہائیت اسلام کا کوئی فرقہ نہیں بلکہ ایک الگ مذہب ہے اور اس کے ماننے والے اپنے خیال میں اسے دیگر مذاہب سے بہتر مانتے ہیں۔ وہ یہ سمجھتے ہیں کہ یہ قانونِ ارتقا کا ایک طبعی نتیجہ ہے کہ جو بعد میں آتا ہے پہلے سے بہتر اور افضل ہوتا ہے۔ بہائی تعلیمات اور معتقدات کا بڑا حصہ اسماعیلی عقائد و تعلیمات سے مماثل ہے بہائی شریعت کے معاشرتی مسائل اس طرح سے ہیں کہ بلا امتیاز مذہب و ملت بلکہ مشرکین سے بھی شادیاں جائز ہیں مہر پچانوے مثقال سونے سے زیادہ مقرر کرنا جائز نہیں۔ قبلہ عکہ ہے، روزے انیس (91) جو طلوعِ شمس سے غروبِ شمس تک ہوتے ہیں زنا کی سزا صرف نو مثقال جرمانہ ہے، دوسری مرتبہ اس جرم کے ارتکاب پر اٹھارہ مثقال۔ اخفائے راز کو ہمیشہ اہمیت دی گئی ہے یعنی اپنی دولت اپنے سفر کی منزل مقصود اور اپنے مذہب کو چھپانے کی تلقین ان کے ہاں بھی پائی جاتی ہے ایسے امور میں جو بہائی شریعت میں موجود نہیں، اللہ تعالیٰ بیت العدل کو الہام کرے گا۔" [29]

سید سبطِ علی صبا کے بارے میں یہ تو نہیں کہا جا سکتا کہ وہ بہائی مذہب کی تعلیمات سے مکمل طور پر متفق تھے کیونکہ ان کی نعتیں، حضور اور اہل بیت سے وابستگی اور قرآنِ پاک کا گہرا مطالعہ رکھنے کے ثبوت اس کی نفی کرتے ہیں۔ البتہ واہ میں ہونے والی بہائیوں کی مذہبی محفلوں میں کچھ عرصہ ضرور جاتے رہے اور ان کی شادی پر Local Spiritual Assembly of Bahais, Wah Cantt. نے 30 مئی 1964ء کو مبارک باد کا خط بھی لکھا تھا۔ جو، ان کی اہلیہ نے راقم کو فراہم کیا۔ اس خط کے متن کے مطابق بیگم صبا بھی شادی سے پہلے بہائیت کی طرف مائل تھیں۔

بیگم صبا کے ایک بیان کے مطابق ان کے والد (صبا کے سسر) سید گلاب شاہ بخاری (جن کا صبا سے مستقل رابطہ رہتا تھا) کچھ عرصہ احمدی فرقے کے زیرِ اثر رہ چکے تھے اور صبا کے والد بھی پہلے پہل قادیانیوں کی تعلیمات سے متاثر ہوئے، لہٰذا سید سبطِ علی صبا کی شاعری میں جنگ کی مخالفت اور عالمگیر انسانی مساوات جیسے موضوعات اور تصورات، دوسرے سماجی، معاشرتی اور معاشی عوامل کے ساتھ ساتھ ان ملے جلے مذہبی رجحانات کے تحت بھی در آئے تھے۔

صبا ایرانی شاعرہ قرۃ العین طاہرہ کے بہت بڑے مداح تھے۔ بقول نثار ناسک اس کی فارسی شاعری کا اردو ترجمہ ان کے زیرِ مطالعہ رہتا اور اس کے اشعار کو جذباتی انداز میں اکثر دہراتے رہتے، جو اس نے اپنی موت سے قبل ایرانی حکمرانوں کے لئے چیلنج کے طور پر کہے تھے۔ اس کے علاوہ، نہج البلاغۃ اور انجیل بھی ان کے زیر مطالعہ رہتیں۔ بیسویں صدی کے عالمی انقلابات سے بہت متاثر تھے۔ 1917ء کے انقلابِ روس کا ذکر جوش وجذبے کے ساتھ کرتے ہوئے پاکستان میں بھی اسی قسم کا انقلاب برپا کرنے کی خواہش کا اظہار کرتے۔ چین کے لیڈر چیئرمین ماؤزے تنگ کے مقولے ان کے دور میں بہت مقبول تھے، جو کتابی شکل میں ترجمہ کر کے پاکستان میں عام کئے گئے تھے۔ صبا کے پاس اکثر یہ کتاب دیکھی جاتی۔ ویتنام

کی جنگِ آزادی سے بھی متاثر تھے اور اس حوالے سے ''ویت نام'' کے عنوان سے مئی 1971ء میں ایک نظم انہوں نے واہ کے ایک مشاعرے میں پیش کی۔ یہ نظم غزل کی ہیئت میں تھی، جس کو بعد میں انہوں نے اپنی غزلوں میں شامل کر لیا۔ ایک شعر ہے:

آسماں تسخیر کرنا ہے تو ہم بھی ساتھ ہیں
کج کلاہوں کی زمیں پر بادشاہی دیکھ لی

صبا غریب طبقے اور محنت کشوں کی محرومیوں کو اکثر موضوعِ گفتگو رکھتے اور ترقی پسندوں کی مرغوب اصطلاحات کا استعمال اپنی گفتگو میں بڑی بے دردی سے کرتے۔ [30] معمولی سے طبقاتی فرق کو بھی نظر انداز نہ کرتے۔ خاص طور پر فیکٹری افسران کو ''سرمایہ داروں کے آلۂ کار'' کا لقب دیتے اور مزدوروں کے خلاف ان کی سرگرمیون کو طنز کا نشانہ بناتے۔ صبا ہر قسم کے جبر کی کھل کر مخالفت کرتے تھے، خواہ وہ معاشرتی یا سیاسی جبر ہو، خواہ سماجی یا معاشی۔ ان کے نزدیک صرف دو ہی طبقے تھے: ایک ظالم اور دوسرا مظلوم۔ اس کے علاوہ بنی نوعِ انسان کی کوئی تقسیم ان کے ہاں کوئی اہمیت نہیں رکھتی تھی۔ جابروں اور آمروں کو وہ ''شمر'' اور ''حرملہ'' کے خطابات سے نوازتے اور اپنے انہی مخصوص اور مرغوب شعری امیجز کے ذریعے اپنی گفتگو اور شاعری میں ان کے کردار کو پیش کرتے:

ہر حرملہ کے دوش پہ ترکش کو دیکھ کر
ماؤں نے اپنی گود میں بچے چھپا لئے

صبا ہر اس تحریک میں دلچسپی لیتے جو عوام کی فلاح کے لئے ہو۔ وہ تحریک عالمی سطح کی ہو، ملکی ہو، یا مقامی سطح کی، اس میں بڑھ چڑھ کر حصہ لیتے اور اپنے طبقے کی بے باکانہ نمائندگی کرتے۔ 1967ء کے آخر میں جب صدر ایوب خان کے صدارتی نظامِ حکومت کے خلاف عوامی جمہوری تحریک کا آغاز ہوا تو ملک کے دیگر طبقوں کے باشعور شہریوں کی طرح صبا

نے بھی اس میں بڑھ چڑھ کر حصہ لیا۔ اکمل ارتقائی نے راقم سے ملاقات (25 دسمبر 1990ء) کے دوران بتایا: ''وہ جلوسوں کی سب سے اگلی صفوں میں ہوتا اور حکومت کے خلاف جوش و خروش سے نعرہ بازی کرتا۔''

سبطِ علی صبا کی پوری زندگی حق اور سچائی کی خاطر اسی جد و جہد سے عبارت ہے۔ فنی انانیت، کھردرا پن اور طبقاتی حساسیت ان کی شخصیت کے نمایاں خطوط تھے، لیکن ان کی شخصیت کی زیریں لہروں کا مطالعہ کرنے سے یہ معلوم ہوتا ہے کہ وہ ایک نہایت ہی شریف النفس، پرخلوص، نرم خو، ہمدرد اور محبت کرنے والی شخصیت تھے۔ وہ کسی نظریے یا تحریک سے باقاعدہ وابستہ نہیں رہے کیونکہ وہ ایک نقاد کی نظر رکھتے تھے اور ہر نظریے یا تحریک کی خامیاں اٹھا کر ایک طرف رکھ دیتے اور خوبیوں کو اپنا لیتے تھے۔ ان کا مذہب ''انسانیت'' تھا اور وہ ہ مذہب کی ان خصوصیات کو اپنا لیتے تھے جو انسانیت کی فلاح کے لئے مفید سمجھتے۔ ان کی زندگی کا پہلا اور آخری مقصد سے ہوئے اور زیردست طبقے کی فلاح لے لئے جدو جہد کرنا تھا۔ ان کی شخصیت اور شاعری دونوں اسی ایک مقصد کے تابع تھیں۔

اردو ادب میں غریبوں کی حمایت کرنے والے ادیب تو بہت ملتے ہیں لیکن ایسے ادیبوں اور شاعروں کو انگلیوں پر گنا جا سکتا ہے جو سید سبطِ علی صبا کی طرح ظلم و جبر کے خلاف جدو جہد میں عملی طور پر شریک رہے۔

حواشی

1۔ محمد موسیٰ خان کلیم ''مقامِ غالب'' اشاعت اول نومبر 1965ء (ص: 73) نقوش پریس، لاہور۔

2۔ ”کھردرا ریشم“ از شفیع ضامن، مطبوعہ ماہنامہ فنون لاہور شمارہ ۔14 (اگست 1980ء) ص :91

3۔ یہ خاکہ صبا کے عزیز واقارب سے حاصل کی گئی تفصیلات، صبا کی شخصیت پر لکھے گئے مضامین اور صبا کی تصویروں کی مدد سے تیار کیا گیا۔

4۔ نثار ناسک کے الفاظ میں : ”اس کی مونچھیں ہٹلر کی طرح تھیں اور سردیوں میں جب وہ فوجی اوور کوٹ پہنتا تو بالکل ہٹلر نظر آتا۔ ہم اسے شاعروں کا ہٹلر کہتے تھے۔“ راقم سے گفتگو، مؤرخہ 6 جنوری 1991ء صدر، راولپنڈی۔

5۔ ”سبطِ علی صبا میرا دوست“ از طفیل کمالزئی۔ مطبوعہ ”سبطِ علی صبا نمبر، واہ کاریگر (اگست1980ء) ص :83

6۔ علی مطہر اشعر سے راقم کی گفتگو مؤرخہ 3 2 نومبر 1990ء، واہ چھاؤنی۔

7۔ آفتاب اقبال شمیم سے راقم کی گفتگو مؤرخہ 7 دسمبر 1990ء، اسلام آباد

8۔ صبا کے دوست لطیف احمد سے راقم کی گفتگو مؤرخہ دسمبر 1990ء، واہ چھاؤنی۔

9۔ اکمل ارتقائی سے راقم کی گفتگو مؤرخہ 52دسمبر 1990ء ، عباسی ہوٹل، واہ چھاؤنی۔

01۔ ”کھردرا ریشم“ از شفیع ضامن، مطبوعہ ماہنامہ فنون لاہور شمارہ ۔4 1 (اگست 1980ء) ص :19۔21

11۔ سبطِ حسن سے راقم کی گفتگو مؤرخہ 4 2 دسمبر 1990ء، بمقام سی۔705، واہ کینٹ۔

12۔ "صبا ایک خود سر لڑکا" سبطِ علی صبا کے والد محترم سے غلام رسول کی گفتگو، مطبوعہ سبطِ علی صبا نمبر، واہ کاریگر (اگست 1980ء) ص: 23

13۔ بیگم صبا سے راقم کی گفتگو مؤرخہ 91 نومبر 1990ء، واہ چھاؤنی۔

14۔ "وہ ہم سب کو سوگوار کر گیا" از قاضی نورالدین نوری۔ مطبوعہ "سبطِ علی صبا نمبر، واہ کاریگر (اگست 1980ء) ص: 62

15۔ "صبا میرا پڑوسی" منور احمد جاوید مطبوعہ "سبطِ علی صبا نمبر، واہ کاریگر (اگست 1980ء) ص: 62

16۔ سید طاہر حسین شاہ سے راقم کی گفتگو مؤرخہ 02 دسمبر 1990ء، واہ چھاؤنی۔

17۔ علی مطہر اشعر سے راقم کی گفتگو مؤرخہ 3 2 نومبر 1990ء، واہ چھاؤنی۔

18۔ "پتتے دن، مہکتی یادیں" از نظیر اختر مطبوعہ "سبطِ علی صبا نمبر، واہ کاریگر (اگست 1980ء) ص: 23

19۔ عارف لکھنوی، ماہنامہ "سب رس" کراچی۔ جلد۔5، شمارہ۔4 (یادِ رفتگاں نمبر)، مارچ۔اپریل 1982ء، ص: 153

20۔ "صبا حال ماضی" از الیاس صدا مطبوعہ "سبطِ علی صبا نمبر، واہ کاریگر (اگست 1980ء) ص: 53

21۔ عارف لکھنوی، ماہنامہ "سب رس" کراچی۔ جلد۔5، شمارہ۔4 (یادِ رفتگاں نمبر)، مارچ۔اپریل 1982ء، ص: 352

22۔ علی مطہر اشعر سے راقم کی گفتگو مؤرخہ 23 نومبر 1990ء، واہ چھاؤنی۔

23۔   سید حسن ناصر سے راقم کی ایک گفتگو مؤرخہ 12 دسمبر 1990ء، 9۔ گل نستر روڈ، واہ چھاؤنی۔

24۔   "غریبِ شہر" از محمود اختر عادل، مطبوعہ "سبطِ علی صبا نمبر، واہ کاریگر (اگست 1980ء) ص: 54

25۔   علی مطہر اشعر سے راقم کی گفتگو مؤرخہ 12 دسمبر 1990ء، لائق علی چوک، واہ چھاؤنی۔

26۔   سید زین العابدین سے راقم کی گفتگو مؤرخہ 24 دسمبر 1990ء، واہ چھاؤنی۔

27۔   قرۃالعین طاہرہ، عورتوں میں سب سے پہلے بابی مذہب قبول کرنے والی ایرانی شاعرہ

28۔   اردو دائرہ معارف اسلامیہ، زیرِ اہتمام دانش گاہ، پنجاب، لاہور جلد۔3، طبع اول ص: 535،803

29۔   اردو دائرہ معارف اسلامیہ، زیرِ اہتمام دانش گاہ، پنجاب، لاہور جلد۔5، ص: 89۔101

ع ضامن کی راقم سے گفتگو، 14 دسمبر 1990ء، راولپنڈی

باب دوم

بیسویں صدی کا سیاسی، سماجی ماحول اور جدید اردو غزل

بیسویں صدی سے قبل کی غزل کے نمایاں موضوعات حسن و عشق، تصوف، ہجر و وصال اور غم پسندی تھے۔ ابتداء سے انیسویں صدی کے وسط تک غزل کو درباری سرپرستی میں رکھا گیا۔ انیسویں صدی میں برطانوی اقتدار نے برصغیر کے سماجی ماحول پر گہرے اثرات مرتب کئے۔ اس صدی کا سب سے بڑا واقعہ 1857ء کا معرکۂ آزادی تھا، جس کے نتیجے میں مغل فرماں روائی کا اختتام ہو گیا اور ساتھ ہی غزل کی درباری سرپرستی کا عہد بھی ختم ہو گیا۔ بعد ازاں سر سید کی ہمہ گیر اصلاحی و تعمیری تحریک نے ہندوستانی مسلمانوں کے ذہن و فکر اور احساس و عمل میں انقلاب برپا کر دیا۔ انہوں نے زمانے کی بدلتی ہوئی رفتار کو دیکھتے ہوئے تقلید پرستی اور روایت پرستی سے بغاوت کا علم بلند کیا۔ سر سید اور ان کے رفقاء کی ادبی، علمی، مذہبی، تعلیمی، سیاسی، ثقافتی اور سماجی سرگرمیوں کے زیرِ اثر ہند کی معاشرتی اقدار کا رخ روحانیت، انفعالیت اور داخلیت کی بجائے حقیقت، واقعیت، عقلیت، افادیت، خارجی، اجتماعیت اور ارضیت کی طرف مڑ گیا۔

بیسویں صدی کا آغاز پوری دنیا میں سیاسی سماجی اور سائنسی انقلابات کا پتہ دے رہا تھا۔ فرانس اور اٹلی کے سیاسی نظاموں کے اثرات ابھی مغرب میں باقی تھے۔ دوسری طرف روس اور جرمنی بھی سیاسی کروٹ لے چکے تھے۔ روس کے اشتراکی مفکر پوری دنیا کی توجہ کا مرکز بنے ہوئے تھے۔ اور جرمنی میں جدید فلسفہ جاری و ساری تھا۔ اس کے علاوہ دوسرے اسلامی ممالک مثلاً ایران و عراق وغیرہ پر یورپی اقوام کے ہاتھوں جو کچھ گزر رہی تھی، برِ صغیر کے مسلمان اس سے بے خبر نہ تھے۔ برطانوی عرصۂ اقتدار کے اثرات کے نتیجے میں ہندوستان کی سیاسی فضا میں ایک ہیجان کی کیفیت پیدا ہو گئی تھی۔ اس سلسلے میں ڈاکٹر شمس الدین

صدیقی لکھتے ہیں: " 1914ء کی جنگِ عظیم سے کچھ عرصہ قبل ہندوستان کی سیاسی فضا میں بڑا تموج تھا۔ جس نے ذہنی ہیجان اور جذباتی جوش و خروش پیدا کر دیا تھا۔ تقسیم بنگال، اس کے خلاف ہیجان اور پھر اس کی تنسیخ، مسلم لیگ کی تشکیل، منٹو مارلے اصلاحات، مسلمانوں کے لئے جداگانہ انتخابات کا مطالبہ، مسجدِ کانپور کا سانحہ، یہ سب باتیں عوام الناس کی دلچسپی کو سیاست کی طرف موڑنے والی تھیں۔" [1]

یہ وہ زمانہ تھا، جب دنیا کے بڑے ممالک صنعتی دور میں داخل ہو رہے تھے، دوسری جنگِ عظیم میں نئی سائنسی ایجادات سامنے آئیں، سامراجی طاقتوں کی جنگ توسیع مملکت کی بجائے کاروباری مسابقت کی بنیاد پر ہونے لگی۔ نوآبادیاتی ریاستوں میں بڑی طاقتیں کاروباری تعلقات کی آڑ میں اپنا سیاسی اثر ورسوخ بڑھانے لگیں۔

دوسری طرف ملوکیت اور سامراجیت کے خلاف احتجاج ہونے لگا اور تقسیم دولت کے بارے میں بالشویک مفکروں کے نظریات طبقاتی شعور کو بیدار کرنے لگے۔ ہندوستان کے نچلے طبقے کے لوگوں کو یہ نظریات بہت پُر کشش معلوم ہوئے، اس کے ساتھ ساتھ چونکہ دوسری جنگ عظیم میں ترک انگریزوں کے مقابلے میں لڑ رہے تھے، اس لئے مسلمانوں کے جذبات حکومتِ برطانیہ کے خلاف تھے۔ ان جذبات کے اظہار کی پاداش میں بہت سے مسلمان رہنما جلاوطن اور نظر بند کر دئے گئے۔ ان اقدامات سے نئے مسائل نے جنم لیا۔ لہٰذا انگریزوں نے ہندوستان سے کچھ مثبت وعدے کرکے مسائل پر قابو پانے کی کوشش کی مگر ان وعدوں کے ایفا کی بجائے رولٹ ایکٹ، جلیان والہ باغ کا خونچکاں حادثہ اور پھر مارشل لاء کا نفاذ وہ عناصر تھے جن کی وجہ سے خلافت اور تَرکِ موالات کی تحریکیں ابھریں اور ہندوستانی عوام، بالخصوص ملتِ اسلامیہ، میں یک جہتی اور اتحاد کا ایک نیا جذبہ بیدار ہوا۔

ان نئے سیاسی حالات، نئے علوم اور نئی سماجی اقدار نے ایک نئے ذہن کو جنم دیا اور اس نئے ذہن نے نیا ادب تخلیق کیا۔ ڈاکٹر شمس الدین صدیقی رقم طراز ہیں: "ملک میں

سیاسی حالات کی نوعیت ایسی تھی کہ لکھنے والے حقیقی واقعات سے آنکھیں چرا نہیں سکتے تھے۔ خلافت، جلیانوالہ باغ کا قتل عام، ہندو مسلم فساد، سائمن کمیشن کا مقدمہ، آزادی کا مطالبہ، ترکِ موالات، اہنسا، سِوِل نافرمانی اور ایسے ہی دوسرے موضوعات پر برابر طبع آزمائی ہوتی رہی۔ اور نثر و نظم دونوں میں سیاست کی جھلک پورے جوش کے ساتھ نمایاں رہی۔[2]

بیسویں صدی کے آغاز میں سر سید کی مقصدی تحریک کے رد عمل کے طور پر رومانوی رجحانات نے جنم لیا۔ اختر شیرانی، حفیظ جالندھری، حامد اللہ افسر، خوشی محمد ناظر، اور نادر کاکوروی وغیرہ ان رجحانات کے نمائندہ شاعر ہیں ۔ احسان دانش ایک مزدور شاعر تھے لیکن ان کے تصورِ محبوب میں رومانویت کی جھلک نظر آتی ہے۔ یہ رومانوی شاعری کے عروج کا زمانہ تھا تاہم اس کے پہلو بہ پہلو مقصدیت اور عقلیت کے رجحانات بھی اردو نظم و نثر میں موجود رہے۔ مقصدیت کے مقابلے میں رومانویت اس عہد کی تحریک نہیں بلکہ اس عہد کے ادب کی ایک نمایاں خصوصیت ہے۔ ڈاکٹر شمس الدین صدیقی لکھتے ہیں: ”رومانویت اس دور کی نمایاں خصوصیت تو ہے لیکن اس کا یہ مطلب نہیں کہ عقلیت و واقعیت، خارجیت اور اجتماعیت، سادگی، مقصدیت اور ارضیت و مادیت کے رجحانات ختم ہو گئے تھے۔ یہ رجحانات بھی اردو نظم و نثر میں پہلو بہ پہلو موجود تھے، اگرچہ رومانویت کی رَو نے انہیں بھی کسی حد تک متاثر کر دیا تھا۔“[3]

مقصدی شاعری کا چرچا عام کرنے والوں میں مولانا الطاف حسین حالی پیش پیش رہے۔ حالی نے سادگی، اصلیت اور جوش کو شاعری کے لئے ضروری قرار دیتے ہوئے اسے سوسائٹی کے تابع بھی قرار دیا۔ ان کے ہاں مقصدیت سر سید تحریک کے زیرِ اثر اور بالواسطہ طور پر مغربی ادب کے مطالعہ سے آئی:

حالی، اب آؤ پیرویِ مغربی کریں

بس، اقتدائے مصحفی و میر کر چکے

حالی نے پہلے قدیم روایتی غزل گوئی کی۔ بعد میں وہ جدید غزل کی طرف آئے۔ اس دور میں شاد عظیم آبادی، عزیز لکھنوی، آرزو لکھنوی، ثاقب لکھنوی، ریاض خیر آبادی، جلیل مانک پوری، اثر لکھنوی، حسرت موہانی، اصغر گونڈوی، جگر مراد آبادی، یاس یگانہ چنگیزی، سیماب اکبر آبادی، اور حسین مارہروی وہ شعراء تھے جو غزل کی کہنہ روایت اور اپنے باطنی تخلیقی مزاج کے امتزاج جمیل سے شہکار غزلیں تخلیق کر رہے تھے۔ یہ تمام شعراء اپنے اپنے رنگِ سخن میں اساتذہ کا درجہ رکھتے ہیں۔ لیکن غزل کی روایت کو جدت سے ہمکنار کرنے کی جو فضا حالی نے قائم کی تھی اس کی طرف متوجہ ہونے والے ان کے بعد سب سے اہم شاعر اکبر الہٰ آبادی تھے۔ اکبر کا میدان طنز و مزاح ہے، اسی لئے کہیں کہیں ان کی غزل، غزل کی روایت سے ہٹتی ہوئی محسوس ہوتی ہے۔ ڈاکٹر عبادت بریلوی لکھتے ہیں: ''اکبر غزل کے بڑے شاعر نہیں ایک اہم شاعر ضرور ہیں۔ انہوں نے بھی حالی کی طرح غزل کے دائرے کو وسیع کیا ہے۔ نئے موضوعات کو انہوں نے بھی غزل کے دامن میں سمیٹنے کی کوشش کی ہے اور یہ خیال ان کے ہاں اس حد تک بڑھا ہے کہ جگہ جگہ ان کی غزلیں غزل کی روایت سے رشتہ توڑتی ہوئی بھی معلوم ہوتی ہیں۔ اور یہ اس وقت ہوتا ہے جب وہ غزل میں بھی اپنے مخصوص طنزیہ اور مزاحیہ رنگ کو پیدا کرنے کی کوشش کرتے ہیں۔ ویسے مجموعی طور پر دیکھا جائے تو ان کی غزل میں بہ اعتبارِ مضامین ایک وسعت نظر آتی ہے۔'' [4]

اکبر کے بعد چکبست نے جدید غزل گوئی کی طرف توجہ دی۔ ان کے ہاں غزل کا عام انداز اور حسن و عشق کی باتیں اور کہیں کہیں تصوف کے اثرات ملتے ہیں لیکن ان کا بنیادی موضوع سیاسی، سماجی حالات ہی ہیں۔ ان کے موضوعات بالکل نئے ہیں۔ غزل کی پوری روایت کو اقبال نے نئی معنویت کے ساتھ برتا اور اپنے اساسی نظریات خودی اور فلسفہ عمل کو غزل میں سمویا، اس طرح ان کے ہاں غزل کی روایت میں ایک انقلاب کا عکس نظر آتا ہے۔ ڈاکٹر سلیم اختر لکھتے ہیں: ''اپنے پیغام، مخصوص شعری اسلوب اور سیاسی اہمیت کی بنا پر اقبال کو ادب کے کسی دور میں ''فٹ'' نہیں کیا جا سکتا۔ وہ اپنی ذات میں ایک انجمن اور اپنے کلام میں

ایک دبستانِ فکر رکھتے ہیں۔ ایسا فکر جس میں تنوع کی ہمہ گیری کے ساتھ تخیل کی بلندی اور نظر کی گہرائی بھی ملتی ہے۔" [5]

اقبال کے ہاں سیاسی و سماجی حالات، ان کے تصورات فرد و ملت سے ہم آہنگ ہو کر اہم پیام کی صورت میں ظاہر ہوتے ہیں۔ 1917ء کے انقلابِ روس کے بعد اشتراکیت ایک عالمگیر تحریک بن کر نمودار ہوئی اور مشرق کے مزدور طبقے اور مغرب کے ترقی پسند حلقوں کی فکر سے ہم آہنگ ہو گئی۔ اقبال نے اشتراکیت کے مثبت پہلوؤں کا خیر مقدم کیا اور منفی پہلوؤں پر تنقید کی:

آفتابِ تازہ پیدا بطنِ گیتی سے ہوا

آسماں! ٹوٹے ہوئے تاروں کا ماتم کب تلک

(خضرِ راہ)

زمام کار اگر مزدور کے ہاتھوں میں ہو، پھر کیا

طریقِ کوہ کن کے بھی وہی حیلے ہیں پرویزی

(بالِ جبریل)

روس کی بڑھتی ہوئی ہمہ گیر ترقی سے متاثر ہو کر دوسرے ممالک میں بھی اشتراکیت کا بول بالا ہوا۔ ہندوستان میں اشتراکیت کا عام چرچا 1953ء کے قریب شروع ہوا۔ سوشلسٹ اور کمیونسٹ پارٹی وجود میں آئیں۔ نیم ادبی اور سیاسی انجمنِ ترقی پسند مصنفین کا قیام عمل میں آیا۔ روسی مصنفین گوگول، چیخوف، ترجنیف، ٹالسٹائی، مکاؤسکی اور گورکی کی تحریروں کا پرتو ہمارے مصنفین کی تحریروں میں نظر آنے لگا۔ صدیق کلیم لکھتے ہیں :
"1963ء سے اردو ادب کے ایک نئے دور کا آغاز ہوا۔ اس سال انجمن ترقی پسند مصنفین کی بنیاد رکھی گئی۔" [6] ترقی پسند تحریک سجاد ظہیر اور ان کے ساتھیوں کی کوششوں سے شروع

ہوئی۔ان کے بیان کے مطابق: ”اس سے پہلے 1953ء میں چند ہندوستانی طلباء اس کا پہلا حلقہ لندن میں قائم کر چکے تھے۔“[7]

ترقی پسند انجمن کے اہم مراکز الٰہ آباد، دہلی، لکھنؤ، بمبئی اور لاہور میں تھے۔ چونکہ اس دور کی اردو شاعری نے لاہور ہی کی فضاؤں میں اپنے وجود کا احساس دلایا تھا، اور پھر اسی دوران لاہور میں حلقۂ اربابِ ذوق کا قیام بھی عمل میں آیا تھا لہٰذا تحریک کے دل کی دھڑکن لاہور میں زیادہ شدت سے محسوس کی جارہی تھی۔

ترقی پسند تحریک کے نمایاں مقاصد رجعت پسندی، سرمایہ داری کی مخالفت وجود کو خیال پر مقدم قرار دے کر درست اقدار کا تعین، ماضی و حال کی انسانیت پرور قدروں کا تحفظ، روحانی کی بجائے عقلیت و واقعیت پر زور دینا اور ادب میں ہیئت سے زیادہ مواد پر توجہ دے کر ادب میں مقصدیت کو اجاگر کرنا تھے۔ فیض احمد فیض، مجاز، جذبی، جاں نثار اختر، مخدوم محی الدین اور احمد ندیم قاسمی ترقی پسند تحریک سے وابستہ نمایاں شعراء تھے۔ ان کے علاوہ ساحر، ابنِ انشا، اور ظہیر کاشمیری کے ہاں ترقی پسند مضامین کے ساتھ ساتھ کچھ نئے مسائل کا اظہار اور نئے اسالیب کے تجربے ملتے ہیں۔ ان شعراء اور ترقی پسند فکر کے دوسرے تمام شعراء کے ہاں مزدور، کسان، ہاری اور دیگر تمام پسے ہوئے طبقات کی حمایت کا شعور ملتا ہے۔ ساتھ ساتھ روحانیت اور رومانویت کی جگہ جنسی مسائل اور ٹھوس مادیت و مقصدیت بعض شعراء کی شاعری کا خاصہ ہے، اہم یہ صورتِ حال زیادہ تر نظم میں ملتی ہے۔ جہاں تک غزل کا تعلق ہے تو اس میں مقصدیت کے ساتھ روایت کا احساس بھی جھلکتا ہے اور تغزل کا عنصر بھی موجود ہے:

متاعِ لوح و قلم چھن گئی تو کیا غم ہے

کہ خونِ دل میں ڈبو لی ہیں انگلیاں میں نے

زباں پہ مہر لگی ہے تو کیا، کہ رکھ دی ہے

ہر ایک حلقۂ زنجیر میں زباں میں نے

(فیض احمد فیض)

عمر بھر سنگ زنی کرتے رہے اہلِ وطن

یہ الگ بات، کہ دفنائیں گے اعزاز کے ساتھ

ترقی پسند اور حلقہ اربابِ ذوق کے شعراء کا عہد ایک ہے اور شروع میں ان کے ادبی مقاصد بھی قریب قریب ایک تھے۔ لیکن بعد ازاں حلقۂ اربابِ ذوق کے شعراء نے اپنے ادبی مقصد کو تحریک کے مقاصد سے علیحدہ نمایاں طور پر پیش کرنا شروع کر دیا، جن میں ادب کی جمالیاتی اہمیت کا احساس، ادب اور نفسیات کے تعلق کا شعور، فرانسیسی علامت نگاری کی تائید، تیکنیک اور ہیئت میں توسیع اور آزاد شاعری کو فروغ دینا اہم تھے۔ یہ شعراء ترقی پسند تحریک کے نظریہ ''ادب برائے زندگی'' کے مقابلے میں جمالیاتی نظریہ ''ادب برائے ادب'' کے علم بردار تھے۔ میراجی، قیوم نظر، مختار صدیقی، اور انجم رومانی کے نام اس سلسلے میں قابلِ ذکر ہیں۔ یہ دور نظم کے عروج کا دور تھا لیکن ساتھ ساتھ غزل بھی اپنے لازوال نامیاتی خواص کے باوصف پھلتی پھولتی رہی۔ بعد ازاں تقسیم کے دور کے فسادات اور ہجرت کے تجربات کے پر سوز اور دل گداز بیان کے لئے غزل کی رمزیت اور تجریدیت ہی مناسب ثابت ہو سکی:

رونقیں تھیں جہاں میں کیا کیا کچھ

لوگ تھے رفتگاں میں کیا کیا کچھ

گلی گلی آباد تھی جن سے کہاں گئے وہ لوگ

دلّی اب کے ایسی اجڑی، گھر گھر پھیلا سوگ

(ناصر کاظمی)

قیامِ پاکستان کے بعد کی غزل میں کچھ ایسے متفرق رجحانات در آئے جو اردو غزل کے کلاسیکی سرمائے میں مفقود تھے۔ مثلاً معاشی عدم مساوات، تقسیمِ ملک سے وابستہ امیدوں کا ٹوٹنا، تہذیبی اور تمدّنی قدروں کی توڑ پھوڑ، صنعتی معاشرے کا کرب، فرد کی انفرادیت اور پہچان کا مسئلہ، ہجوم میں رہتے ہوئے فرد کا احساسِ تنہائی، کوئی واضح نصب العین نہ ہونے کی وجہ سے اجتماعی بے مقصدیت اور بے سمتی کا کرب، مادی اور سائنسی دور کے انسان کی قدر و قیمت کے تعین کا مسئلہ، سچائی، خلوص کی تلاش اور حقیقی رشتوں میں صداقت کی تلاش، جنسی بھوک، معاشرتی ناہمواری، ملکی امورِ سیاست و معیشت پر بیرونی اجارہ داری کا رد عمل، بے اعتقادی اور اخلاقی اور معاشرتی ضابطوں سے بیزاری وغیرہ۔

اس کے علاوہ داخلی سیاسی تبدیلیوں اور اہم عالمی حالات و واقعات کے تناظر میں غزلیں کہی گئیں۔ 1947ء کے بعد نظم کے مقابلے میں غزل نے تیزی سے ترقی کی، اس کی ایک وجہ یہ تھی کہ اس دور میں ترقی پسند تحریک کو قانوناً ممنوع قرار دے دیا گیا۔ پاکستان کی تشکیل کے ساتھ وابستہ سنہری امیدوں کی شکست و ریخت کا عمل اہل وطن کے لئے مایوسی کا باعث بنا اور یوں ریزہ ریزہ زندگی مصرعوں اور منفرد شعروں میں ظاہر ہونے لگی۔ ادبی رسالوں کی پھر سے بھرمار ہوئی اور غزل کے مشاعروں کا بول بالا ہوا۔ 1958ء کے مارشل لاء کے بعد شعراء سیاسی مجبوریوں کی وجہ سے اپنے جذبات و خیالات کو پیچ در پیچ استعاروں میں بیان کرنے لگے۔ 1965ء کی پاک بھارت جنگ، 1971ء کے سقوطِ ڈھاکہ اور 1977ء کے مارشل لاء کے علاوہ افغانستان پر روسی تسلط، مسئلۂ کشمیر، فلسطین کے حالات اور جنوبی افریقہ کے حوالے سے بھی لازوال شاعری ہوئی۔

ان جدید رجحانات نے بیسویں صدی کی غزل کو بالکل نئے ذائقوں سے آشنا کیا۔ یہاں تک کہ بعض اوقات غزل اپنی کلاسیکی روایت سے بالکل مختلف محسوس ہونے لگی۔ بایں ہمہ، اس عہد کے باشعور غزل گو شعراء کا یہ کمال ہے کہ انھوں نے غزل کا شتہ روایت سے

بحال رکھتے ہوئے، محض چند دہائیوں میں اس قدر تنوع پیدا کیا جس کی مثال کلاسیکی غزل کی صدیوں پر محیط روایت سے نہیں ملتی۔

قیامِ پاکستان کے بعد کے غزل گویوں میں فیض احمد فیض، احمد ندیم قاسمی، جوش ملیح آبادی، احسان دانش، فراق گورکھپوری، ناصر کاظمی، مجید امجد، شکیب جلالی، احمد مشتاق، مختار صدیقی، ابن انشاء، منیر نیازی، سلیم احمد، ضیاء جالندھری، باقی صدیقی، وزیر آغا، ظفر اقبال، شیر افضل جعفری، احمد فراز، شاہد نصیر، حمایت علی شاعر، شہزاد احمد، مصطفےٰ زیدی، پروین شاکر، خالد احمد، یوسف حسن، رفیق نشتر، علی مطہر اشعر، تنویر سپرا، اقبال ساجد، اور سبطِ علی صبا وہ نام ہیں جنہیں اردو غزل میں نمایاں مقام حاصل ہے۔

حواشی

1۔ تاریخ ادبیات مسلمانانِ پاک و ہند، جلد ۔10، ص :13 (مطبوعہ پنجاب یونیورسٹی)

2۔ تاریخ ادبیات مسلمانانِ پاک و ہند، جلد ۔10، ص: 33 (مطبوعہ پنجاب یونیورسٹی)

3۔ تاریخ ادبیات مسلمانانِ پاک و ہند، جلد ۔10، ص :73 (مطبوعہ پنجاب یونیورسٹی)

4۔ ”غزل اور مطالعۂ غزل“ ناشر انجمنِ ترقی اردو، پاکستان، طبع اول (ستمبر 1955ء) ص :385

5۔ ”اردو ادب کی مختصر ترین تاریخ“ چودھواں ایڈیشن 1989ء (سنگِ میل پبلیکیشنز، لاہور) ص :254

6۔ تاریخ ادبیات مسلمانانِ پاک و ہند، جلد ۔10، ص :399 (مطبوعہ پنجاب یونیورسٹی)

7۔ ''روشنائی'' از سید سجاد ظہیر (مکتبہ دانیال، کراچی) ص:14

سیّد سبطِ علی صبا کی غزل

''طشتِ مراد'' کی غزلوں کا فکری تجزیہ [1]

قیامِ پاکستان کے بعد کی اردو غزل کا مطالعہ کرنے کے بعد ہم اس نتیجے پر پہنچے ہیں کہ اس دور کے شعراء نے اپنے پیش رووں کے مقابلے میں اپنے ماحول کا مطالعہ زیادہ باریک بینی اور گہرائی کے ساتھ کیا۔ اس دور کی غزل بین الاقوامی، ملکی اور مقامی سطح کے کسی بھی سماجی، سیاسی یا معاشرتی انقلاب یا تحریک سے دامن بچا کر گزرتی نظر نہیں آتی۔ پاکستانی دور میں غزل کے دامن کو وسعت دیتے ہوئے اس میں نازک سے نازک اور پیچیدہ سے پیچیدہ خیالات کو نظم کرنے کی گنجائش پیدا کی گئی۔ حالی نے جدید شاعری کی جس روایت کی بنیاد رکھی تھی، وہ اکبر، چکبست، اور اقبال کے سہارے اپنا ارتقائی سفر طے کرکے ترقی پسند تحریک میں آ کر ہمہ گیر ہو جاتی ہے۔ لیکن ترقی پسند شعراء نے باقی جملہ خوبیوں کے باوجود ادب میں بہت زیادہ مبالغہ آرائی اور فلک شگاف نعروں کی وجہ سے شعر کے فنی اور جمالیاتی پیکر کو بہت نقصان پہنچایا۔ پروفیسر ہارون الرشید لکھتے ہیں : ''ترقی پسند شاعری کی خامیاں اس کی خوبیوں کے مقابلے میں کہیں زیادہ ہیں۔ ترقی پسند شاعروں نے مزدوروں اور کسانوں کے حق میں اور سرمایہ داروں کے خلاف ایسے فلک شگاف نعرے لگائے کہ ایوانِ شعر و ادب میں ایک زلزلہ سا آ گیا۔ ان لوگوں نے اردو شعر و ادب کو نعرہ بازی اور پراپیگنڈہ کی بھینٹ چڑھا دیا۔ ہر وہ شاعر جو مزدوروں کی حمایت میں ایک نعرہ لگا دیتا، اول درجے کے شعراء کی صف میں جگہ پاتا اور اس کے کلام کو بڑی آب و تاب کے ساتھ شائع کیا جاتا۔ شعر و ادب ترقی پسندوں کے ہاتھ میں کھلونا بن کر رہ گئے تھے۔ [2]

ترقی پسند تحریک کے زیرِ اثر شاعری میں نعرہ بازی اور پراپیگنڈہ کا رجحان ضرور رہا لیکن اس کا فائدہ یہ ہوا کہ ایسے شعراء جن کی باطنی شخصیت غزل کے مزاج سے ہم آہنگ تھی،

ترقی پسند موضوعات کے سہارے غزل کی ایمائیت اور اس کی فنی نزاکتوں کا خیال رکھے ہوئے اس کے دامن کو وسعت دینے میں کامیاب ہو گئے۔ ان میں فیض احمد فیض سرِ فہرست تھے۔ قیامِ پاکستان کے بعد جب ان کی غزل سامنے آئی تو اردو کا پورا ادبی منظر فیض کے زیرِ اثر آ گیا۔

سید سبطِ علی صبا نے پچاس کی دہائی میں باقاعدہ شاعری شروع کی تھی اور اپنا تخلص (جیسا کہ ہم ان کے آغازِ شاعری کے ضمن میں ذکر کر چکے ہیں) ''غیض'' رکھا تھا۔ ان کا یہ تخلص رکھنا محض اتفاق یا شوقیہ عمل نہ تھا، بلکہ فیض احمد فیض کی اس دور کی شاعری، صبا کی اپنی ابتدائی شاعری، اور لفظ ''غیض'' کی معنویت کے تناظر میں دیکھا جائے تو، یہ ثابت ہوتا ہے کہ صبا ابتدائے شاعری سے ہی طبقاتی شعور اور رزمیہ طرزِ فکر کے حامل فنکار تھے۔ صبا کی غزل کے مطالعہ سے معلوم ہوتا ہے کہ ان کے ہاں کسی تحریک یا نظریہ سے وابستہ طبقاتی شعور نہیں ہے، بلکہ وہ پوری دنیا کو ظالم اور مظلوم، حاکم اور محکوم، جابر اور مجبور، امیر اور غریب، جاگیر دار اور کسان، اور آجر اور مزدور کے حوالے سے دیکھتے ہیں۔ ان کی غزل کرۂ ارض کے ہر مظلوم کے ساتھ غیر مشروط وفاداری کا اعلان کرتی ہے۔ احمد ندیم قاسمی لکھتے ہیں: ''وہ اپنے آنگن سے باہر کی دنیا تک چار طرف جب چھینا جھپٹی کے مناظر دیکھتا تھا، اور زر پرست معاشرے کے پاٹوں میں پسنے والے کروڑوں عوام پر نگاہ ڈالتا تھا، تو ایسا ایسا قیامت کا شعر کہہ جاتا تھا کہ تجربات اور محسوسات کی اتنی صداقت اور ساتھ ہی خیال کی اتنی ندرت اور جدت سے اردو غزل ابھی کچھ زیادہ آشنا نہیں تھی۔'' [3]

زیر دست طبقوں کے مسائل کے حوالے سے شعر گوئی صبا کے عہد میں کوئی نئی بات نہ تھی۔ جیسا کہ ہم ذکر کر چکے ہیں، مزدور اور کسان وغیرہ کے جملہ معاشی مسائل قیامِ پاکستان سے پہلے ہی ترقی پسند شعراء کی شاعری کے اساسی موضوعات کی حیثیت سے سامنے آ چکے تھے۔ لیکن اگر ہم اس سے بھی پیچھے چلے جائیں اور اردو کے کلاسیکی ادب کا بغور مطالعہ کریں تو ''طبقاتی شعور'' کی جڑیں میر و سودا کے عہد میں بھی تلاش کی جا سکتی ہیں۔ مثلاً راقم کی

نظر سے میر تقی میر کا ایک ایسا شعر گزرا جو طبقاتی شعور کے تسلیم شدہ بانیوں کی ''ادبی حیثیت'' کی مکمل طور پر نفی کر دیتا ہے: [4]

امیر زادوں سے دلّی کے مت ملا کر میر

کہ ہم غریب ہوئے ہیں انہی کی دولت سے

پھر کلاسیک اور ترقی پسندوں کے درمیان اقبال اور احسان دانش بھی موجود ہیں۔ اقبال نے اپنی شاعری میں سرمایہ و محنت کے تعلق پر سیر حاصل بحث کی اور مختلف معاشی نظاموں کے عیوب و محاسن پر روشنی ڈالی۔ احسان دانش خود ایک مزدور تھے لہٰذا ان کی ابتدائی نظموں میں بھی مزدور کے مسائل کی عکاسی ملتی ہے۔ سوائے احسان دانش کے ان تمام (ترقی پسند تحریک کے نامور شعراء اور اقبال) کے ہاں ذاتی تجربے کی بجائے مشاہدہ ملتا ہے۔ جہاں تک احسان دانش کا تعلق ہے، تو ان کے ہاں غزل کی بجائے نظم میں ایک مزدور کے مسائل کا اظہار زیادہ ہوا ہے۔ اور ان نظموں پر بھی رومانویت کے اثرات غالب ہیں۔ سید سبطِ علی صبا کو مذکورہ تمام شاعروں سے جو چیز الگ کرتی ہے وہ ان کی ذاتی مظلومیت اور مفلوک الحالی کا وہ براہ راست تجربہ ہے جسے انہوں نے کوئی لگی لپٹی رکھے بغیر اپنی غزل میں منتقل کیا۔ اس تجربے کو پیش کرنے کے لئے انہوں نے اقبال کا فلسفیانہ انداز اختیار کیا نہ ترقی پسندوں کی نعرہ بازی اور خشک مقصدیت کو غزل کی دہلیز پر قدم رکھنے دیا اور نہ ہی احسان دانش کی رومانویت کو پاس پھٹکنے دیا۔ صبا ''شاعر مزدور'' نہیں بلکہ ''مزدور شاعر'' تھے۔ طبقاتی سماج نے ان کی شب و روز کی محنت کے بدلے میں جو دکھ انہیں عنایت کئے تھے، انہی سے ان کے ''شعری نظریہ'' نے جنم لیا۔ جو اُن کی شخصیت کی طرح بالکل غیر مبہم ہے:

مرے سماج کی مجھ پر عنایتیں ہیں صبا

ہر ایک زخم کو موضوعِ فن بنائے رکھوں

لفظوں میں ڈھال ڈھال کے میں حادثات کو

ترتیب دے رہا ہوں کتابِ حیات کو

جب سیلِ درد دل میں ہوا موج زن تو ہم

اظہارِ درد کے لئے فن کار بن گئے

یہی "اظہارِ درد" ہے جو صبا کی غزل کو پیچ در پیچ علامتوں اور استعاروں کے سہارے کے بغیر بھی نعرہ بازی سے بچائے رکھتا ہے، اور اس میں غزل کی چاشنی کو بھی برقرار رکھتا ہے۔ ورنہ ان کی غزل کے موضوعات ایسے ہیں کہ اگر ان کو محض ایک مبصر کی حیثیت سے نظم کرتے تو غزل کا وہی حشر ہوتا جو حالی کی جدید غزل یا ترقی پسند تحریک کے دوران کی غزل کا ہوا۔ پروفیسر شفیع ضامن لکھتے ہیں: "میں پورے وثوق کے ساتھ کہہ سکتا ہوں کہ صبا پاکستان کے اُن گنے چنے شاعروں میں سے تھا، جن کا ہر شعر، ان کی زندگی کا ایک تجربہ ہوتا ہے۔ صبا اس وقت شعر کہتا تھا، جب جذبے کی شدت اور اعصابی تناؤ سے اس کے دل و دماغ پھٹنے لگتے تھے۔ اس لئے اس کے اشعار میں پنہاں درد و کرب کی لہریں انسان کی ہڈیوں تک اتر جاتی ہیں۔"[5]

صبا نے ہوش سنبھالا تو برصغیر کی تقسیم کی آوازیں ان کے کانوں میں پڑنا شروع ہوئیں۔ برصغیر کے مسلمانوں نے بجا طور پر تقسیم کے ساتھ کچھ اچھی امیدیں وابستہ کر رکھی تھیں۔ لیکن شب و روز کی جد و جہد لاکھوں پیاروں کی جانوں اور زر و مال کی قربانوں کے بعد مسلمانوں کو جب ایک علیحدہ وطن حاصل ہوا تو اس کی باگ ڈور مفاد پرست طبقے کے ہاتھوں میں چلی گئی۔ محب وطن عوام اور دانش ور طبقے کے آزادی سے وابستہ خوابوں کی شکست و ریخت کا عمل شروع ہو گیا۔ صبا بنیادی طور پر ایک بہت ہی محب وطن شاعر تھے۔ وطن سے محبت کا ثبوت ان کی وہ نظمیں ہیں جو انہوں نے قائدِ اعظم، علامہ اقبال، یومِ آزادی، یوم

استقلال، اور شہدائے وطن کے حوالے سے کہیں۔ [6] اور وہ غزلیں بھی جن میں اس قسم کے خوابوں کی صورت گری ملتی ہے:

لبوں پہ پھول کھلیں اور زبان سب کو ملے

وہ گھر بناؤں کہ جس میں امان سب کو ملے

زمانی اعتبار سے صبا نے باقاعدہ غزل گوئی اس صدی کی چھٹی دہائی میں شروع کی، لیکن موضوعات کے اعتبار سے ان کی غزل، تقسیم کے فوراً بعد کی صورتِ حالات سے اپنا سفر شروع کرتی ہے اور مذکورہ صورتِ حالات کو وہ اپنے مخصوص ''طبقاتی شعور'' کے حوالے سے دیکھتے ہیں۔ علیحدہ خطۂ ارضی حاصل کرنے کے باوجود ایک فلاحی معاشرے کا قیام عمل میں نہ آ سکا۔ غریب کا غریب تر اور امیر کا امیر تر ہوتے جانا، اس پر مارشل لاء، انتخابی دھاندلیاں، سماجی برائیاں، جنگیں، داخلی منافرت، قحط سالی اور سیلاب جیسی آفات میں عوام کو معاشی تحفظ کا فراہم نہ ہونا، وغیرہ وہ حالات تھے جنہوں نے صبا جیسے شاعر کو یہ کہنے پر مجبور کر دیا:

تیری جنت کا تصور مرا دشمن نکلا

موج زن دھوپ ہے ہر سمت، شجر کوئی نہیں

صبا کو جب یہ احساس ہوا کہ ایک وطن پرست شہری کی حیثیت سے جو قربانیاں اس خطۂ ارضی (پاکستان) کے حصول کے لئے عام آدمی نے دی ہیں، وہ سب کی سب رائگاں گئیں تو انہوں نے اس کرب کو اس طرح اپنے شعری تجربے کا حصہ بنایا کہ وہ ایک نوحے کی شکل اختیار کر گیا:

عمر بھر خون سے سیراب کیا ہے جس کو

ہائے اس پیڑ کی شاخوں میں ثمر کوئی نہیں

آئے دن بدلتے ہوئے سیاسی ڈھانچوں نے ملک کی معیشت کو تباہ کرکے رکھ دیا۔ کوئی بھی بیرونی سرمایہ کار کمپنی تحفظِ سرمایہ کی یقین دہانی کے بغیر کسی نئے آزاد ہونے والے ملک میں سرمایہ لگانے کے لئے تیار نہیں ہوتی۔ پاکستان میں بھی قیام سے اب تک برائے نام سرمایہ کاری ہوئی ہے۔ اندرونِ ملک صنعتیں کم ہونے کی وجہ سے بے روزگاری، اشیائے صرف کی قلت، مہنگائی اور چور بازاری جیسے سنگین مسائل روز بروز بڑھتے جارہے ہیں۔ کوئی بھی حساس شہری اس گردشِ حالات کا محمل نہیں ہوسکتا:

خزاں رہی نہ کبھی موسمِ بہار رہا

چمن تو گردشِ حالات کا شکار رہا

غموں کی دھوپ میں مرجھاگئے کنول کیا کیا

چمن سے دور کہیں ابرِ نو بہار رہا

جو شخص مزدوری کرے اور یوں گھر کی تعمیر میں رات دن مصروف رہے، گھر سے اس کی والہانہ وابستگی ایک فطری امر ہے۔ آج ہمارے ملک کے اعلیٰ ایوانوں میں جو رنگ برنگے فانوس جگمگارہے ہیں، قریہ قریہ شہر شہر شاد مانیوں کے جتنے چراغ روشن ہیں، وہ اس مزدور کے لہو سے ہیں جو کارخانوں کے سیاہ غاروں کے پیٹ میں سفاک فولادی چڑیلوں کے نرغے میں ہے، جہاں اس کو اپنی آواز بھی سنائی نہیں دیتی۔ جو صنعتی ماحول کا زہر اپنے پھیپھڑوں میں تیزی سے اتار رہا ہے، جو آجروں کے لہجے کی تیز دھاروں پر سفر کر رہا ہے، جو چوبیس میں سے اٹھارہ گھنٹے کام کرنے کے بعد بھی اپنی مہینے بھر کی کمائی سے غریب گھر کی ضرورتیں پوری نہیں کرسکتا۔ یہ وہی مزدور ہے جو سرمایہ دار کے کتوں کے لئے گوشت بنگلے پر پہنچا کر خود خالی پیٹ سو جاتا ہے۔ جو مضبوط تلووں والے جوتوں کے لئے گداز قالین تیار کرتا ہے اور خود فٹ پاتھ پر سوتا ہے۔ جو عمارت کی تعمیر کے لئے اینٹیں اپنے شانوں پر اٹھا کر

دوسری اور تیسری منزل تک پہنچاتا ہے اور عمارت مکمل ہو جانے پر اپنے ہاتھوں سے کسی اور نام کی لوح بنیاد دیوار میں نصب کر دیتا ہے۔

اس کی شب و روز کی ان کاوشوں کا صلہ خیرات کے چند سکوں کی طرح اس کی جھولی میں ڈال دیا جاتا ہے۔ صرف یہی نہیں، بلکہ اس کی محنت سے ناجائز فائدہ اٹھانے کے لئے اس پر مسلسل روزگار چھن جانے کا خوف بھی مسلط رکھا جاتا ہے۔ اس کو رہائش کے لئے مکان فراہم نہیں کیا جاتا۔ یہ جانتے ہوئے بھی کہ وہ کارخانے کا زہر نگل نگل کر تپ دق کا شکار ہو چکا ہے۔ مالی ناآسودگیوں، بے رحم آجروں کے پل پل کے کچوکوں غربت و افلاس کے سبب نجی زندگی کی تلخیوں اور دیگر سماجی ناانصافیوں کے پے در پے حملوں کی وجہ سے دل کا مریض بن چکا ہے، افسر شاہی کے خدمت گار معالجین اسے چند ''پیراسٹامول'' کی گولیاں تھما دیتے ہیں۔ نئے مریض کے آنے پر اس کی بیماری کو نوعیت دیکھے بغیر اس سے بستر خالی کروالیا جاتا ہے۔ کوئی بھی حساس شخص اس کا اندازہ کر سکتا ہے کہ اتنے دکھ سہنے کے بعد وہ اپنے ملک میں خود کو اجنبی محسوس نہیں کرے گا، تو کیا کرے گا۔ ایسی صورتِ حال میں تو ایئر کنڈیشنڈ کمروں میں بیٹھ کر مزدور کی حمایت کرنے والے بھی دل برداشتہ ہونے لگتے ہیں۔ اور اپنے گھر، اپنے ملک کو طعن و تشنیع کا نشانہ بنانے لگتے ہیں حتیٰ کہ اپنے مخلص قومی رہنماؤں کی ذات پر کیچڑ اچھالنے سے بھی نہیں چوکتے۔ لیکن صبا ایک بلند کردار فن کار تھے۔ عام زندگی میں انتہا پسند ہوتے ہوئے بھی انہوں نے گھر کے حوالے سے کبھی کو نازیبا بات نہیں کی بلکہ شکوہ کیا ہے، یا ایسے سوالات اٹھائے ہیں جن کا جواب دینے کی فرصت ہمارے ''بڑوں'' کو کبھی نہیں ملی:

بڑی قریب کی وابستگی تھی جس سے مری

پناہ دی نہ گھڑی بھر اسی مکاں نے مجھے

مجھے جس گھر میں اب تک سر چھپانے کی نہیں جرات

مرے ہی نام سے منسوب لوگوں میں وہ گھر کیوں ہے

اس سلسلے میں اکمل ارتقائی کہتے ہیں : ''ملکی ترقی و خوشحالی اور قومی، سیاسی و سماجی زندگی کے فریبِ نظر کو صبا نے کسی بیرونی نقطۂ نظر سے نہیں دیکھا بلکہ پاکستانی قومیت رکھنے والے ایک عام پریشان حال شہری کی نظر سے دیکھا اور پرکھا ہے۔'' [7]

عشق و محبت کے موضوعات ہماری اردو غزل میں اساسی اہمیت رکھتے ہیں۔ لیکن صبا کی غزل کے مطالعہ کے دوران محض چند ایک اشعار ایسے ملتے ہیں جن میں محبت کے تجربے کی جھلک ملتی ہے۔ ان اشعار میں بھی شاعر اپنی افتادِ طبع اور اپنے مقصد کی طرف سے اپنے اوپر ڈالی گئی ذمہ داریوں کے پیشِ نظر شرح غمِ جاناں سے گریزاں دکھائی دیتا ہے:

زمانہ ہوا در بدر، کوچہ کوچہ

لئے پھر رہا ہے صبا غم کسی کا

ہم چاہتوں کے زخم چھپائے پھرے صبا

یہ زخم دل کے واسطے آزار بن گئے

خلیل الرحمٰن اعظمی جدید غزل کے بارے میں لکھتے ہیں : ''اگر ہم جدید تر غزل میں صرف ان جذبات و محسوسات کو دیکھنے کی کوشش کریں جن کا تعلق عشق و محبت سے ہے تو ہمیں یہاں نئے شاعر کا رویہ خاصا بدلا ہوا ملے گا۔ زندگی میں عشق کی مرکزیت اور اولیت کی روایت سے انکار کی روایت تو ہمیں غالب کے یہاں ملتی ہے اور یگانہ اور فراق نے بھی اس تصور پر خاصی ضرب لگائی ہے لیکن جدید تر غزل میں یہ تصور اور بھی سیال ہو گیا ہے۔ اور زندگی کے لاتعداد مسائل میں یہ نقطہ کبھی تو نظر آتا ہے اور کبھی خود شاعر کو اس کے موہوم ہونے کا احساس ہونے لگتا ہے۔ کسی زمانے میں فراق کی غزل میں یہ کیفیت دیکھ کر کہ یہاں محبوب ظالم اور جفاکار ہونے کی بجائے وفا شعار ہے اور ہجر کے صدمے صرف شاعر کے حصے میں نہیں آئے ہیں بلکہ محبوب کو بھی اس کے لئے خاک بسر ہونا پڑا ہے، جعفر علی خان اثر نے

اپنی برہمی کا اظہار کرتے ہوئے لکھا تھا کہ 'یہ تو سراسر آدابِ شاعری اور آدابِ غزل کے خلاف ہے۔' معلوم نہیں جدید تر غزل کے بارے میں مرحوم کا کیا تاثر ہوتا جہاں عاشق اور محبوب دونوں ایسی کیفیتوں سے دوچار ہیں جہاں آداب عشق اور آداب غزل دونوں آداب زندگی کے سامنے مات کھا گئے ہیں۔" [8]

سید سبطِ علی صبا کی غزل میں کچھ اشعار ایسے بھی ملتے ہیں جن میں محبوب کا عکس بالکل نئے خطوط لے کر جلوہ گر ہوا ہے۔ یہ عکس ان کی اپنی شریک سفر، اپنی رفیقۂ حیات کا عکس ہے جو حالات کی آندھیوں کی زد میں ہے:

آندھی چلی تو گرد سے ہر چیز اٹ گئی

دیوار سے لگی تری تصویر پھٹ گئی

خانگی محبت کا یہ تصور اردو غزل میں اور کہیں کم ہی ملے گا۔ یہ اس محنت کش شاعر کا تصور محبت ہے جو اپنی عمومی زندگی کی طرح محبت میں بھی حقیقت پسند ہے۔ وہ محبت اپنی شریک سفر سے کرتا ہے کیونکہ زندگی کے گوناگوں مسائل نے اسے یہی سکھایا ہے، اور موقع بھی اسی کا دیا ہے۔ علی مطہر اشعر لکھتے ہیں: 'وہ غمِ جاناں سے منحرف نہیں تھا۔ اس کے پہلو میں بھی محبت کرنے والا دل دھڑکتا رہتا تھا۔ مگر زندگی کے مصائب و آلام نے اس سے یہ راحت بھی چھین لی اور اسے ہمیشہ کے لئے غمِ دوراں کے سپرد کر دیا۔" [9]

صبا نے اپنا بچپن رڑکی (انڈیا) میں گزارا تھا۔ تقسیم کے وقت وہ پاکستان آئے پھر 1956ء تا 1963ء سات سال تک پاک فوج میں رہے۔ 1965ء کی جنگ میں انہوں نے رسالے کے ایک سوار کی حیثیت سے عملی طور پر حصہ لیا۔ 1971ء کے سقوطِ ڈھاکہ کا منظر بھی انہوں نے دیکھا تھا۔ اس کے علاوہ عالمی سطح پر دوسری جنگِ عظیم کی تباہ کاریاں، ویتنام کی جنگِ آزادی، فلسطین کے خونچکاں منظر، کشمیر کے حالات، یہ سب کچھ ان کی آنکھوں کے سامنے رونما ہوا۔ وحشیانہ کاروباری مسابقت اور زمینی توسیع پسندی کی دوڑ میں انسانوں کا

درندوں کی طرح ایک دوسرے پر جھپٹنا، مادی برتری اور شاہانہ ٹھاٹ باٹ کی خاطر کروڑوں بے گناہ انسانوں کے خون کے دریا رواں کرنا اور پھر جشن منانا، صبا کو یہ سراسر غیر انسانی سرگرمیاں خون کے آنسو رلاتی تھیں۔ اپنے مذہبی پسِ منظر کی وجہ سے بھی وہ جنگ کے مخالف تھے۔ لہٰذا انہوں نے اپنی شاعری کے ذریعے جنگ کی شدید مخالفت اور حوصلہ شکنی میں کوئی کسر اٹھا نہ رکھی:

ہر طرف عفریت ہیں اور گھاٹیاں ہیں خوں میں تر

پیشۂ ہستی کی سب پگڈنڈیاں ہیں خوں میں تر

مسکراتے گاؤں آثارِ قدیمہ بن گئے

لشکری خوش ہیں کہ ان کی وردیاں ہیں خوں میں تر

جنگ میں انسان کے دل کی سیاہی دیکھ لی

کس طرح گاؤں اجڑتے ہیں تباہی دیکھ لی

روشنی کی گرد جسموں کو اپاہج کر گئی

تابکاری زہر کی، ہر سو تباہی دیکھ لی

مندرجہ بالا اشعار میں صبا نے جنگ کی ہولناکیوں کی عکاسی کی ہے۔ وہ خود اگلے مورچوں میں لڑنے والے ایک بہادر سپاہی رہے تھے اور انہوں نے شہداء اور سرزمینِ وطن کے نام نظمیں بھی لکھیں۔ اس سے ثابت ہوتا ہے کہ وہ دفاع اور عزتِ نفس کے لئے لڑی جانے والی جنگ کے مخالف نہ تھے۔ لیکن چونکہ عسکری زندگی نے ان پر جنگ کی اصل حقیقت کو آشکار کر دیا تھا اور انہیں بخوبی علم تھا کہ جنگ و جدل کس طرح انسانیت کو تباہی، قحط سالی، غربت اور افلاس کے غاروں میں دھکیل دیتے ہیں، لاکھوں معصوم انسانوں کے خون

کی ہولی کھیلی جاتی ہے اور شہری اور دیہی عوامی آبادیاں کھنڈروں میں تبدیل ہو جاتی ہیں۔ ان حالات میں وہ ایسے سوالات اٹھاتے ہیں جن کے جوابات صرف قیامِ امن کی عملی صورت میں ہی دیئے جا سکتے ہیں:

تم اپنے بچوں کو آدمیت کے خوں سے رنگین نصاب دو گے
تو آنے والے عظیم کل کے حضور میں کیا جواب دو گے

مادیت پرست دنیا کے امن کے نام نہاد علم برداروں سے ایسے سوالات کرتے ہوئے ان کے ہاں انکساری، خود ترحمی اور مظلومیت نہیں، بلکہ ایک بلند آہنگی، احتجاج اور رزمیہ رنگ نظر آتا ہے۔ بقول یوسف حسن: "صبا کی غزلوں سے محسوس ہوتا ہے کہ جیسے پہلی جنگِ عظیم کے کسی مرحوم فوجی سپاہی کی روح نئے جسم میں آ گئی ہو۔ [10]

صبا کی غزل کے سب سے نمایاں زاویے وہ ہیں جو ان کے ذاتی حالات کی عکاسی کرتے ہیں۔ یہ ذاتی حالات ایک صبا کی زندگی کے نہیں بلکہ لاکھوں کروڑوں مزدوروں، کسانوں، ہاریوں اور پسے ہوئے طبقوں کے افراد کے حالات ہیں۔ طبقاتی معاشروں کے سب غریبوں کے حالات ایک جیسے ہوتے ہیں۔ صبا اپنی شاعری میں ان حالات کی عکاسی کر کے زیر دست طبقے کے ہر فرد کے ترجمان بن گئے ہیں۔ صبا پاکستان کے ان گنے چنے شاعروں میں سے ہیں جن کی ساری کی ساری شاعری تجربات کی عکاسی کرتی ہے۔ اس سلسلے میں صبا کے ساتھ تنویر سپرا، علی مطہر اشعر اور اقبال ساجد کے نام لئے جا سکتے ہیں۔ تنویر سپرا، علی مطہر اشعر اور سبطِ علی صبا میں مشترک رشتہ محنت کشی کا ہے۔ تنویر سپرا جہلم کی ایک مل کے مزدور رہے اور صبا اور اشعر پی او ایف کے مزدور رہے۔ تینوں شعراء نے اپنے اپنے تخلیقی مزاج کے مطابق اپنے حالات کی عکاسی کی اور اردو غزل کو نئے موضوعات سے مالا مال کر دیا۔ اس سلسلے میں ہم سبطِ علی صبا کے ان اشعار کا تجزیاتی مطالعہ کریں گے جو، ان کی ذاتی زندگی کی عکاسی کرتے ہیں۔

واہ فیکٹری کے ایک رہائشی علاقے میں قیام کے دوران صبا کی اہلیہ نے اپنا زیور فروخت کرکے ایک سلائی مشین خرید لی اور سلائی کڑھائی کرکے صبا کا ہاتھ بٹانے لگیں۔ اس طرح گھر کا معاشی بار مسائل ہٹنے لگا۔ لیکن اس کے باوجود صبا اور ان کے خاندان کو کبھی اچھا لباس تک بنانے کی استطاعت نہ ہوئی اور اس 'دریدہ پیرہنی' کا کرب ان کے شعروں میں اس طرح ظاہر ہوا:

لوگوں کی چادروں پہ بناتی رہی وہ پھول

پیوند اس نے اپنی قبا میں سجا لئے

صبا ان انگلیوں سے پوچھ لذت سوئی چبھنے کی

خریداروں میں تعریفیں کشیدہ کاریوں کی ہیں

جو سوت کاتنے میں رات بھر رہی مصروف

اسی کو سر کے لئے اوڑھنی نہیں ملتی

کتنا بوسیدہ دریدہ پیرہن ہے زیبِ تن

وہ جو چرخہ کاتتی رہتی ہے لڑکی رات کو

مندرجہ بالا اشعار میں بیسویں صدی کی ایک غریب مشرقی عورت کا عکس ہمیشہ کے لئے محفوظ ہو گیا ہے۔ پے در پے محرومیاں انسان کو جارح اور انتہا پسند بنا دیتی ہیں۔ یہاں تک کہ وہ تہذیبی پابندیوں سے بھی بغاوت کا اعلان کر دیتا ہے:

جسے بھی مدتوں محروم رکھا جائے روٹی سے

وہ موقع ہاتھ آنے پر زیادہ چھین لیتا ہے

(اختر عثمان)

سید سبطِ علی صبا نے دریدہ پیرہنی سے تنگ آ کر کہا:

جہاں تن ڈھانپنا انسان کو دشوار ہو جائے

وہاں سبطِ علی تہذیب کی پابندیوں سے کیا

بیسویں صدی کے ادب میں تہذیب کی پابندیوں سے بغاوت کی کئی مثالیں ملتی ہیں۔ اس سلسلے میں پریم چند کے شہکار افسانے ''کفن'' کا یہ اقتباس درج کرنا ضروری معلوم ہوتا ہے:

بازار میں پہنچ کر گھیسو بولا ''لکڑی تو اسے جلانے بھر کو مل گئی ہے، کیوں مادھو؟''

مادھو بولا ''ہاں، لکڑی تو بہت ہے، اب کپھن (کفن) چاہیے''

''تو کوئی ہلکا سا کپھن لے لیں''

''ہاں، اور کیا۔ لاس اٹھتے اٹھتے رات ہو جائے گی۔ رات کو کپھن کون دیکھتا ہے''

''کیسا برا رواج ہے کہ جسے جیتے جی تن ڈھانکنے کو چیتھڑا بھی نہ ملے اسے مرنے پر کپھن چاہیے''

''کپھن لاس کے ساتھ جل ہی تو جاتا ہے''

''اور کیا رکھا ہے۔ یہی پانچ روپے ملتے تو کچھ دوا دارو کرتے''

دونوں ایک دوسرے کا ماجرا مخفی طور پر سمجھ رہے تھے۔ بازار میں ادھر ادھر گھومتے رہے یہاں تک کہ شام ہو گئی۔ دونوں اتفاق سے یا عمداً ایک شراب خانے کے سامنے آ پہنچے اور گویا کسی طے شدہ فیصلے کے مطابق اندر گئے۔

یہ اقتباس [11] درج کرنے کا مقصد یہ ہے کہ ایک بڑے افسانہ نگار نے معاشرے کے سب سے نچلے طبقے کے حالات کی عکاسی کرتے ہوئے جو صورت حال پیش کی

تھی، وہ آج بھی جوں کی توں ہے۔ آج بھی لوگ فٹ پاتھ پر ٹھٹھر کر مر جانے والوں کی لاشوں پر چادریں ڈال کر ان کے کفن کے لئے رقم جمع کرتے ہیں (راولپنڈی کے بسوں کے اڈے پر گزشتہ برس راقم نے اس قسم کا ایک منظر دیکھا) اور نہ جانے کب تک یہ عمل جاری رہے گا۔

سید سبطِ علی صبا نے اپنی پی او ایف کی واہ کی ملازمت کے دوران کئی گھر بدلے۔ بجلی اور سوئی گیس کا بل اور روشن گھروں کا کرایہ ادا نہ کر سکنے کے باعث صبا کو واہ کے جگمگاتے شہر سے ہجرت کرنا پڑی اور ایک خستہ اور تاریک گھر کرائے پر حاصل کیا اور کئی سال مٹی کے چراغوں کی رفاقت میں بسر کئے۔ وہ ماحول کی سیاہ رات سے تو برسرِ پیکار تھے ہی، اب انہیں عملاً بھی رات کی تیرگی سے برسرِ پیکار رہنا پڑا۔

ہمیشہ تیرگی سے برسرِ پیکار رہتا ہوں

تمہارے جگمگاتے شہر کے اس پار رہتا ہوں

بجلی کے قمقموں سے منور کوٹھیوں والوں کو غریبوں کے گھروں میں جلنے والے مٹی کے چراغ بھی ایک آنکھ نہیں بھاتے۔ اور حالات کی آندھیاں بھی مٹی کے چراغوں کے خلاف ہی صف آرا رہتی ہیں،۔ برقی رو سے دمکنے والی روشنیوں سے ان کی دوستی ہوتی ہے اور اگر ان روشنیوں سے دشمنی بھی کر لیں تو ان کا کچھ نہیں بگاڑ سکتیں۔ چراغوں اور قمقموں کو علامتوں کا روپ دے کر صبا نے ہمارے نو آبادیاتی سماج کے طبقاتی تضاد کی پوری داستان کو دو مصرعوں میں سمیٹ لیا ہے:

بجلی کے قمقموں سے منور ہیں کوٹھیاں

مٹی کے سب چراغ ہوا نے بجھا دئے

یوں تو ہر شخص کو بے گھری ستاتی ہے جو اپنی قلیل آمدنی میں سے غذا اور لباس کے اخراجات کے ساتھ ساتھ روز بروز بڑھتے ہوئے مکانوں کے کرایوں اور اہل حیثیت مالکانِ مکان کے نامہرباں رویوں کا شکار رہتا ہے۔ لیکن جس شخص نے اپنے کئی بچوں کے ہمراہ صبا جیسا عذابِ دربدری سہا ہو اور صرف سولہ برس میں بارہ گھروں کے در و دیوار سے لپٹ کر رویا ہو، وہ اپنی بے گھری کے کرب کو کسی اور ہی انداز میں پیش کرتا ہے:

دو گھڑی کے لئے فٹ پاتھ پہ رک جانے دو
ہم غریبوں کا بھرے شہر میں گھر کوئی نہیں
کسی پتھر کے تکئے ہی پہ رکھ کر سر کو سو جاؤں
لہو کی ڈوریاں آنکھوں میں شب بیداریوں کی ہیں

پاکستان کے شمالی علاقہ جات میں سخت سردی پڑتی ہے اور ان سرد مقامات کے باسی غریب اور مفلوک الحال لوگوں کے لئے سردیوں میں غذا، لباس اور رہائش کے بعد سب سے بڑا مسئلہ ایندھن کا ہوتا ہے۔ جہاں بجلی اور سوئی گیس کی سہولتیں میسر نہ ہوں، تیل کی قیمتیں آسمان سے باتیں کر رہی ہوں، گھروں کے دیوار و در دریدہ ہوں اور گرم لباس بھی میسر نہ ہو، اس کے سوا کوئی چارہ کار نہیں ہوتا کہ آگ سلگا کر پہاڑ جیسی راتیں گزاری جائیں۔ صبا اور ان کے بچے دوسرے مسائل کے ساتھ ساتھ اس تجربے سے بھی گزر رہے تھے۔ اس کا اظہار صبا کے ایک شعر میں اس طرح ہوا ہے:

جب چلی ٹھنڈی ہوا، بچہ ٹھٹھر کر رہ گیا
ماں نے اپنے لال کی تختی جلا دی رات کو

(میرے خیال میں فاضل مقالہ نگار اس شعر کی معنوی گہرائی سے صرفِ نظر کر گئے ہیں آسی)

مندرجہ بالا شعر کو صبا کے شہکار اشعار میں شمار کیا جاتا ہے۔ 1972ء میں جب ماہنامہ فنون لاہور کی جلد 51 کے شمارہ 5 میں صبا کی وہ غزل چھپی جس میں یہ شعر ہے تو شمارہ نمبر 6 میں خالد احمد اور صابر ظفر نے خاص طور پر اس شعر کو سراہا۔ اخبارات تک جب یہ چونکا دینے والا شعر پہنچا تو اسے اس کی فنی اور فکری ندرت کے سبب خاص اہمیت دی گئی۔ شمیم اکرام الحق نے لکھا: ''غریب ماں بچے کو سردی سے بچانے کے لئے اس کی تختی جلا ڈالتی ہے۔'' [12]

1986ء میں دارالحکومت کی ادبی تنظیم ''دائرہ'' نے ''طشتِ مراد'' کی تقریبِ رونمائی کرائی۔ اس تقریب کے مہمانِ خصوصی اس وقت کے وزیرِ تعلیم نسیم احمد آہیر تھے۔ انہوں نے اپنی تقریر میں کہا: ''سچا شاعر معاشرے میں ظلم کے خلاف دیوار بن جاتا ہے۔ صبا بھی معاشرے کے سامنے دیوار بن کر زندہ رہا۔ اس نے عمر بھر جبر اور ناانصافی کے خلاف آواز بلند کی۔ بنیادی طور پر صبا ایک مزدور شاعر تھا۔ میں ذاتی طور پر مزدوروں کو اس لئے پسند کرتا ہوں کہ ان کے ہاتھوں عظمتوں کے مینار تعمیر ہوتے ہیں، لیکن خود مزدوروں کو رہنے کے لئے جھونپڑی بھی نصیب نہیں ہوتی۔ افسوس کی بات تو یہ ہے کہ جب مزدور کا بچہ سردی سے ٹھٹھرتا ہے تو اسے بچانے کے لئے اس کی ماں کو اس کی تختی جلانی پڑتی ہے۔ ہمیں معاشرے میں ایسے حالات پیدا کرنے چاہئیں کہ آئندہ کسی غریب ماں کو اپنے بچے کی تختی نہ جلانی پڑے۔ [13]

اس شعر میں صبا نے ایک اچھوتے موضوع کو ایسے اچھوتے انداز میں پیش کیا ہے جس کی مثال ان سے پہلے اردو ادب، بلکہ بعد میں بھی مشکل سے ملے گی۔ راقم کی تحقیق کے مطابق دارالحکومت سے صرف دس کلومیٹر کے فاصلے پر ایسے علاقوں کی حدود ملتی ہیں جہاں مائیں اپنے معصوم بچوں کو سردی سے بچانے کے لئے اب بھی تختیاں جلا دیتی ہیں۔ خارجی اعتبار سے صبا ایک منتشر اور بکھری بکھری شخصیت کے مالک نظر آتے تھے لیکن درحقیقت ان

کے اندر ایک مکمل وضع دار شخص چھپا ہوا تھا۔ وہ سماجی سرگرمیوں میں بڑھ چڑھ کر حصہ لینا چاہتے تھے لیکن ان کے حالات ان کو ایسا کرنے نہیں دیتے تھے۔ وہ بھی چاہتے تھے کہ دوستوں اور عزیز و اقارب کے ساتھ معاشرے کے ایک ''نارمل'' انسان کی طرح روابط رکھیں لیکن ان کی مفلسی ان کی راہ میں حائل رہتی تھی:

کس طرح کروں زحمت مہمان نوازی

بچوں کے لئے گھر پہ غذا ہی نہیں ہوتی

صبا کا تعلق آبادی کے اس حصے سے تھا جہاں مکینوں کے ساتھ فاقے ہم آغوش رہتے ہیں۔ جہالت، پسماندگی، بیماری اور بھوک ان لوگوں کا مقدر ہوتی ہے۔ بچے فاقوں کی وجہ سے دم توڑ دیتے ہیں۔ بیماریوں کی وجہ سے نڈھال بیویاں رات گئے تک اپنے شوہروں کا انتظار کرتی رہتی ہیں۔ تاکہ اور کچھ نہیں تو ہمدردی کے دو بول ہی سننے کو مل جائیں۔ لیکن تہی دست و کیسہ شوہر بیمار بیوی کا سامنا کرنے کی خود میں ہمت نہیں پاتا۔ للذا وہ مسائل اور دکھوں کے عفریت سے وقتی نجات کے لئے پہروں گھر سے باہر اپنے مشاغل کے ''مرغزاروں ''میں گم رہتا ہے:

جلتے جلتے بجھ گئی اک موم بتی رات کو

مر گئی فاقہ زدہ معصوم بچی رات کو

مرغزارِ شاعری میں گم رہا سبطِ علی

سو گئی رہ دیکھتے بیمار بیوی رات کو

''مرغزارِ شاعری'' میں گم سبطِ علی صبا کے پاس فاقہ زدہ بچوں اور بیمار بیوی کے لئے شعروں کی سوغات کے سوا کچھ نہیں تھا، للذا انہوں نے اپنے اور اپنے خاندان کے دکھوں کو شعری پیکر میں ڈھال کر آفاقی بنا دیا اور یہ کوئی آسان عمل نہیں ہے۔ ڈاکٹر جمیل جالبی لکھتے

ہیں: ”ادب میں جب کبھی تخلیقی سر گرمی کا ذکر کرتا ہوں تو اس سے میری مراد ہمیشہ کھری، اصلی اور سچی تخلیق سے ہوتی ہے۔ ایک باصلاحیت انسان کے لئے بھی سچے اور زندہ خیالات کا حصول کوئی ہنسی کھیل نہیں ہے۔ اسی لئے جب تک زندہ خیال کا نظام اپنے پورے مربوط رشتوں کے ساتھ تنقیدی عمل کے ذریعے وجود میں نہ آ جائے، تخلیق اندھیرے میں ٹامک ٹوئیاں مارتی رہتی ہے۔“ [14] زندہ خیال کو مربوط رشتوں کے ساتھ تنقیدی عمل کے ذریعے وہی فنکار وجود میں لاسکتا ہے جس نے خیال کے پورے نظام کے خطوط پر خود سفر کیا ہو اور حالات نے صبا کو اس کا موقع فراہم کیا تھا۔ اس لئے ان کے ہر شعر سے زندہ خیالات کی مہتابیاں پھوٹتی ہوئی نظر آتی ہیں:

غریب گھر کی ضرورتوں کے مقابلے میں
صبا تمہاری مہینے بھر کی کمائی کیسی

صبا کی زندگی کی تاریک ریل اس جہان رنگ و بو سے گزر گئی لیکن انہیں زندگی کی رعنائیوں، مسرتوں اور شادمانیوں کی طرف کوئی کھڑکی کھلی نہیں ملی:

گزر رہی ہے حسین وادیوں سے ریل صبا
ستم یہ ہے کوئی کھڑکی کھلی نہیں ملتی

کسی نقاد نے کہا ہے کہ بڑا ادب وہ ہوتا ہے جس میں سوالات اٹھائے جائیں۔ سید سبطِ علی صبا بھی اپنی محرومیوں پر محض نوحہ کناں نہیں رہتے بلکہ اکثر تند و تیز سوالات اٹھاتے دکھائی دیتے ہیں:

ہماری سمت چلتی ہے سدا محرومیوں کی رو
سبھی انسان ہیں تو زندگانی بارِ سر کیوں ہے

کیا رزق فقیروں کا فرشتوں میں بٹے گا

منصف کوئی اس خاک سے یاں کیوں نہیں اٹھتا

صبا کو زندگی نے دکھوں کے سوا کچھ نہیں دیا تھا لیکن ان کے سرمایۂ غم میں حصہ ڈالنے میں ان کے احباب بھی پیچھے نہ رہے تھے۔ ان کے غم گسار اور ہمدرد دوستوں کی بھی کمی نہ تھی، لیکن کچھ ایسے بھی تھے جو ان کو ہمہ وقت تضحیک کا نشانہ بناتے تھے اور بالواسطہ طور پر ان کی غربت کا مذاق اڑاتے۔ صبا کسی سے شکوہ نہ کرتے، لیکن جو ان کے دل پر گزرتی وہ رقم کرتے رہے اور اس طرح پرورشِ لوح و قلم کرتے رہے۔ اپنوں اور غیروں کی یکساں ”نوازشات“ کو جس طرح واضح انداز میں صبا نے بیان کیا ہے اس کی مثالیں بہت کم ملتی ہیں۔ ان کے مندرجہ ذیل اشعار کی موجودگی میں ان کے اس قسم کے تجربات کی تشریح و تنقید کی ضرورت نہیں رہتی:

کرب کی آگ سرِ شام لگانے آئے

میرے احباب مرے دل کو دکھانے آئے

مجھ کو زخموں کی نمائش سے گریزاں پا کر

لوگ ہر روز نئے زخم لگانے آئے

احساس کی بھٹی میں جلایا بھی گیا ہوں

نفرت کی میں سولی پہ چڑھایا بھی گیا ہوں

میں وقت کا یوسف ہوں مرے بھائی ہیں دشمن

افلاس کے زنداں میں گرایا بھی گیا ہوں

بازو مرے کمزور سمجھ کر سرِ محفل

تشہیر کا سامان بنایا بھی گیا ہوں

ہوتی ہیں مرے گھر میں اسی شخص کی باتیں

جس شخص کے ہاتھوں سے ستایا بھی گیا ہوں

مرے رفیق تماشا سمجھ کے ہنستے رہے

گلی میں گھیر لیا لشکرِ سگاں نے مجھے

مسلسل مشقِ سخن سے جب زبان کی گرہیں کھلنے لگتی ہیں اور صبا کے فن میں نکھار آنے لگتا ہے تو احباب ہی دشمن ہو جاتے ہیں۔ اور زندگی کی فلم کے وہ مناظر ہی اڑا دیتے ہیں جن میں اس محنت کش فنکار کا عکس جھلملانے لگا ہے:

زباں کی گرہیں کھلیں تو طلسم ابجد کا

درونِ حلقۂ احباب دشمنی ٹھہرا

ہم زندگی کی فلم کے کردار کیا بنے

کچھ حاسدوں نے بیچ کے منظر اڑا دئے

ان کو اس بات کا گہرا دکھ ہے کہ برسوں ساتھ رہنے والے دوست ان کی نفسیات کو نہ سمجھ سک اور عمر بھر نشتر زنی کرتے رہے:

وہ شخص میرے حلقۂ احباب میں رہا

لیکن سمجھ سکا نہ مری نفسیات کو

حالات سے تنگ آکر وہ خدا سے بھی شکوہ کرنے لگتے ہیں اور ایسا کرتے ہوئے ان کا بے باکانہ انداز برقرار رہتا ہے:

میں کوئی حرفِ غلط ہوں کہ مٹایا جاؤں

جب بھی آؤں تری محفل سے اٹھایا جاؤں

میری تخلیق کا مقصود یہی ہے شاید

آسمانوں سے زمینوں پہ گرایا جاؤں

اور پھر خود کلامی کی کیفیت میں کائنات کو اس سب سے بڑے سوال کا جواب دیتے ہیں جو تمام صوفیاء نے اٹھایا ہے:

ایک ٹوٹا ہوا پتہ ہوں، ٹھکانا معلوم

جانے کب تک میں ہواؤ ں میں اڑایا جاؤں

اپنی ''اصل'' سے اس طرح جدا ہو جانا اور در در کی ٹھوکریں کھانا اس خود دار اور خود نگر شاعر کو ہر گز گوارا نہیں۔ اس لئے وہ دکھوں سے ہمیشہ ہمیشہ کے لئے نجات حاصل کرنے کی غرض سے ''دھرتی ماں'' کی آغوش کی طرف بڑھتے ہوئے دکھائی دیتے ہیں:

اس قدر مجھ کو زمانے نے ستایا ہے صبا

سر بکف پھرتا ہوں اب موت کا ڈر کوئی نہیں

پھر کوئی موت کی لوری کوئی الجھا ہوا گیت

میں بہت دیر کا جاگا ہوں سلایا جاؤں

رئیس منظر لکھتے ہیں: ''صبا ہمارے اپنے زمانے کے شاعر ہیں۔ انہوں نے آج کی آلودہ اور گمبھیر حقیقتوں سے براہِ راست آنکھ ملائی ہے۔ لیکن ارضِ وطن سے ان کی وابستگی نے ان کے ذہنی اور فکری رویے کو مایوسی کا شکار نہیں ہونے دیا۔ چنانچہ موت جیسی بھیانک سچائی

جس کا سامنا کرتے ہوئے آدمی اس طرح لرزتا ہے جس طرح بچے اندھیرے سے ڈرتے ہیں، ان کے یہاں کیا سے کیا بن جاتی ہے [15] :

وہ اپنی بانہوں میں بھینچ لے تو برائی کیسی

زمین ماں ہے تو ماں سے میری لڑائی کیسی"

بچے کسی قوم کے مستقبل کا سرمایہ ہوتے ہیں۔ صبا کی غزل میں بچوں سے والہانہ محبت اور ان کے مستقبل کی فکر کا عنصر بہت نمایاں ہے۔ وہ اپنے اور پرائے سب بچوں سے یکساں طور پر محبت کرتے تھے۔ اپنا پیٹ کاٹ کر بچوں کی سکول کی فیس ادا کرتے اور ناگفتہ بہ حالات میں بھی انہوں نے اپنے دونوں بڑے بچوں کی فاضل وقت میں ٹیوشن لگوائے رکھی۔ بچوں اور ان کے مستقبل کی فکر ان کو یہاں تک تھی کہ موت سے چند گھنٹے قبل بھی اپنے ایک دوست کے بچے کے داخلے کے سلسلے میں پریشان دیکھے گئے۔ بچوں سے ان کی محبت محض ایک باپ کی محبت نہیں، بلکہ ایک قومی سوچ رکھنے والے دانشور کی محبت ہے۔ وہ نہیں چاہتے کہ جن حالات کا شکار وہ خود رہے ہیں، آئندہ نسلیں بھی انہی حالات کی بھینٹ چڑھ جائیں۔ بشیر علی حلیم لکھتے ہیں: "صبا کی شاعری میں بچوں سے والہانہ لگاؤ کے عناصر کو نظر انداز نہیں کیا جا سکتا۔ صبا بچوں سے ٹوٹ کر پیار کرتا تھا، کیونکہ اس کا ایمان تھا کہ انہی بچوں نے کل کو ملک کی باگ ڈور سنبھالنی ہے۔ وہ مستقبل کے ان معماروں کو طبقاتی پنجوں سے گھائل ہوتے نہیں دیکھ سکتا تھا۔ وہ خلوص سے چاہتا تھا کہ ان معصوم ہستیوں کو اپنی صلاحیتیں اجاگر کرنے کے یکساں مواقع ملیں۔"

بچوں کے حوالے سے صبا نے اپنی شاعری میں قومی نوعیت کے موضوعات کو چھیڑا ہے۔ ان کے بچوں پر کہے گئے اشعار پڑھ کر ہماری توجہ حکومت کے ان حساس منصوبوں کی طرف جاتی ہے جن پر ہمارے قومی مستقبل کی عمارت کی بنیادیں استوار ہیں:

جب مرے بچے وارث ہیں، ان کے جسم میں

سوچتا ہوں حدتِ خوں کی کمی اچھی نہیں

ہمارے بچے تو "ب" سے بجلی سمجھ نہ پائیں

جدید مکتب میں ہو رہی ہے پڑھائی کیسی

بچے کا ذہن جتنی کتابوں میں بٹ گیا

مجبور باپ اتنے عذابوں میں بٹ گیا

تم اپنے بچوں کو آدمیت کے خوں سے رنگیں نصاب دوگے

تو آنے والے عظیم کل کے حضور میں کیا جواب دوگے

تم اپنے کالے علوم کے تجربوں میں گم ہو، بتاؤ کیسے

یتیم بچوں کو ماں کی شفقت کے بہتے دریا کا آب دوگے

اپنے لاڈلوں سے بھی جھوٹ بولتے رہنا

زندگی کی راہوں میں ہر قدم پہ داؤ ہیں

جب چلی ٹھنڈی ہوا بچہ ٹھٹھر کر رہ گیا

ماں نے اپنے لال کی تختی جلا دی رات کو

سید سبطِ علی صبا کے ساتھ مزدور علی مطہر اشعر کی شاعری میں بھی بچوں کا ذکر بڑی شد و مد سے ہوا ہے۔ اس طرح مشترکہ سماجی حالات میں ان دونوں شاعروں کا کہ مشترک موضوع ہے۔ لیکن دونوں کے اشعار ان کے الگ الگ رنگِ طبیعت اور طرزِ فکر کی نمائندگی کرتے ہیں۔ علی مطہر اشعر کے چند اشعار یہاں درج کئے جاتے ہیں :

اک چھوٹے سے سیب کو کتنی قاشوں میں تقسیم کروں

کچھ بچوں کا باپ ہوں اشعر، کچھ بچوں کا تایا ہوں
میں اس کے پنپنے کی دعا مانگ رہا ہوں
بچے کے یہ تیور ہیں کہ فن کار بنے گا
پھر لختِ جگر کوئلہ لے آیا کہیں سے
اب دیکھئے کیا کیا سرِ دیوار بنے گا
اب مری بیوی کی آنکھوں میں چمک بڑھنے لگی
میرا اک بچہ بھی مزدوری کے قابل ہو گیا

علی مطہر اشعر کے ایک بچے کی وفات پر سید سبطِ علی صبا نے کہا:

یہ کم سن پھول سے چہرے زمیں کی گود میں سو کر
گھروں میں گھومتے سایوں کے پیکر چھوڑ جاتے ہیں

جدید علوم اور سائنسی انکشافات و ایجادات نے آج کے ترقی یافتہ انسان کو خلا کی وسعتوں میں اور عام انسان کو ماورائے عقل دنیاؤں میں پہنچا دیا ہے۔ ہزاروں انسانوں کے متبادل کے طور پر ایک مشین ایجاد ہو چکی ہے۔ صنعتی معاشروں میں پیدائشِ دولت میں یکساں طور پر حصہ لینے والے لاکھوں افراد اپنی انفرادیت کھو چکے ہیں۔ زندگی تیز سے تیز تر ہوتی جا رہی ہے۔ تخصیص ؛ کار اور اشیاء و خدمات کے خالص کاروباری اور میکانکی انداز میں تبادلے کہ وجہ سے معاشرتی اکائی ٹوٹ رہی ہے۔ نت نئی ایجادات جس رفتار سے انسانوں کو مادی آسائشیں فراہم کر رہی ہیں، اسی رفتار سے روحانی اور اخلاقی قدریں گم ہو رہی ہیں۔ ہر سوچنے والا انسان دنیا کے ان آشفتہ سر مظاہر کے درمیان زندگی کی تلاش میں ہے۔ وہ زندگی جو انسانوں کے باہمی ارتباط، خلوص اور محبت سے جنم لیتی ہے۔ حضرت علامہ اقبال نے کہا تھا:

ہے دل کے لئے موت مشینوں کی حکومت

احساسِ مروت کو کچل دیتے ہیں حالات

سوال یہ پیدا ہوتا ہے کہ احساس مروت کو کچل دینے والے آلات کے درمیان بسنے والے شاعر اور ادیب پر کیا ذمہ داری عائد ہوتی ہے۔ پروفیسر ہارون الرشید لکھتے ہیں: ''عہدِ جدید کی قنوطیت کا یہ حال ہے کہ جب اخلاقی قدروں کی دہائی دی جاتی ہے تو جواب یہ ملتا ہے کہ قدریں بدل چکی ہیں۔ یہ ٹھیک ہے کہ بحران میں قدریں بھی بحران کا شکار ہو جاتی ہیں اور خیر و شر کا معیار بدل جاتا ہے۔ لیکن کیا فطرت انسانی بھی بدل جاتی ہے؟ اور اخلاقی قدروں کی ابتری پر مطمئن ہو جاتی ہے؟'' [17]

پروفیسر ہارون الرشید کے مندرجہ بالا سوال کا جواب یہ دیا جا سکتا ہے کہ بحرانی دور میں کمزور قوت ارادی اور سطحی سوچ رکھنے والے عام لوگوں کے خیالات بدل جائیں تو یہ بعید از قیاس نہیں۔ لیکن اگر فنکار بھی خیر و شر کے معیارات کو خارجی حالت و واقعات اور مظاہر کے تغیر سے وابستہ کر لے تو اس سے بڑا المیہ کوئی نہیں ہو گا۔ کیونکہ فنکار پائیدار اخلاقی، تہذیبی اور روحانی قدروں کا محافظ ہوتا ہے۔ اور ان قدروں سے وابستگی اس کے باطنی پیکر کے اجزائے ترکیبی میں رچی بسی ہوتی ہے۔ مثبت پائیدار معاشرتی قدروں کا تعلق فرد کے روحانی نظام سے ہوتا ہے اور روحانی نظام ابتدائے آفرینش سے کچھ وضع شدہ صرف خیر کے تقاضوں کا پابند ہے۔ سید سبطِ علی صبا کے ہاں ایک آدھ شعر میں تہذیب کی بندشوں سے بغاوت کا بھی اظہار ملتا ہے (جیسا کہ ہم نے گزشتہ صفحات میں ذکر کیا)، لیکن مجموعی طور پر ان کے ہاں قدروں کی شکست و ریخت کے عمل کا اظہار طنزیہ پیرائے میں ہوتا ہے:

تنگ آ کے ہم جو بیچنے نکلے وفا، صبا

بازار نے خلوص کے بھاؤ گرا دئے

چڑھتے سورج کے پجاری ہو ہوا کے رخ پر

روز خوش رنگ پتنگوں کو اڑاتے جاؤ

اپنے لاڈلوں سے بھی جھوٹ بولتے رہنا

زندگی کی راہوں میں ہر قدم پہ داؤ ہیں

تہذیب کا لباس پہن کر گلی گلی

ہر صاحبِ کمال کی پگڑی اچھال دو

صبا اپنی شاعری میں جدید سائنسی دور کے اس مادیت پرست انسان کی بھی رونمائی کرواتے ہیں جو بظاہر مہذب لیکن اندر سے روز بروز وحشی ہوتا جا رہا ہے:

سگانِ برزنِ قریہ بھی ڈر سے کانپ اٹھتے ہیں

صبا جو وحشتیں انسان گھر گھر چھوڑ جاتے ہیں

صبا ایک روشن خیال فنکار ہیں لیکن "فکرِ نو" کی وہ روشنی انہیں ایک آنکھ نہیں بھاتی جو روایتی اخلاقی قدروں کے منافی ہو:

فکر نو کی روشنی ذہنوں میں در آئی ہے کیا

بڑھ گئے بچے بڑے بوڑھوں سے استدلال میں

فنکار کی پہلی خصوصیت محبت ہوتی ہے۔ وہ ہر نوعیت کی نفرت کے خلاف نبرد آزما ہوتا ہے۔ نفرت کے ماحول میں اس کا دم گھٹنے لگتا ہے۔ صبا عالمی برادری اور عالمی مساوات کا تصور رکھنے والے شاعر ہیں۔ لیکن عملی زندگی میں ان کو قدم قدم پر نہ صرف نفرتوں کا سامنا رہا بلکہ انہوں نے اپنے عہد میں علاقائی، لسانی اور فرقہ وارانہ منافرت بھی عروج پر دیکھی، جس کی عکاسی ان کی غزلوں میں جا بجا ملتی ہے:

نفرتوں کے کنکروں سے جسم چھلنی ہو گیا
ماں نے اپنے لاڈلوں کی خیر خواہی دیکھ لی
چاہتوں کے سب پنچھی، اڑ گئے پرائی اور
نفرتوں کے گاؤں میں جسم گھاؤ گھاؤ ہیں
دل کو ہے اس شہر کی گلیوں میں جینے کی طلب
نفرتیں رقصاں جہاں ہیں مختلف اشکال میں

جدید علوم اور سائنس کے منفی اثرات اور تباہ کاریوں کو سید سبطِ علی صبا نے بڑی شد و مد کے ساتھ اپنی شاعری کا موضوع بنایا ہے۔ علوم کی ترقی کا واحد مقصد بنی نوع انسان کی فلاح و بہبود ہونا چاہیے، لیکن سائنس کے ثمرات سے بہرہ ور قوموں نے کمزور ملکوں کو قوت کے بل بوتے پر اپنا محکوم بنانا شروع کر دیا۔ طاقت ور کے کمزور پر جھپٹنے کی روایت عام ہو چکی ہے۔ بڑے ممالک تجارتی تعلقات کی آڑ میں چھوٹے ملکوں میں پہلے اپنا سیاسی اثر و رسوخ بڑھاتے ہیں اور بعد ازاں مکمل طور پر ان ملکوں پر تسلط جما لیتے ہیں۔ مزاحمت جنگ پر منتج ہوتی ہے اور جنگ کی ہولناکیاں پورے معاشرے کو اپنی لپیٹ میں لے لیتی ہیں۔ زمینی وسائل تباہ و برباد ہو کر رہ جاتے ہیں، زرعی اور صنعتی ترقی کا عمل معطل ہو کر رہ جاتا ہے۔ کارخانے بند اور کھیتیاں ویران ہو جاتی ہیں۔ عوام افلاس، بیماری اور جہالت کی سولیوں پر لٹک جاتے ہیں۔ لاکھوں بے گناہ لوگوں کے لہو کے دریا رواں ہوتے ہیں۔ غرض، جملہ معاشی مسائل کے پہاڑ دیہی اور شہری عوامی آبادی پر ٹوٹ پڑتے ہیں۔ اگر ایسے حالات میں بھی کوئی شاعر محض گل و بلبل اور زلف و رخسار کے قصے رقم کرتا ہے تو جدید دور میں اسے معاشرے کا با شعور اور ذمہ دار فرد ہرگز نہیں کہا جا سکتا۔ سید سبطِ علی صبا سر تا پا ایک جدید شاعر تھے اور اپنا خام تخلیقی مواد

اپنے عہد کی زندگی سے حاصل کرتے تھے۔ لہٰذا انہوں نے جدید سائنس کی تباہ کاریوں کو بھی اپنی غزل کا موضوع بنایا ہے:

یہ کیسا علم ہے جس کے پجاری تجربہ کرکے

کسانوں کے لئے دھرتی کو بنجر چھوڑ جاتے ہیں

زمیں پر علم کے کالے دھماکے روز ہوتے ہیں

اگی ہے بھوک کھیتوں میں تو بہتی ندیوں سے کیا

سید سبطِ علی صبا ایک صنعتی مزدور تھے۔ ہمارا ملک ابھی زرعی دور سے صنعتی دور میں داخل ہو رہا ہے۔ اس لئے صنعتی دور کے ثمرات کا چرچا تو عام ہو چکا ہے، لیکن صنعتی مزدور پر کیا گزرتی ہے، اس کا ادراک اور احساس ابھی عام نہیں ہوا۔ کارخانوں کے آہنی دروازوں کے سامنے علی الصبح سائرن کی صدا کے ساتھ ہزاروں زرد چہروں کی فصلیں اگتی ہیں۔ پھر دیکھتے ہی دیکھتے گیٹ بند ہو جاتے ہیں اور گرد و نواح کے نغمہ خواں طیور کی معصوم آوازوں، اور بادِ صبا کی مسحور کن سرگوشیوں کو دلو ہیکل آہنی مشینوں کا شور دبوچ لیتا ہے۔ تیل سے آلودہ اور گرد سے اٹی ہوئی وردیوں میں ملبوس مزدور آٹھ گھنٹے تک (اور، اوور ٹائم کی صورت میں اس سے بھی زیادہ) چنگھاڑتی ہوئی مشینوں کے ساتھ دست و گریباں رہتے ہیں۔ میکانکی اور کیمیائی عمل کی وجہ سے ان مشینوں سے مسلسل خارج ہونے والی زہریلی گیسیں اپنے پھیپھڑوں میں اتارتے رہتے ہیں۔ کچھ ایسے ہوتے ہیں جو اپنے وزن سے بھی بھاری فولادی پرزے اور دوسرا ساز و سامان اٹھا کر ایک جگہ سے دوسری جگہ پہنچاتے ہیں۔ اور کچھ منوں لوہا پگھلانے والی بھٹیوں کے سامنے گھنٹوں سینہ سپر رہتے ہیں۔ یہ سارا عمل وہ وطن عزیز کی ترقی اور خوش حالی کی خاطر سر انجام دیتے ہیں اور اس خوشحالی میں اصولاً ان کا بھی حصہ ہونا چاہئے، کیونکہ وہ قومی محنت میں زیادہ حصہ ڈالتے ہیں۔ لیکن وائے افسوس، کہ ان کو ان کی محنت کا معاوضہ اتنا کم ملتا ہے کہ وہ جسم و جاں کا رشتہ بھی بڑی مشکل سے برقرار رکھ پاتے ہیں۔ معاشرے کو خوش حال

اس وقت قرار دیا جاسکتا ہے جب اس کے افراد کو رہائش، تعلیم، صحت اور دیگر بنیادی سہولیات میسر ہوں۔ لیکن صنعتی معاشرے کی صورتِ حال اس سے بالکل مختلف ہے۔ اکثر مزدور دربدری کا شکار ہیں۔ خاندان کے اخراجات پورے نہ ہونے کی وجہ سے اٹھارہ اٹھارہ گھنٹے تک کام کرتے ہیں۔ کم سن بچوں کو تعلیم ترک کروا کر اپنے ساتھ کارخانوں میں بھرتی کروا دیتے ہیں۔ امراض کی شرح صنعتی مزدوروں میں عام لوگوں کی نسبت کئی گنا زیادہ ہوتی ہے۔ ان میں سے زیادہ تر پھیپھڑوں کے تکلیف دہ اور خطرناک امراض میں مبتلا ہوتے ہیں۔ ان کے لئے تفریح کے مواقع نہ ہونے کے برابر ہوتے ہیں۔ اس کے علاوہ طبّی سہولتیں اور چھٹیاں بھی برائے نام ہوتی ہیں۔ اس ساری صورتِ حال کا نتیجہ بے اطمینانی اور انتشار کی صورت میں نکلتا ہے، جو آئے دن صنعتی اداروں میں دیکھا جاتا ہے۔ یہی وجہ ہے کہ صنعتی ماحول میں سانس لینے والے شعراء دوسرے تمام شعراء سے قطعی مختلف انداز میں سوچتے ہیں۔ غفور شاہ قاسم کے الفاظ میں: ''انسانی جسم و جاں کی حق تلفی صنعتی زندگی کا ایک قابلِ مزاحمت لازمہ ہوا کرتی ہے۔ صنعتی کلچر کی فضا میں زندگی بسر کرنے والے قلم کاروں کی امیدوں کے پلازے ہر روز تعمیر ہوتے ہیں اور ہر روز زمیں بوس ہو جایا کرتے ہیں۔ کچے رنگوں کی یہ گریز پا زندگی ہر حساس آرٹسٹ کے آرٹ کو ایک منفرد شخصیت عطا کر دیتی ہے اور اس لئے صنعتی معاشروں کی آکسیجن پھانکنے والے قلم کاروں کی سرزمیں روح پر احساس کا ایک نیا ہی جغرافیہ وجود پذیر ہوتا ہے۔'' [16]

یہ احساسات کا نیا جغرافیہ ہی ہے جو صبا کے شعری منظر کو اردو کی بسیط سرزمین شعر میں منفرد اور ممتاز کرتا ہے۔ صنعتی مزدوروں کے مسائل محض کارخانے کی چار دیواری تک محدود نہیں ہوتے۔ بلکہ ان کی سماجی زندگی کے جملہ پہلوؤں میں نمایاں رہتے ہیں۔ صبا کی غزل جہاں دیگر مسائل زندگی کا احاطہ کرتی ہے، وہاں ان مسائل کو بھی خاص طور پر سامنے لاتی ہے جو کارخانے کے گیٹ کے اندر آجر، اجیر اور مشین کے براہِ راست تعلق سے جنم لیتے ہیں:

لہو جلتا رہے گا کارخانوں میں غریبوں کا

دھواں اٹھتا رہے گا آسماں تک چمنیوں سے کیا

کلوں کا شہر بھی ذہنوں کو بانجھ کر نہ سکا

مقابلے میں سپر بن کے آدمی ٹھہرا

جس کی پیشانی پہ تحریر تھا محنت کا نصاب

سرِ فہرست وہی شخص ہے بے کاروں میں

کمر خم کھا گئی جن سے، حریصانِ جہاں دیکھو

لکیریں پشت پر قائم ابھی ان بوریوں کی ہیں

مرے لکھے کی زباں ممتحن سمجھ نہ سکا

سوال حل بھی کروں امتحان میں رہ جاؤں

ان مسائل کے اظہار کے لئے صبا کبھی بیانیہ انداز اختیار کرتے ہیں اور کبھی حقوق کا شعور بیدار کرنے کی غرض سے مزدور طبقے سے براہ راست مخاطب ہوتے ہیں:

یہاں وہاں کہیں آسودگی نہیں ملتی

کلوں کے شہر میں بھی نوکری نہیں ملتی

ہم غریب لوگوں کی، قسمتیں بدلتیں کیا

آسماں سے قد آور کوٹھیاں بڑوں کی ہیں

اور پھر پیغام دیتے ہیں:

آ، مل کے نئے دور کی بنیاد اٹھائیں

تخریب کی دیوار تو گردن پہ رواں ہے

صبا کے ہاں غزل کے عام شاعروں جیسی خود ترحمی کہیں بھی نہیں ملتی، وہ ایک بے باک سپاہی کی طرح بڑی جرات کے ساتھ اپنی بات کو اپنے مخاطب تک پہنچاتے ہیں:

زر دار کے کمرے کی دیوار کے سائے میں

بیٹھے ہیں زمیں زادے، کشکولِ نظر کھولے

اور طبقات میں انسان بکھرتے جائیں

مشورے روز ہوا کرتے ہیں زر داروں میں

پروفیسر یوسف حسن لکھتے ہیں: ''اس کا جسم محنت کی دھول اور دھوئیں سے اٹا رہا لیکن روح مصالحت اور منافقت سے پاک رہی۔ اس کے فکر و عمل کی وابستگی کسی دھندلکے میں نہیں رہی۔ وہ کبھی مصلحت کی انگلی تھام کر کسی ایوان میں باریاب نہیں ہوا۔ وہ خود محنت کش تھا۔ اور اپنے کردار اور فن میں محنت کشوں کا ایک با شعور اور حوصلہ مند طرف دار تھا۔ اس کا رشتہ اپنی زمین اور زمین زادوں سے تھا اور اسی زمینی شعور نے اس کی ذاتی انا کو اجتماعی انا سے مربوط لئے رکھا، اور وہ ذات کو آفاق سے ہم آہنگ کئے رہا۔ سبطِ علی صبا مظلوم اور محروم ضرور رہا مگر ظالموں سے رحم کا طالب کبھی نہ ہوا اور نہ ہی اس نے مظلومیت کے نوحے لکھے۔ اس کی شخصی حوصلہ مندی اور اس کے تاریخی شعور کے امتزاج سے اس کے کردار میں رزم آرائی کا رنگ فن میں رزمیہ نگاری کا آہنگ ابھرا۔'' [17]

سید سبطِ علی صبا کی شاعری کو سمجھنے کے لئے ان کی ''شخصی حوصلہ مندی'' کے ساتھ ساتھ اس تاریخی شعور سے بھی آگہی ضروری ہے جس کا ذکر یوسف حسن نے اپنے مضمون ''محنت کشوں کا شاعر'' میں کیا ہے۔ جیسا کہ پہلے مذکور ہو چکا، صبا صحابئ رسول حضرت ابو ذر غفاری رضی اللہ عنہ کو اپنا آئیڈیل کہتے تھے۔ علاوہ ازیں وہ ایران کی بابی شاعرہ قرۃ العین

طاہرہ سے بھی بہت متاثر تھے۔ اہل بیت سے وہ، ان کی مظلومیت، کربلا کے میدان میں ان کی راہ حق میں شہادت اور اپنے خاندانی پس منظر کی وجہ سے والہانہ وابستگی رکھتے تھے۔ بیسویں صدی کے تمام انقلابات بالخصوص چین اور روس کے انقلابات اور ویت نام کی جنگِ آزادی کا انہوں نے گہرا اثر لیا۔ اردو شعراء میں وہ انیس کی قدرتِ کلام، فیض کے مزاحمتی اور رزمیہ آہنگ، اور ندیم کی انسان پروری کے معترف اور مداح تھے۔

سید سبطِ علی صبا کے مذکورہ بالا فکری ماخذات میں سے مقالے کی ضرورت کے مطابق دو تاریخی شخصیات کا اجمالی تذکرہ مناسب معلوم ہوتا ہے۔

حضرت ابو ذر غفاری رضی اللہ عنہ، حضرت رسولِ کریم کے صحابی تھے۔ "ان کا نام جندب بن جنادہ بیان کیا جاتا ہے۔ ان کی طبیعت پر زہد اور تقشف کا غلبہ تھا۔ حضرت ابو بکر صدیق رضی اللہ عنہ اور حضرت عمر فاروق رضی اللہ عنہ کے زمانہ خلافت میں تو ان کا قیام مدینہ منورہ ہی میں رہا۔ لیکن حضرت عثمان رضی اللہ عنہ کا دور آیا تو کچھ عرصے کے بعد وہ شام میں سکونت پذیر ہو گئے۔ لیکن یہ وہ زمانہ تھا جب خلافت اسلامیہ میں ایک زبردست انقلاب کے آثار رونما ہو رہے تھے۔ جس سے حضرت ابو ذر رضی اللہ عنہ بھی متاثر ہوئے بغیر نہیں رہے۔ انہیں اہل شام کا ناز و نعم، امیرانہ زندگی اور افراد کے پاس دولت کی فراوانی پسند نہیں آئی۔ رفتہ رفتہ انہوں نے حضرت امیر معاویہ رضی اللہ عنہ پر بھی نکتہ چینی شروع کر دی، جس کی اطلاع حضرت عثمان رضی اللہ عنہ کو کی گئی تو انہوں نے حضرت ابو ذر رضی اللہ عنہ کو مدینہ واپس بلا لیا۔ لیکن یہاں آ کر بھی وہ دولت اور مال و زر کے متعلق اپنے خیالات کی برابر اشاعت کرتے رہے۔" [18]

اکمل ارتقائی نے راقم سے ملاقات 52 دسمبر 1990 کے دوران بتایا: "صبا حضرت ابو ذر غفاری رضی اللہ عنہ کو 'اسلام کا پہلا سوشلسٹ' ہونے کی وجہ سے پسند کرتا تھا اور قرۃ العین طاہرہ کی شخصیت اور شاعری کے سماجی پہلوؤں سے بہت متاثر تھا۔ قرۃ العین

طاہرہ بابی مذہب کے بانی سید علی محمد باب کے دعویٰ مہدویت (1844ء) پر ایمان لانے والی پہلی عورت تھی۔" [19]

"قرۃ العین کا اصل نام فاطمہ زرین تاج ہے، مگر دنیا اسے قرۃ العین کے نام سے جانتی ہے۔ وہ بابی مذہب کا پروانہ تھی۔ اس نے سید علی محمد باب کے امام مہدی ہونے کا دعویٰ سنا تو پوشیدہ طور پر اسے خط لکھا اور اپنے بعض شبہات کا ذکر کیا۔ حقوقِ نسواں کے متعلق باب سے رائے پوچھی۔ باب نے حقوقِ نسواں کے متعلق بالکل انہی خیالات کا اظہار کیا، جو زرین تاج کے دل کی گہرائیوں میں موجود تھے۔ باب کا یہ پہلا خط ہی کام کر گیا اور وہ اس کی مہدویت کی پرستار بن گئی۔" [20]

قرۃ العین طاہرہ نے بدشت کانفرنس میں تقریر کرتے ہوئے کہا: "احباب و اغیار! ظہور مہدی سے شریعتِ اسلام کے پرانے احکام منسوخ ہو چکے ہیں۔ باب عنقریب روئے زمین کے تمام شہروں کو فتح کریں گے۔ ساری دنیا ان کے سامنے سرِ نیاز جھکائے گی۔ تمام پرانے مذاہب مٹ جائیں گے، صرف ایک دین رہ جائے گا، جو امام کا دین ہے۔ لوگو! کثرت سے وحدت کی طرف آؤ۔ اس پردے کو پھاڑ کر پھینک دو جو تمہارے اور تمہاری عورتوں کے درمیان حائل ہے۔ عورتوں کو خلوت سے جلوت میں لاؤ۔ مال و دولت کی غیر مساوی تقسیم ساری برائیوں کی جڑ ہے۔" [21]

راقم کے مطالعہ اور تحقیق کے مطابق حضرت ابو ذر غفاری رضی اللہ عنہ کو مال و زر کے متعلق اپنے خیالات کی اشاعت کی پاداش میں الربذہ میں (مدینہ کے قریب) خلوت نشین ہونا پڑا، جہاں 23ھ میں ان کا انتقال ہوا۔ خوبرو نوجوان شاعرہ قرۃ العین طاہرہ کو بابی مذہب کی تبلیغ اور اس سلسلے میں بدشت کانفرنس ایران میں مذکورہ بالا تقریر کی وجہ سے اگست 1982ء میں مشتعل مسلمانوں نے گلا گھونٹ کر موت کے گھاٹ اتار دیا۔

سید سبطِ علی صبا معاشرے میں مثبت معاشی انقلاب کا علم بلند کرنے اور اس کے لئے قربانی دینے والے ہر فرد، یا افراد کے گروہ سے اثر قبول کرتے تھے، خواہ اس کا تعلق دنیا کے کسی بھی خطے یا مذہب سے ہو۔ لہٰذا ان کی شاعری (بالخصوص طبقاتی شعور کی نمائندہ شاعری اور اس میں ان کے رزمیہ آہنگ) کو سمجھنے کے لئے دیگر عوامل کے ساتھ ساتھ ان فکری ماخذات کو پیشِ نظر رکھنا بھی ضروری ہے، جن کا ہم نے اوپر تذکرہ کیا۔

سرمایہ و محنت کے عدم توازن اور آویزش کے ساتھ ساتھ صبا پاکستان کے دیہی جاگیر دار معاشرے کی ناہمواریوں اور ناانصافیوں کو بھی زیرِ بحث لاتے ہیں۔ ہمارے دیہی معاشروں پر ابھی تک قدیم جاگیردارانہ نظام کے گہرے سائے ہیں۔ فکر نو کی روشنی کو 'بغاوت' سے تعبیر کیا جاتا ہے۔ ہندو سماج کی بخشی ہوئی ذات پات کی لعنت کی وجہ سے انسان، انسان ہی کی سماجی، معاشی اور معاشرتی غلامی کی زنجیروں میں جکڑا ہوا ہے۔ غلہ اگانے اور اس کی افزائش و حفاظت کے لئے شب و روز مشقت کرنے والے کسانوں، ہاریوں اور مزارعین کو کسی قسم کا تحفظ حاصل نہیں اور نہ ہی ان کو اپنے حقوق کے لئے آواز بلند کرنے کی اجازت ہے:

گاؤں کے چودھری نے منادی کرائی ہے

ہر سر پھرے کو گاؤں سے باہر نکال دو

ڈاکٹر جمیل جالبی لکھتے ہیں: "اس معاشرے کا بنیادی رویہ آج تک وہی جاگیر دارانہ رویہ ہے۔ اور جاگیر دارانہ نظام چونکہ آج کھوٹے سکے کی حیثیت رکھتا ہے، اس لئے ہمارے سارے معاشرتی، معاشی اور سیاسی بحران اسی کھوٹے سکے کو مسلسل چلانے کی ذہنیت اور کوشش سے پیدا ہو رہے ہیں۔ آج کے ادب کو جمہوریت کے فروغ کے لئے جاگیر دارانہ ذہنیت کو موضوع بنا کر اسے جلد سے جلد اپنے انجام کو پہنچانے کے لئے وہ شعور عوام میں پیدا کرنا چاہیئے کہ یہ ذہن اور ذہنیت ہمیشہ کے لئے ہمارے معاشرے سے ختم ہو جائے۔" [22]

پاکستان کو چھوٹے کاشتکاروں کی سرزمین کہا جاتا ہے۔ اس کی بڑی وجہ افراطِ آبادی اور پھر اس کی وجہ سے زرعی اراضی کی نسل در نسل تقسیم ہے۔ ابھی تک پاکستان کی معیشت کا انحصار زیادہ تر زراعت پر ہے، لیکن جدید زرعی آلات حاصل کرنے کے باوجود ہم اپنی زرعی اراضی سے خاطر خواہ استفادہ نہیں کر سکتے۔ کیونکہ زمینی اور آبی حد بندیوں کی وجہ سے وسیع پیمانے پر کاشت کے لئے جدید زرعی مشینری کا استعمال ممکن نہیں رہتا۔ زمینی تقسیم کا یہ عمل معاشرے میں "گھ" کے ٹوٹنے کے عمل سے بھی وابستہ ہے۔ اس ٹھوس حقیقت کو صبا نے اس طرح بیان کیا ہے:

اب حق ملکیت تو فقط ندیوں کو ہے

سرسبز کھیت کتنے دوآبوں میں بٹ گیا

سید سبطِ علی صبا نے ایک مثالی گھر کا خواب دیکھا تھا، جس کی صورت گری انہوں نے اپنے ایک شعر میں اس طرح کی ہے:

لبوں پہ پھول کھلیں اور زبان سب کو ملے

وہ گھر بناؤں کہ جس میں امان سب کو ملے

لیکن ان کا یہ خواب شرمندۂ تعبیر نہ ہو سکا۔ کیونکہ ان کے نصیب میں خستہ مکان لکھا ہوا تھا جو، ان کی شاعری کی سب سے اہم علامت بن گیا۔ اس خستہ مکان کو پہلے بڑے بھونچال کا سامنا 1965ء میں اس وقت کرنا پڑا، جب ہمارے پڑوسی ملک بھارت نے ہم پر حملہ کر دیا۔ لیکن جس مکان کی حفاظت کے لئے صبا جیسے محب وطن سپاہی سینہ سپر ہوں، اسے کون نقصان پہنچا سکتا ہے۔ ہماری افواج نے دشمن کو ایسا منہ توڑ جواب دیا کہ ساری دنیا دیکھتی رہ گئی:

نکتہ چیں ہیں لوگ میرے گاؤں کے چوپال میں

بچ گیا آفت زدہ خستہ مکاں بھونچال میں

ہمارے کوتاہ اندیش رہنما اس غیر معمولی کامیابی کو ہضم نہ کر سکے اور دفاعِ وطن سے غافل ہو کر اپنی عیاشیوں اور سیاسی جوڑ توڑ میں مصروف ہو گئے لیکن دشمن اپنی ذلت کا بدلہ لینے کی تیاریوں میں مصروف رہا۔ سید سبطِ علی صبا جیسے چوکس فوجی جوانوں نے ان حالات میں اپنی آنکھیں کھلی رکھی ہوئی تھیں۔ لہٰذا 1969ء میں ایوبی حکومت کے اختتام پر جب سر زمینِ وطن کی فضاؤں میں خطرات کے سائے منڈلانے لگے تو باشعور صبا نے اربابِ وطن کو متوجہ کرنے کے لئے واضح انداز میں کہا:

گرتی ہوئی دیوار کو گرنے سے بچالو

دیوار کے سائے کے سوا امن کہاں ہے

لیکن ان کی آواز کی لہروں کی رسائی بلند و بالا ایوان تک نہ ہو سکی اور اگر ہوتی بھی تو کیا ہوتا کہ ہمارے بدمست حکمرانوں کو تو اپنی بھی خبر نہیں تھی۔ ہمارے اس وقت کے صدر، اور اربابِ ایوان و اختیار کے کردار کا اندازہ قدرت اللہ شہاب کے نوشتہ اس واقعہ سے لگایا جا سکتا ہے: "جب پاکستان کا دارالحکومت راولپنڈی اور اسلام آباد منتقل ہو رہا تھا، تو اربابِ پنڈی کلب نے کراچی سے تازہ واردانِ بساط، ہوائے دل کی خیر سگالی کے لئے ایک زبردست محفلِ ناؤ نوش منعقد کی۔ مارشل لاء کا بول بالا تھا۔ کئی سول سرونٹ چند کلیدی فوجی حکام کی خوشنودی حاصل کرنے کے لئے ایڑی چوٹی کا زور لگا رہے تھے۔ کچھ بیگمات بھی اس مہم میں اپنے خاوندوں کا ہاتھ بٹانے کے لئے سج دھج کر شریکِ محفل تھیں۔ اس انجمن میں یحییٰ خان [23] چہک چہک کر پھدک پھدک کر کبھی ایک بیگم، کبھی دوسری بیگم سے ٹکراتا۔ بڑی محنت مشقت کے بعد اس نے ایک طرح دار خاتون کو پھانسا اور اسے گھیر گھار کر باہر لان میں لے گیا۔ کچھ دیر آنکھ مچولی کا کھیل ہوتا رہا۔ بدمستی کے عالم میں یحییٰ کی بہیمانہ ہنہناہٹ اور طرحدار خاتون کے نرم و نازک قہقہے اندر بیٹھے ہوئے دوسرے امید واروں کی چھاتی پر مونگ

دلتے رہے۔ پھر زور کا دھماکہ ہو اور سب لوگ بھاگ کر باہر آ گئے۔ خاتون تو ایک میز پر ٹانگیں لٹکائے بڑے آرام سے شمپئن کا جام پی رہی تھیں لیکن غریب یحییٰ خان کسی کرسی سے ٹکرا کر ادھ موئے دنبے کی طرح زمین پر چاروں شانے چت گرا پڑا تھا۔ یار لوگوں نے دھکیل دھکال کر اسے اٹھایا۔ وہ حنوط شدہ اکڑی ہوئی لاش کی طرح بے حس و حرکت کھڑا ہو گیا اور کسی نے پتلون اوپر کھینچ کر توند کے نشیب و فراز پر ازسرِ نو فٹ کی۔" [24]

حکمرانوں کی اس طرح کی قابل مذمت سرگرمیاں ، ملکی حوالوں سے ناقص پالیسیاں اور منصوبہ بندیاں ہماری قومی بد قسمتی کا پیش خیمہ ثابت ہوئیں اور آخر کار 1971ء میں وہی ہوا جس کا صبا اور قومی سوچ رکھنے والے دوسرے دانشوروں اور محب وطن طبقے کو خطرہ تھا۔ ہمارے گھر کی دیوار گر گئی اور گھر کا صحن رہگزار عام بن گیا:

دیوار کیا گری مرے خستہ مکان کی

لوگوں نے میرے صحن میں رستے بنا لئے

(ڈاکٹر) خواجہ محمد زکریا اپنے ایک مضمون میں لکھتے ہیں : "ہر علاقے کے لکھنے والوں میں کچھ شعراء اتنے تسلسل اور اتنے خلوص سے شعر سرائی کرتے ہیں، کہ ان کا نام اس علاقے کی حدود سے باہر بھی شہرت پا جاتا ہے اور پھر چند شعراء تو اتنے ممتاز ہو جاتے ہیں کہ اردو شاعری کے مستقل ادبی سرمائے میں ان کے نام کا اضافہ ہو جاتا ہے۔" [25]

سید سبطِ علی صبا کے یوں تو بہت سے اشعار نے شہرت حاصل کی لیکن جس شعر نے ان کا نام "اردو شاعری کے مستقل ادبی سرمائے" میں شامل کرنے میں اپنا کلیدی اور حتمی کردار ادا کیا اور اپنے خالق کو بقائے دوام کی مسند پر پہنچا دیا، وہ سقوطِ ڈھاکہ کے حوالے سے کہا گیا ان کا مذکورہ بالا شعر ہی ہے۔ قاضی عارف حسین لکھتے ہیں : "اس کی قبل از وقت پکار کو کسی نے نہیں سنا مگر جب اس نے گری ہوئی دیوار کا نوحہ پڑھا تو سب نے اسے اپنا لیا۔" [26] اسی شعر کے حوالے سے صبا کے برادرِ نسبتی اور قریبی شاعر دوست حسن ناصر لکھتے ہیں

: ’’یہ ان دنوں کا ذکر ہے، جب مشرقی پاکستان ’بنگلہ دیش‘ کی صورت میں ہم سے علیحدہ ہوا تھا۔ پاکستان بھر کے ادیبوں، شاعروں اور حساس دل رکھنے والے پاکستانیوں کی طرح شکست کی ذلت اور کرب کو سبطِ علی صبا نے بھی محسوس کیا۔ وہ محسوس کیوں نہ کرتا کہ وہ تو وطنِ عزیز پر جان کی بازی لگا دینے والا سپاہی تھا۔ جو شخص کھیم کرن کے محاذ پر 1965ء میں اگلی صفوں میں لڑ چکا ہو اور جس کی تمام شاعری اپنی زمین اور وطن کے حوالے سے ہو، جو زمین کو ماں سمجھتا ہو، وہ ملک کے ٹکڑے ٹکڑے ہوتے کیسے دیکھ سکتا ہے۔ مشرقی پاکستان کی علیحدگی کے فوراً بعد ہمارے ملک پر مختلف قسم کے نظریات کی یورش ہوئی۔ ایک طرف سوشلزم کا پرچار تھا تو دوسری طرف امریکی لابی پوری قوت سے کام کر رہی تھی۔ شکست اور نادیدہ خوف کی وجہ سے پاکستان کا دانشور طبقہ بات کرتے ہوئے کتراتا تھا۔ مگر سبطِ علی صبا جو ہمیشہ بے خوف رہنے اور بے خطر کہنے کا عادی تھا، خاموش نہیں رہ سکا۔ اس نے ایک غزل کہی:

ملبوس جب ہوا نے بدن سے چرا لئے

دوشیزگانِ صبح نے چہرے چھپا لئے

اس غزل میں یہ شعر بھی شامل تھا۔‘‘ [27]

یہ اقتباس درج کرنے کا مقصد یہ ہے کہ اس شعر کا تخلیقی پس منظر واضح ہو سکے۔ تحقیق کے دوران صبا کے دوست طفیل کمال زئی نے راقم کو (ملاقات 28 نومبر 1990ء) بتایا کہ صبا نے جب یہ شعر کہا تو اس کے پہلے مصرعے میں لفظ ’’خستہ‘‘ نہیں بلکہ ’’کچے‘‘ تھا، جسے صبا نے واہ کے ایک شاعر کمال کاسگنجوی مرحوم کے مشورے پر تبدیل کر کے ’’خستہ‘‘ کر دیا تھا۔ کمال کاسگنجوی کا انتقال ہو چکا ہے۔ لہٰذا راقم نے جب اس سلسلے میں صبا کے قریبی دوستوں علی مطہر اشعر [28] اور اکمل ارتقائی سے رابطہ قائم کیا تو انہوں نے بھی مذکورہ بیان کی تصدیق کرتے ہوئے بتایا کہ ’’ناز کیفے‘‘ (اسلم مارکیٹ واہ کینٹ) کی ایک غیر رسمی نشست میں صبا نے مذکورہ تبدیلی کی تھی۔ جبکہ صبا کے برادرِ نسبتی حسن ناصر نے اس کی تردید

کی۔ یہی غزل صبا نے حلقہ اربابِ فکر و فن واہ چھاؤنی کے 26 اپریل 1974ء کے تنقیدی اجلاس میں پیش کی۔اجلاس کی کاروائی [29] میں یہ شعر یوں درج ہے:

دیوار کیا گری مرے خستہ مکان کی

لوگوں نے میرے صحن میں رستے بنا لئے

بعد ازاں 19 مئی 1974ء کو مذکورہ حلقے کے زیرِ اہتمام ایک مشاعرہ ظفر ابنِ متین کے گھر پر منعقد ہوا۔ مشاعرے کی صدارت پشاور کے شاعر محسن احسان نے کی۔ اس محفلِ مشاعرہ کی کاروائی پندرہ روزہ واہ کاریگر (جلد۔8، شمارہ۔44، جون 1974ء، ص۔20) میں شائع ہوئی۔ اس کاروائی میں بھی یہ شعر اسی طرح درج ہے:

دیوار کیا گری مرے خستہ مکان کی

لوگوں نے میرے صحن میں رستے بنا لئے

سید سبطِ علی صبا کے دوست معروف مزدور شاعر تنویر سپرا نے راقم کو بتایا [30] کہ جب صبا نے ان کو یہ شعر پہلی دفعہ سنایا تو اس طرح تھا:

دیوار کیا گری مرے خستہ مکان کی

لوگوں نے میرے صحن میں رستے بنا لئے

انڈیا کے ایک نقاد رئیس منظر، پروفیسر آلِ احمد سرور کے ایک مضمون کا حوالہ دیتے ہوئے لکھتے ہیں [31] : "پروفیسر آلِ احمد سرور دسمبر 1977ء میں پاکستان تشریف لے گئے تھے۔ انہوں نے 'کچھ دن پاکستان میں' کے عنوان سے مختصر سفر نامہ تحریر کیا، جس میں ایک جگہ رقم طراز ہیں:

لاہور کے نوجوان شعراء میں تخلیقی توانائی محسوس ہوئی۔ ادھر قدرتی طور پر سیاسی حالات پر وجہ زیادہ ہے۔ ایک نوجوان شاعر کا یہ شعر اس زمانے میں ادبی حلقوں میں خاصا مقبول تھا:

دیوار کیا گری مرے کچے مکان کی
یاروں نے میرے صحن میں رستے بنالئے

ڈاکٹر سید معین الرحمٰن کی مرتب کی ہوئی کتاب "جدید اردو غزل : حالی تا حال" کے دوسرے حصے میں ڈاکٹر عابد رضا بیدار نے بھی اس شعر کو یوں درج کیا ہے [33] :

دیوار کیا گری مرے کچے مکان کی
یاروں نے میرے صحن میں رستے بنالئے

راقم کی تحقیق کے مطابق اس شعر کے دوسرے مصرعے میں 'لوگوں' کی جگہ 'یاروں' کا لفظ صبا نے خود یا کسی دوست کے مشورے سے کبھی استعمال نہیں کیا، بلکہ شعر کے سینہ در سینہ سفر کرنے کی وجہ سے یہ تبدیلی ہوئی ہے۔ نویں دہائی کے وسط میں ریلیز ہونے والی ایک انڈین فلم "کلرک" میں ایک پاکستانی اداکار محمد علی اس شعر کی ادائیگی یوں کرتے ہیں :

دیوار کیا گری مرے کچے مکان کی
لوگوں نے میرے صحن میں رستے بنالئے

ادھر سید شہید حسین شہید کی کتاب "شام و سحر" (مطبوعہ فوق الادب کراچی 1978ء) کے صفحہ 11 پر یہ شعریوں درج ہے:

جب سے مرے مکان کی دیوار گر گئی

لوگوں نے میرے صحن میں رستے بنالئے

"بزمِ فانوسِ ادب" واہ کینٹ کے ایک اجلاس کی رپورٹ (مطبوعہ: روزنامہ جنگ راولپنڈی 2اپریل 1976ء) میں یہ شعر اس طرح درج ہے:

دیوار کیا گری مرے کچے مکان کی

لوگوں نے میرے صحن میں رستے بنالئے

آلِ احمد سرور کے مضمون، عابد رضا بیدار کے مضمون، انڈین فلم "کلرک"، شہید حسین شہید کی کتاب "شام و سحر" اور روزنامہ جنگ (2اپریل 1976ء) میں یہ شعر غلط نوٹ کیا گیا ہے۔ اصل شعر اس طرح ہے:

دیوار کیا گری مرے خستہ مکان کی

لوگوں نے میرے صحن میں رستے بنالئے

ماہنامہ فنون لاہور (جلد ۔20، شمارہ۔1، دسمبر 1974ء ۔ص184)، اکادمی ادبیاتِ پاکستان کے انتخابِ غزل (1974ء تا 1980ء) اور خالد شریف کے مرتب کردہ انتخابِ غزل (اردو کی شہکار غزلیں۔1989ء) میں صبا کی متعلقہ غزل درج ہے، مذکورہ بالا تینوں نسخوں مین یہ شعر اس طرح درج ہے:

دیوار کیا گری مرے خستہ مکان کی

لوگوں نے میرے صحن میں رستے بنالئے

اگر اس شعر میں صبا نے دوستوں کے مشورے سے کوئی اور تبدیلی کی بھی ہے، تو یہ ریکارڈ پر نہیں ہے لہٰذا کوئی اہمیت نہیں رکھتی۔

مولانا حالی لکھتے ہیں : ''ایرسٹو شاعر جس کے کلام میں مشہور ہے کہ کمال بے ساختگی اور آمد معلوم ہوتی ہے۔اس کے مسودے اب تک فریراعلاقہ اٹلی میں محفوظ ہیں۔ان مسودوں کو دیکھنے والے کہتے ہیں کہ جو اشعار اس کے صاف اور سادے معلوم ہوتے ہیں ، وہ آٹھ آٹھ دفعہ کانٹ چھانٹ کرنے کے بعد لکھے گئے ہیں۔'' [34]

البتہ ہمیں یہ بات پیشِ نظر رکھنی ہے کہ اب تک کے حاصل شدہ شواہد کے مطابق صبا نے پہلی مرتبہ وہ غزل (جس میں یہ شعر شامل ہے) مئی 1974ء میں حلقہ اربابِ فکر وفن کے باقاعدہ اجلاس میں تنقید کے لئے پیش کی تو اس میں یہ شعر اس صورت میں تھا:

دیوار کیا گری مرے خستہ مکان کی

لوگوں نے میرے صحن میں رستے بنالئے

ازاں بعد بھی صبا مشاعروں میں اسے اسی طرح سناتے رہے۔ ملک کے مقتدر ادبی پرچوں اور منتخب مجموعہ ہائے غزلیات کے علاوہ صبا کے اپنے مجموعۂ غزل ''طشتِ مراد'' میں ، اور کتاب کے پسِ ورق پر بھی یہ شعر مؤخر الذکر صورت میں درج ہے۔ صبا کے قریبی دوست اور عزیز حسن ناصر لکھتے ہیں : ''میں یہاں یہ وضاحت ضروری سمجھتا ہوں کہ اکثر حضرات اس شعر کے پہلے مصرع میں ''خستہ مکان'' کی جگہ ''کچے مکان'' پڑھتے یا لکھتے ہیں۔اصل لفظ ''خستہ مکان'' ہے، نہ کہ ''کچے مکان''۔ [35]

اس طویل بحث کے بعد ہم اس فیصلے پر پہنچے ہیں کہ مذکورہ شعر کو صرف مندرجہ ذیل املا کے ساتھ پڑھا اور لکھا جائے:

دیوار کیا گری مرے خستہ مکان کی

لوگوں نے میرے صحن میں رستے بنالئے

اس سے مختلف تمام صورتوں کو منسوخ سمجھا جائے۔ اس سلسلے میں انڈیا کے ادبی حلقوں کو خاص طور پر توجہ دینی چاہیے۔

سقوط ڈھاکہ کے حوالے سے سید سبطِ علی صبا نے اپنے اس شہرہ آفاق شعر کے علاوہ اور بھی خوبصورت شعر کہے ہیں جن میں آدھا جسم گنوا بیٹھنے کے بعد کی اندوہناک کیفیات کی عکاسی ملتی ہے:

میں کہ آدھے جسم کے بارِ گراں سے چور ہوں
رینگتا آخر کہاں تک، کہنیاں ہیں خوں میں تر
میں آدھا جسم لے کر رینگتا پھرتا ہوں سڑکوں پر
بسر اوقات میری غیر کی خیرات پر کیوں ہے

سقوطِ ڈھاکہ کے بعد ہمارے ملک کی معاشی حالت ناگفتہ بہ ہو گئی اور 'غیر کی خیرات' پر انحصار اس حد تک بڑھ گیا کہ ریاست کے بچے بھی مقروض پیدا ہونے لگے۔ اس جنگ میں ہمارے نام نہاد حلیفوں بالخصوص امریکہ کا کردار کوئی ڈھکی چھپی بات نہیں تھی۔ لیکن اس کے باوجود اپنی معاشی ضروریات کے لئے اسی کے آگے ہاتھ پھیلانا اور ایک آزاد ملک میں رہتے ہوئے بھی اپنی روز افزوں عیاشیوں کے لئے قرضوں کا بوجھ آنے والی نسلوں پر ڈالتے جانا اور معاشی اور سیاسی غلامی کے باوجود آزادی اور خود مختاری کا راگ الاپنا، صبا کو خود فریبی کے علاوہ کچھ نظر نہ آیا۔ وہ قوم کی شکست اور ذلت کا سبب اربابِ بست وکشاد کی اسی غیر حقیقت پسندانہ سوچ کو قرار دیتے ہوئے کہتے ہیں:

بلندیوں سے گرا ہوں میں اپنے سائے پر
فضا میں اڑتا کہاں تک کہ تھے پرائے پر
اگرچہ زعم ہے اونچی اڑان کا مجھ کو

اڑوں فضاؤں میں اور پنکھ بھی پرائے ہیں

رئیس منظر لکھتے ہیں : ''انہیں اس بات کا شدت سے احساس ہے کہ ان کی پرواز اعتبار کا درجہ اسی وقت حاصل کر سکتی ہے جب وہ ان کے اپنے بال وپر کی مرہونِ منت ہو۔'' [36]

1971ء کے بعد کا عہد صبا کے تخلیقی عروج کا عہد ہے۔ مشرقی پاکستان کے خوں چکاں سانحے کے بعد وہ قومی زندگی کو زیادہ قریب سے دیکھنے لگے تھے۔ یہ سانحہ جہاں ایک جذباتی قومی مسئلہ تھا، وہاں اقتصادی مسائل میں اضافے کا سبب بھی بنا۔ پٹ سن اور چاول کی پیداوار کے ساتھ ساتھ بڑی بڑی صنعتیں بھی مشرقی پاکستان کی ملکیت میں تھیں جن سے ایک دم محروم ہو جانے کے باعث مغربی پاکستان کی معیشت لڑکھڑا کر رہ گئی۔ مہاجرین کی آباد کاری کا مسئلہ بھی پیدا ہوا۔ پھر سیلاب اور قحط جیسی آفات نے قومی معیشت کو نیم جاں کر کے رکھ دیا۔

ہر ایک جنس ہے غائب بھری دکانوں سے
اتار رزق زمینوں پہ آسمانوں سے
ترس گئی ہیں یہ آنکھیں گلاب چہروں کی
مریض جسم نکلتے ہیں ان مکانوں سے
چلی وہ صرصرِ افلاس گاؤں گاؤں میں
کہ لوگ کٹ گئے اپنے بھرے گھرانوں سے

صبا اپنی سرزمین کے پیداواری وسائل اور ان کی افزائش و نمو کے جملہ امکانات سے بخوبی آگاہ تھے اور یہ جانتے تھے کہ ہم اپنے وسائل کو بروئے کار لاکر با وقار اور خود انحصاری کی

زندگی گزار سکتے ہیں۔ لیکن ہماری روایتی سہل پسندی اور دریوزہ گری کو مذموم عادات ہمیں اپنے پاؤں پر کھڑا ہونے نہیں دیتیں :

ہم سہل پسندوں نے آنکھیں ہی نہیں کھولیں

دھرتی توازل سے ہے گنجینۂ زر کھولے

لہو چناب بدن میں رواں مگر ہم لوگ

اٹھائے پھرتے ہیں بیساکھیاں کرائے پر

کسی ملک کے معاشی اور سیاسی ڈھانچے کو کمزور کرنے والے عوامل میں آمریت سرِ فہرست ہے۔ بد قسمتی سے قیامِ پاکستان کے بعد مفاد پرست ٹولے کی سرگرمیوں اور سیاست دانوں کی نا اہلی کی وجہ سے عوام کو زیادہ عرصہ آمریت کے خونی پنجوں میں سسک سسک کر گزارنا پڑا۔ ملک میں سرمایہ کاری برائے نام ہوئی۔ شہری آزادیوں کی عدم موجودگی میں عوام میں قومی شعور اور بنیادی حقوق کے شعور کا فقدان رہا، جس کی وجہ سے غیر محب وطن عناصر کو بھی پنپنے کا موقع ملا۔

صبا ایک محب وطن شاعر تھے۔ انہوں نے وطن کی خاطر جنگ بھی لڑی، مزدوری بھی کی اور مزدور تحریکوں کے علاوہ عوامی جمہوری تحریکوں میں بھی بڑھ چڑھ کر حصہ لیا۔ ان کی زندگی کی جملہ سرگرمیاں ان کے جمہوریت پرست اور محب وطن شہری ہونے کا ثبوت فراہم کرتی ہیں۔ پروفیسر یوسف حسن لکھتے ہیں: "سبطِ علی صبا نے 1968ء کی عوامی جمہوری تحریک اور مقامی مزدور تحریکوں میں بھرپور حصہ لیا اور اس عرصے میں ان کی شاعری نے نیا روپ اختیار کیا۔ 1972ء سے ان کا کلام مجلّہ فنون میں چھپنا شروع ہوا تو انہیں ملک گیر شہرت و مقبولیت حاصل ہونے لگی۔ یہ شعر تو بھارت میں بھی بڑا مقبول ہوا:

دیوار کیا گری مرے خستہ مکان کی

لوگوں نے میرے صحن میں رستے بنا لئے

سبطِ علی صبا 1977ء میں ملک پر مسلط ہونے والی آمریت کے خلاف بھی عملی اور تخلیقی لحاظ سے سرگرمِ عمل رہے۔" [37]

گلوں کو اوڑھ کے نکلے ہیں ابرِ سنگ میں لوگ

گلی گلی میں مہکتی شجاعتیں دیکھوں

لبِ اظہار پہ جب حرفِ گواہی آئے

آہنی ہار لئے در پہ سپاہی آئے

اتنی پر ہول سیاہی کبھی دیکھی تو نہ تھی

شب کی دہلیز پہ جلنے کو دیا ہی آئے

رہروِ منزلِ مقتل ہوں مرے ساتھ صبا

جو بھی آئے وہ کفن اوڑھ کے راہی آئے

صبا عدلیہ کے اعصاب شکن اور فرسودہ نظام پر بھی کڑی تنقید کرتے ہیں:

اب فیصلے کو اور کسی دن پہ ٹال دو

گردن میں طوق پاؤں میں زنجیر ڈال دو

میزان عدل تیرا جھکاؤ ہے جس طرف

اس سمت سے دلوں نے بہت زخم کھائے ہیں

رات کی عدالت میں جانے فیصلہ کیا ہو

پھول پھول چہروں پہ ناخنوں کے گھاؤ ہیں

1977ء کے سیاسی بحران میں بھٹو حکومت کو معزول کر کے ملک پر مارشل لاء مسلط کر دیا گیا۔ معزول ہونے والے وزیرِ اعظم اور ان کے ساتھیوں کو ایک مقدمہ قتل کے سلسلے میں پسِ دیوارِ زنداں بھیج دیا گیا۔ چونکہ مارشل لاء مسائل کا حل نہیں بلکہ مسائل میں اضافے کا باعث بنتا ہے، لہٰذا اس کے نتیجے کے طور پر نئے سیاسی بحرانوں نے جنم لیا۔ اظہار رائے پر کڑی پابندیوں، کوڑوں کی سزاؤں، قید و بند کی صعوبتوں اور سیاسی و سماجی جبر کے دوسرے حربوں نے پورے سیاسی نظام کو تہ و بالا کر کے رکھ دیا۔ اس صورتِ حال کے ادب پر بھی گہرے اثرات مرتب ہوئے۔ اظہارِ رائے کی نئی راہیں دریافت ہوئیں اور مزاحمتی موضوعات کا بول بالا ہوا:

وہ مجھ سے نامۂ اعمال مانگتا ہے صبا
خود اتفاق نہیں جس کو اپنی رائے پر

بجھا سکیں نہ پر آشوب آندھیاں اب کے
ہتھیلیوں پہ سروں کے چراغ جلنے لگے

اس وقت کے معزول وزیرِ اعظم کی ذات کو شاعری میں مظلومیت، مزاحمت، حریت اور روشنی کے مختلف استعاروں اور علامتوں کی صورت میں پیش کیا جانے لگا۔ اور تقریباً ہر جدید شاعر نے بھٹو پر شعر کہے۔ صبا نے اس حوالے سے یہ شعر کہا:

ہر صبح پرندوں نے یہ سوچ کے پر کھولے
ان آہنی پنجروں کے شاید کوئی در کھولے

اس دور کی زمیں زادیوں کے دکھوں کو صبا نے اس طرح محسوس کیا:

ساون مری آنکھوں میں خوں بن کے برستا ہے

جب کوئی زمیں زادی دربار میں سر کھولے

'ماں' کا لفظ سید سبطِ علی صبا کی شاعری میں اپنے اندر تمام تر رفعتوں اور عظمتوں کو سمیٹ کر جلوہ گر ہوتا ہے اور صبا کی شاعری کا مرکز و محور ٹھہرتا ہے۔ ماں ان کے ہاں بیک وقت حقیقی رشتے اور زمینی رشتے دونوں کا حوالہ بن کر آتی ہے۔ وہ اپنے اور اپنے اہل وطن کے تحفظ اور تمام تر کامیابیوں کے تیقن کو ماں کی عظیم ہستی کے ساتھ وابستہ کرتے ہیں:

وہ اپنی بانہوں میں بھینچ لے تو برائی کیسی

زمین ماں ہے تو ماں سے میری لڑائی کیسی

ڈرایا روشنیِ فکر سے جہاں نے مجھے

مگر بچایا ہے اس ڈر سے میری ماں نے مجھے

جہاں کہیں بھی خون میں نہائے لال مرے

میں تو ماں ہوں کھل گئے سر کے بال مرے

ماں نے مجھے تنہا کہیں چھوڑا ہی نہیں ہے

چشمہ مرے پاؤں سے ابل کیوں نہیں سکتا

ماں کے رشتے کے حوالے سے صبا اپنے تمام اہل وطن کو بھائیوں کی طرح دیکھنا چاہتا ہے۔ ان کے نزدیک ایک چار دیواری میں رہنے والے افراد کو اپنی الگ الگ قومیتوں کے علم بلند کرنے کا کوئی حق نہیں۔ کیونکہ سب کی بقا صرف اور صرف قومی یک جہتی میں مضمر ہے:

ہر اک قبا سے تمغۂ ہجرت اتار دو

ہم لوگ بھائی بھائی ہیں اور اپنے گھر میں ہیں

اب تک ہم نے سید سبطِ علی صبا کی غزل کے نمایاں موضوعات کا تجزیہ کیا ہے۔ ان کی غزل کے کچھ ضمنی موضوعات بھی ہیں، جنہیں اردو غزل کے ارتقائی مطالعہ کے دوران نظر انداز نہیں کیا جا سکتا۔

موسموں کا تغیر و تبدل ازل سے جاری ہے اور ابد تک رہے گا۔ لیکن جب انسان خود کو فنا کرنے پر آمادہ ہو جاتا ہے تو فطرت بھی اس کی دست برد سے محفوظ نہیں رہ سکتی۔ اور فطرت کی یہ ''غیر فطری'' موت فنکار کو ایک ایسا طرزِ احساس دے جاتی ہے کہ وہ انسانیت اور انسانی قدروں کی موت کو فطرت اور حسن، فطرت کی موت سے وابستہ کر کے دیکھنے لگتا ہے:

صندل کی شاخ شاخ سے لپٹے ہوئے تھے سانپ

خوشبو کا زہر ذہن کو مفلوج کر گیا

اترا تھا سطحِ آب پر مرغابیوں کا غول

گولی چلی تو خون سے تالاب بھر گیا

پھولوں پہ تتلیوں کا صبار قص دیکھ کر

جبرِ خزاں کے خوف سے چہرہ اتر گیا

شاعر جہاں معاشرے کا نقاد، نغمہ گر، نوحہ گر اور غم گسار ہوتا ہے، وہاں وہ معاشرے کا محافظ اور نجات دہندہ بھی ہوتا ہے۔ صبا تمام بنی نوع انسان کے دکھوں کو سمجھنے والے فنکار تھے۔ وہ معاشرے کو دکھوں سے نجات دلانا چاہتے تھے۔ لیکن اپنے عناصر ترتیبی میں محض ایک انسان تھے۔ ایک ایسا انسان جس کا کوئی سماجی مقام و مرتبہ بھی نہیں۔ اور جب محرومیوں اور دکھوں کا ''ابر سنگ'' ٹوٹ کر برس رہا ہو تو ایک گمنام اور کم مایہ شخص کے افکار کی چھتری کی کیا پیش جاتی ہے:

برس رہی ہے ہر اک سمت کنکروں کی پھوار

میں ایک چھتری سے کس کس کا سر بچائے رکھوں

صبا کے ایک شعر کے حوالے سے صبا کے دوست علی مطہر اشعر نے راقم کو بتایا [38]: ''ایک دن میں اور صبا ایف جی کالج برائے خواتین (اس وقت سکول) واہ چھاؤنی کے سامنے سے گزر رہے تھے کہ سامنے سے فوجی وردی میں ملبوس ایک نوجوان آتا دکھائی دیا، جو صبا کا بچپن کا دوست تھا اور اب فوج میں کمیشنڈ افسر تھا۔ صبا نے قاعدے کے مطابق اسے ''سیلوٹ'' کیا لیکن اس نے کوئی توجہ نہ دی اور آگے بڑھ گیا۔ اس پر صبا نے فی البدیہہ یہ شعر کہا:

تنکے ہوا کے دوش پہ اتنے ہوئے بلند
جیسے کہ پستیوں سے کبھی آشنا نہ تھے''

وقت ہماری جدید شاعری کا بہت اہم موضوع ہے۔ بالخصوص نظم کے عظیم شاعر مجید امجد کے ہاں وقت اور فرد کے تعلق پر سیر حاصل بحث کرتے ہوئے اس حقیقت کا اظہار ملتا ہے کہ خطِ مستقیم میں وقت کی لامحدود حرکت میں سے انسانی زندگی کی مہلت نہایت ہی مختصر ہے [39]:

یہ اشکوں سے شاداب دو چار صبحیں، یہ آہوں سے معمور دو چار شامیں
انہی چلمنوں سے مجھے دیکھنا ہے وہ جو کچھ کہ نظروں کی زد میں نہیں ہے
نظم: ''امروز'' مجید امجد

صبا نے اس عالم گیر حقیقت کو یوں بیان کیا ہے:

سن غور سے گھڑی کی صدا رہ نوردِ زیست
لمحے ازل سے جانبِ منزل سفر میں ہیں

سید سبطِ علی صبا نے اپنی زندگان کا بیشتر حصہ ٹیکسلا سے حسن ابدال تک کی تاریخی وادی میں گزارا۔ یہ وادی اب تک کی تحقیق کے مطابق چار ہزار سال قبل مسیح کی انسانی تہذیب کے آثار اپنی آغوش میں لئے محوِ خواب ہے۔ کئی بار اجڑ کر دوبارہ آباد ہونے والا قدیم تہذیبی شہر ٹیکسلا، جو آج صوبہ پنجاب کے ضلع راولپنڈی کی ایک چھوٹی سے تحصیل ہے، اور چند صنعتی علاقوں اور ایک انجینئرنگ کالج کے سوا اس کی کوئی پہچان نہیں، کبھی دنیا بھر کے علوم و ادب کی ایک نامور درسگاہ تھا۔ آغا عبد الغفور لکھتے ہیں : ''صدیوں پہلے یہ شہر تعلیم و تدریس، سائنسی علوم اور مذہب کے ایک اہم مرکز کی حیثیت سے جانا جاتا تھا۔ اپنی علمی سرگرمیوں کے باعث ٹیکسلا ہر مذہب و ملت کے لئے لائقِ احترام رہا۔ مشرق میں بدھ مت اس کی بے پناہ شہرت کا باعث بنا اور مغرب نے اسے باختری یونانیوں کے دارالحکومت اور سکندرِ اعظم کی یہاں پر آمد کے اہم تاریخی حوالوں سے پہچانا۔ بدھ مت کے زوال کے ساتھ ہی اس مرکزِ علم و عرفان کو بھی زوال آ گیا۔ اور اس کی اہمیت ختم ہو کر رہ گئی۔ یہاں تک کہ ایک وقت ایسا بھی آیا جب یہاں ٹیکسلا نام کی کوئی بستی نہ رہی اور مقامی باشندے اس نام تک سے بے بہرہ ہو گئے۔'' [40] سید سبطِ علی صبا نے صدیوں کی دھول میں گم ہو جانے والے اس عظیم تاریخی شہر کے بارے میں کہا:

وہ شہر جو کہ مرکز، عالم نگاہ تھا

بھونچال آ گیا تو خرابوں میں بٹ گیا

مجموعی طور پر سید سبطِ علی صبا کی غزل ارضی غزل کا ایک بے مثال نمونہ ہے۔ زمانی اعتبار سے تو صبا نے بیسویں صدی کی چھٹی دہائی میں غزل گوئی شروع کی لیکن موضوعات کے اعتبار سے ان کی غزل قیامِ پاکستان کے بعد سے اپنا سفر شروع کر کے ان کی وفات 1980ء تک آتی ہے۔ صبا کی غزل کے تین نمایاں دھارے ہیں:

.... قیامِ پاکستان سے 1980ء تک کی پاکستان کی قومی زندگی کا دھارا

.... اسی دور کے ایک مفلوک الحال پاکستانی خاندان کی معاشی و معاشرتی زندگی کا دھارا

.... پاکستان کے صنعتی محنت کشوں کے مسائل کا دھارا

ان تینوں دائروں کی زیریں لہریں مضامین نو کے ان گنت گہر ہائے آبدار اپنی ہتھیلیوں پر لئے رواں دواں ہیں۔ یہ گہر ہائے آبدار، صبا کی سچی اور پر خلوص تخلیقی شخصیت کے بحر عمیق نے اپنی تہہ سے اچھالے ہیں اور ان کی پہچان صرف صبا کے حوالے سے ہی ہو سکتی ہے۔ صبا کا کوئی ایک نمائندہ شعر اگر اردو ادب کے مکمل تخلیقی سرمائے میں رکھ دیا جائے تو وہ اپنے بلند آہنگ لیکن درد بھرے لہجے میں پکار پکار کر اپنے خالق کی پہچان کروائے گا۔

ہندوستان کی تقسیم اور قیامِ پاکستان سے وابستہ خوابوں کا ٹوٹنا، 1965ء کی پاک بھارت جنگ، 1971ء کا سانحۂ مشرقی پاکستان، 1958ء اور 1977ء کے مارشل لاء اور ان کے مضمرات، قومی رہنماؤں کے منفی سیاسی، سماجی رویے اور منصوبہ بندیاں ، قومی یک جہتی کا فقدان ، غیر ملکی قرضے، غربت، جہالت، قحط سالی، قوم کی تساہل پسندی، محنت کشوں کے رہائش خوراک لباس کے علاوہ صحت و تعلیم اور دیگر بنیادی مسائل، اعزہ اور احباب و اغیار کے ظلم و ستم، اخلاقی قدروں کی شکست و ریخت، سائنس اور جدید علوم کی تباہ کاریاں ، انسانیت، فطرت، وقت، تاریخ، حیات و موت، سرمایہ دارانہ اور جاگیر دارانہ نظاموں کی ریشہ دوانیاں ، صنعتی مزدور اور صنعتی زندگی کے مسائل اور جمہوریت پسندی صبا کی غزل کے موضوعات ہیں۔

اگر صبا کے اشعار کا کڑے سے کڑا انتخاب بھی کیا جائے تو مذکورہ بالا موضوعات میں سے ہر ایک پر صبا کے ایک دو ایسے اشعار ضرور نکل آئیں گے جنہیں اردو کے ادب عالیہ کا حصہ سمجھا جا سکتا ہے۔

حواشی

1۔ اس باب میں سید سبطِ علی صبا کے مجموعہ غزل ''طشتِ مراد'' میں شامل غزلوں کا تنقیدی مطالعہ کیا گیا ہے۔

2۔ ''اردو ادب اور اسلام'' طبع اول، نومبر 1968ء (اسلامک پبلیکیشنز، لاہور) ص:243

3۔ پیش لفظ ''طشتِ مراد''، اشاعت اول جنوری 1986ء

4۔ ''جدید اردو غزل اقبال تا حال'' از ڈاکٹر عابد رضا بیدار (مرتبہ ڈاکٹر معین الرحمٰن) یونیورسل بکس، لاہور 1987ء ص :19

5۔ ''کھر درا ریشم'' از شفیع ضامن، مطبوعہ ماہنامہ ''فنون'' لاہور شمارہ۔14 (اگست 1980ء) ص :20

6۔ صبا کی نظموں کا تجزیہ اس مقالے میں ان کے ''غیر مطبوعہ اور غیر مدون کلام'' کے زیرِ عنوان شامل ہے۔

7۔ بزمِ فانوسِ ادب، واہ کے زیر اہتمام صبا کی یاد میں منعقدہ تقریب کی روداد ۔مطبوعہ روزنامہ ''جنگ'' راولپنڈی، مؤرخہ 18 جنوری 1990ء

8۔ فنون لاہور کا ''جدید غزل نمبر'' جلد۔7، شمارہ۔3 ،4 (جنوری 1969ء) ص :66

9۔ ''صبا، فن کے آئینے میں'' از علی مطہر اشعر۔ واہ کاریگر ''سبطِ علی صبا نمبر'' ص :18

10۔ ''اختلافات''۔ ماہنامہ فنون لاہور۔ دورِ نو، شمارہ۔6 (اگست، ستمبر 1976ء)
ص:3 92

11۔ ''زادِ راہ'' از منشی پریم چند

12۔ ''سبطِ علی صبا ناانصافیوں کے خلاف اٹھنے والی آواز چپ ہو گئی ہے'' از شمیم اکرام الحق۔ اخبارِ خواتین، کراچی (26 مئی تا 3 جون 1986ء)

13۔ اخبارِ خواتین، کراچی (26 مئی تا 3 جون 1986ء)

14۔ ڈاکٹر جمیل جالبی ''ارسطو سے ایلیٹ تک'' طبع اول 1975ء۔ ص :370

15۔ ''دیوار کیا گری'' از رئیس منظر۔ ہفت روزہ ''ہماری زبان'' دہلی۔ 51 اگست 1980ء

16۔ ''صبا اپنی فکر کے حوالے سے'' واہ کاریگر کا سبطِ علی صبا نمبر۔ ص :91

17۔ ''اردو ادب اور اسلام'' طبع اول، نومبر 1968ء (اسلامک پبلیکیشنز، لاہور) ص :12

16۔ ''اختر شاد کی شاعری صنعتی زندگی کے عذابوں کا رزمیہ'' از عبدالغفور شاہ قاسم، روزنامہ امروز، 25 جنوری 1989ء

17۔ ''محنت کشوں کا شاعر'' از یوسف حسن۔ واہ کاریگر کا سبطِ علی صبا نمبر۔ ص:34

18۔ اردو دائرہ معارفِ اسلامیہ، زیر اہتمام دانش گاہ، پنجاب، لاہور۔ جلد۔1، ص:6۔8

19۔ ''دو آہوئے تشنہ در نمک زار حباطیہ اور طاہرہ'' محمد ارشاد۔ ''فنون'' لاہور شمارہ 25۔ (نومبر۔ دسمبر 1986ء) ص :105

20۔   "ادب نامہ ایران" مرزا مقبول بیگ بدخشانی۔ "نگارشات" 3 ٹمپل روڈ، لاہور۔ ص: 773، 783

21۔   "ادب نامہ ایران" مرزا مقبول بیگ بدخشانی ایضاً۔ ص: 793

22۔   "ادب اور جمہوریت" از ڈاکٹر جمیل جالبی۔ "ماہِ نو" لاہور، شمارہ مارچ 1990ء ص: 15

23۔   یحییٰ خان، جو بعد میں پاکستان کے صدر بنے۔

24۔   "شہاب نامہ" از قدرت اللہ شہاب۔ بار ہفتم 1989ء سنگِ میل پبلیکیشنز لاہور۔ ص: 1085-1086

25۔   "شجرِ سایہ دار صحرا کا" از ڈاکٹر خواجہ محمد ذکریا۔ "فنون" لاہور، دورِ نو، شمارہ۔6 (اکتوبر۔ نومبر 1977ء) ص: 301

26۔   اپنی بات "طشِ مراد" ص: 15

27۔   "دیوار کیا گری" از حسن ناصر، 'واہ کاریگر' سبطِ علی صبا نمبر (اگست 1980ء) ص: 15-16

28۔   علی مطہر اشعر سے راقم کی گفتگو مؤرخہ 12 دسمبر 1990ء واہ چھاؤنی۔

29۔   واہ کاریگر، جلد 8، شمارہ 36، ص 21 تا 26

30۔   تنویر سپرا سے راقم کی ملاقات۔ سوموار، 7 اگست 1990ء، مجاہد آباد، جہلم۔

31۔   "دیوار کیا گری" از رئیس منظر۔ ہفت روزہ "ہماری زبان" انجمن ترقی اردو، ہند (دہلی) 15 اگست 1980ء

32۔ رئیس منظر کے مضمون کے مطابق آلِ احمد سرور کا سفر نامہ ''کچھ دن پاکستان میں ''۔ ماہنامہ شب خون''، الہ آباد (نومبر۔ دسمبر 1978ء) جنوری 1979ء میں شائع ہوا۔

233۔ ''جدید غزل'' یونیورسل بکس لاہور 1987ء، ص :118

34۔ ''مقدمہ شعر و شاعری'' از مولانا الطاف حسین حالی (کشمیر کتاب گھر، لاہور) ص 50:

35۔ حسن ناصر کا مضمون مطبوعہ ''واہ کاریگر'' سبطِ علی صبا نمبر، ص :17

36۔ ''دیوار کیا گری'' از رئیس منظر۔ ہفت روزہ ''ہماری زبان'' انجمن ترقی اردو، ہند (دہلی) 51اگست1980ء

37۔ ''قوس در قوس'' از یوسف حسن، روزنامہ امروز لاہور، 24 مئی 1990ء

38۔ علی مطہر اشعر سے راقم کی گفتگو مؤرخہ 12 دسمبر 1990ء، لائق علی چوک واہ چھاؤنی۔

39۔ ''کلیاتِ مجید امجد'' مرتبہ: ڈاکٹر خواجہ محمد ذکریا۔ ماورا پبلشرز لاہور۔ ص :186

40۔ ''ٹیکسلا کا تہذیبی منظر نامہ'' آغا عبدالغفور، اشاعت دوم (ویژن پبلیکیشنز لاہور 1986) ص :16

باب سوم

نعت رسولِ مقبول

یوں تو سبطِ علی صبا کی ساری شاعری کی اس معاشرتی منشور کی ترسیل و تفہیم کا ذریعہ ہے جو ہادیٔ برحق، محسنِ انسانیت حضرت محمد خدائے بزرگ و برتر کی طرف سے بنی نوع انسان کے لئے لے کر آئے تھے، لیکن صبا نے حضرت رسالت مآب سے اپنی محبت اور عقیدت کے واضح اظہار کے لئے اپنی عمرِ مختصر میں دو ایک نعتیں بھی کہیں۔ یہ نعتیں صبا کے نظریۂ حیات کی ترجمان ہیں۔ ان کی والہانہ وابستگی ہر اس شخصیت سے تھی، جو بنی نوع انسان کی فلاح و بہبود کا علم بردار ہو۔ ایسا وسیع القلب فنکار دنیا کی اس عظیم ترین ہستی، اس محسنِ اعظم کے محبت کیونکر نہ کرتا ہو جو کسی خاص گروہ، قوم، یا ملک کے لئے نہیں بلکہ پوری کائنات کے لئے باعثِ راحت و رحمت بن کر آئی۔

وَمَا اَرسَلنٰکَ اِلَّا رَحمَۃَ لِّلعٰلَمِینَ

(اور ہم نے آپ کو تمام جہانوں کے لئے رحمت بنا کر بھیجا ہے: القرآن)

صبا اپنی امیدوں کا دامن اسی رحمۃ للعالمین سے وابستہ کرتے ہیں، جو سب جہانوں کے لئے وجہِ تسکین و راحت ہے۔ اور جس کے در سے تشنہ لبوں کے لئے فیضِ عام کے چشمے جاری ہیں [1]:

جاری ہے فیض شہرِ شریعت کے باب سے
لب خشک ہیں تو مانگ لے کوثر جناب سے

صبا کو اس بات کا بخوبی ادراک ہے کہ اسلامی تعلیمات سے بیگانہ ہو کر مسائل کو جتنا سلجھانے کی کوشش کی جائے وہ مزید الجھ جاتے ہیں۔ دنیا کی غیر مسلم ترقی یافتہ قوموں نے اسلامی اصولوں دیانت داری، سچائی، ایفائے عہد اور رواداری کو اپنا کر ہی منزلِ مقصود پائی ہے۔ لیکن اگر کسی خطے کے باشندے مسلمان ہونے کے باوجود اسلامی تعلیمات پر عمل پیرا نہیں ہو سکے تو سوائے ذلت کے انہیں کچھ حاصل نہ ہوا۔ لہٰذا صبا مسائل کے حل کے لئے حضور کی ذاتِ گرامی کی طرف رجوع کا درس دیتے ہیں:

دنیائے بے ثبات کے دانش کدوں سے کیا

حل مسئلوں کا پوچھ رسالت مآب سے

اس شعر کے بارے میں علی مطہر اشعر کہتے ہیں: "یہ اس عظیم شاعر کا نعتیہ شعر ہے جس کی تمام زندگی نو بہ نو مسائل کا شکار رہی ہے۔ اور وہ ان مسائل کے سد باب کے لئے طویل عرصے تک کوشاں رہا ہے۔ پہلے مصرعے کی ساخت اس امر کی غماز ہے کہ اس نے مشکلات اور درپیش مصائب کے حل کے لئے دنیائے بے ثبات کے دانش وروں کے استفادہ کیا، مگر بالآخر اس پر یہ راز منکشف ہوا کہ ان کے مشورے اور زندگی گزارنے کے تمام فارمولے نہ صرف غلط ہیں بلکہ اغراض و مفادات پر مبنی ہیں۔ زندگی کے کسی بھی شعبے میں اگر رہنمائی درکار ہے تو انسان کو حضور سرورِ کائنات کی سیرتِ طیبہ سے کسبِ فیض کرنا چاہئے۔ یہ سیرتِ طیبہ سے کنارہ کشی کا ہی نتیجہ ہے کہ آج ہماری قوم ذلت و رسوائی کے گہرے کنوئیں میں گر چکی ہے۔"[2] صبا علم و حکمت کے گہر ہائے گراں مایہ کے حصول کے لئے بھی درِ رسول کی طرف رجوع کرتے ہیں۔

شیخ الحدیث حافظ محمد ذکریا حدیث "ابنِ ماجہ" کے حوالے سے لکھتے ہیں: "ابو الدرداء نے فرمایا کہ میں نے حضور سے سنا ہے کہ جو شخص کوئی راستہ حصولِ علم کے لئے چلتا ہے، حق تعالیٰ شانہٗ اس کے لئے جنت کا راستہ سہل فرما دیتے ہیں اور فرشتے اپنے پر طالبِ علم

کی خوشنودی کے لئے بچھا دیتے ہیں۔ عالم کی فضیلت عابد پر ایسی ہے جیسا کہ چاند کی فضیلت تمام ستاروں پر ہے۔ اور علماء انبیاء کے وارث ہیں۔ انبیاء علیہم الصلوٰۃ والسلام کسی کو دینار و درہم کا وارث نہیں بناتے بلکہ علم کا وارث بناتے ہیں۔ جو شخص علم کو حاصل کرتا ہے وہ ایک بڑی دولت کو حاصل کرتا ہے۔" [3]

سید سبطِ علی صبا نے منبعِ علم و عرفان کی ذات گرامی سے وابستگی کی تاکید یوں کی ہے:

گنجینۂ علوم کی کوئی کمی نہیں

وابستگی ہے شرط رسالت مآب سے

اسلام سے پہلے پوری دینا جہالت اور گمراہی کی تاریکی میں ڈوبی ہوئی تھی۔ خاص طور پر عربوں کے سیاسی و سماجی حالات ایسے تھے کہ کسی بھی شخص کو جانی، مالی یا معاشی تحفظ حاصل نہ تھا۔ کوئی باقاعدہ حکومت نہ تھی۔ نہ ہی کوئی قانون تھا۔ جو جب چاہتا دوسرے کی املاک پر قبضہ کر لیتا۔ طاقت ور کا راج تھا اور کمزور کی زندگی اجیرن تھی۔ سرداروں کا انتخاب دولت کے بل بوتے پر ہوتا تھا۔ عوامی حقوق کی کوئی وضاحت نہ تھی، جس کی وجہ سے آئے دن خون کی ندیاں بہتی تھیں۔ بچیوں کو زندہ دفن کر دیا جاتا۔ غلاموں کے ساتھ ظلم روا رکھا جاتا۔ غرضیکہ پورا سماجی نظام بغیر کسی قاعدہ کے چل رہا تھا۔ جہالت اور گمراہی کی دبیز چادر اوڑھے سوئی ہوئی انسانیت کے لئے خدائے بزرگ و برتر کی طرف سے حضور کی ذاتِ گرامی کا ظہور اس روشنی کی طرح تھا جس کے دم سے یک دم تمام خوابیدہ مناظر جگمگا اٹھے:

اہل قلم کا اس پہ درود و سلام ہو

نوعِ بشر کو جس نے جگایا ہے خواب سے

حضور کا فرمان ہے: مَنصَلّٰی عَلَیَّ مَرَّۃ فَتَحَ اللّٰہُ لَہ بَابًامِّنَ العَافِیۃ (جو شخص مجھ پر ایک مرتبہ درود بھیجے، اللہ تعالیٰ اس پر عافیت کا ایک دروازہ کھول دیتا ہے)۔ سبطِ

علی صبا کی عقیدت بھری آواز مذکورہ بالا شعر کے علاوہ ذیل کے شعر میں بھی بابِ عافیت پر دستک دے رہی ہے:

مرکزِ اہلِ نظر، سیدِ ابرار سلام

منبعِ جود و سخا، مطلعِ انوار سلام

صبا حضرت ابو ذر غفاری رضی اللہ عنہ کے معتقد اور مداح تھے۔ اسلامی کی تاریخی شخصیات میں سے حضرت ابوذر غفاری رضی اللہ عنہ کو اپنا آئیڈیل منتخب کرنا، صبا کی قلندرانہ اور ترقی پسندانہ سوچ کی غمازی کرتا ہے۔ حضرت ابوذر رضی اللہ عنہ نے جہاں تقسیم دولت کے غیر منصفانہ نظام کے خلاف جد و جہد کے لئے اپنی عمر کا لمحہ لمحہ وقف کر رکھا تھا، وہاں ان کی ذاتی زندگی فقر و غنا سے عبارت تھی۔ حضرت ابو ذر رضی اللہ عنہ حضور کے خاص صحابی اور سچے محب تھے، اور حضور کی حدیث ہے: "مجھ سے محبت کرنے والوں کی طرف فقر ایسے دوڑتا ہے، جیسے پانی نچان کی طرف دوڑتا ہے۔"[4]

اپنے حقوق کے شعور اور ان کے حصول کے لئے جد و جہد کے ساتھ قناعت اور تقویٰ کے زریں اصول اور دیگر آدابِ زندگی انسانیت نے حضور کی تعلیمات اور سیرتِ طیبہ سے حاصل کئے ہیں۔ اور حضرت ابوذر رضی اللہ عنہ کی زندگی حضور کے ان اصولوں اور تعلیمات کا عملی نمونہ تھی۔ حقوق کے لئے جد و جہد اور اس کے ساتھ ساتھ فقر و غنا صبا کی شخصیت کی بھی نمائندہ خصوصیات تھیں۔ جو انھوں نے حضور کی سیرتِ طیبہ سے بالواسطہ اور بلاواسطہ حاصل کی تھیں۔ لہٰذا اس فیض یابی کا اعتراف یوں کرتے ہیں:

تیرے افکار سے اندھوں نے بصارت پائی

تیرے منشور سے انساں نے ہدایت پائی

الغرض سید سبطِ علی صبا کا فکری نظام مصطفوی منشور سے مکمل طور پر ہم آہنگ ہے۔ ان کی فکر کسی بھی پہلو سے دیکھیں ، اسلام سے متصادم نظر نہیں آئے گی۔ طبقاتی معاشرے کی ستم ظریفیوں کے شکار اس بلند کردار اور سچے مسلمان فنکار کی یہ عظمت ہے کہ وہ اپنی متاعِ فکر کو منبع ؐ فکر و عرفاں حضرتِ محمد کا فیض سمجھتا ہے اور اس کا عقیدت مندانہ اور قطعی اعتراف بھی کرتا ہے:

در کھل گئے ہیں ذہن کے، سبطِ علی صبا

مجھ کو متاعِ فکر ملی ہے جناب سے

حواشی

1۔ یہ نعت صبا کے مجموعہ کلام ''طشتِ مراد'' میں شامل ہے۔

2۔ ''صبا، فن کے آئینے میں ''۔ واہ کاریگر، سبطِ علی صبا نمبر (اگست 1980ء) ص 17:

3۔ ''تبلیغی نصاب'' باب ہفتم، ناشرانِ قرآن لمیٹڈ، لاہور، ص :69

4۔ ''تبلیغی نصاب'' باب سوم، ناشرانِ قرآن لمیٹڈ، لاہور، ص :48

اردو نظم کی مختصر روایت

اردو نظم کی ابتدائی اشکال وہ مثنویاں ہیں جو عادل شاہی اور قطب شاہی ادوار حکومت میں کہی جاتی رہیں۔ بعد ازاں جب مغل فرماں روائی کا آغاز ہوا تو ہند میں ایرانی اثرات کے تحت غزل کو پھولنے پھلنے کا موقع ملا، لہٰذا نظم نہ پنپ سکی۔ انگریزوں کے ہاتھوں مغلیہ سلطنت کے زوال نے ہند کے معاشرے میں کچھ داخلی انقلاب پیدا کئے۔ صدیوں پرانی اخلاقی، سماجی اور مذہبی اقدار کی شکست و ریخت کا عمل شروع ہوا۔ نئے معاشی اور نفسیاتی مسائل نے سر اٹھایا۔ فرقہ واریت اور طبقاتی نظامِ معیشت نے ''گھر'' کی اکائی کو ریزہ ریزہ کر دیا۔ شکست اور محکومی کی ذلت کا احساس عام ہوا۔ اور ان سب مسائل کی عکاسی کے لئے نظیر اکبر آبادی نے نظم کی ضرورت کو سب سے پہلے محسوس کیا۔ بعد ازاں جدید عہد کے تقاضوں کو سمجھتے ہوئے اور مغربی ادب کے زیرِ اثر آزاد اور حالی نے بھی جدید شاعری کا علم بلند کیا۔ لہٰذا انجمنِ پنجاب کا قیام عمل میں آیا اور وطن اور فطرت کے مناظر کے علاوہ دوسرے عوامی موضوعات پر بھی نظمیں لکھی جانے لگیں۔ حالی نے محسوس کیا کہ قافیہ اور ردیف کا التزام جدید مسائل کے اظہار و ابلاغ میں مانع ہو رہا ہے۔ لہٰذا انہوں نے ''مقدمہ شعر و شاعری'' میں قافیہ، ردیف کے خلاف آواز اٹھائی: ''اگرچہ وزن بھی قافیہ کی طرح شعر کا حسن بڑھا دیتا ہے، جس سے اس کا سننا کانوں کو نہایت خوشگوار معلوم ہوا ہے، اور اس کے پڑھنے سے زبان زیادہ لذت پاتی ہے۔ مگر قافیہ، خاص کر ایسا، جیسا کہ شعرائے عجم نے اس کو نہایت سخت قیدوں سے جکڑ بند کر دیا ہے اور پھر اس پر ردیف اضافہ فرمائی ہے، شاعروں کو بلا شبہ ان کے فرائض ادا کرنے سے باز رکھتا ہے۔'' [1]

اعجاز فاروقی لکھتے ہیں : ''ہمارے ملک میں انگریزوں کے سیاسی تسلط کے ساتھ ساتھ مغربی فلسفہ، سائنس اور تحقیق نے بھی لوگوں کے ذہنوں پر اثر انداز ہونا شروع کیا اور اس سارے عمل میں مسلمہ اقدار پر بھی کاری ضرب لگی۔ برسوں کے ادب آداب، رسم و رواج اور وہم و خیال اپنی جڑوں سے اکھڑ گئے۔ لوگ تہذیب کے جس جزیرے پر مطمئن اور پر سکون بیٹھے تھے، وہ یکایک سمندر میں غرق ہو گیا اور زندگی کی وحدت کو قائم رکھنے کے لئے نئے وسیلوں کی تلاش ہوئی۔

مغرب کے سیاسی اقتصادی اور فلسفیانہ اثرات کے تحت لوگوں میں جو ذہنی ہیجان برپا ہوا، اس نے نہ صرف نئے سماجی مسائل پیدا کئے بلکہ نفسیاتی طور پر لوگوں کی اجتماعی یک رنگی کو بھی ختم کر دیا۔ ان نئے حالات میں شعر کا رومانی تخیل زندگی کی وحدت پر ضرب کاری لگا رہا تھا۔ لوگوں کے لئے خارجی مظاہر سے نبرد آزما ہونا ضروری تھا اور فرار اور قنوطیت کا رجحان خودکشی کے مترادف تھا۔ اس عمل میں انسان لمبی اور گہری سوچ میں مبتلا ہو گئے۔ قافیہ اور ردیف کا التزام اس گہری سوچ کے تسلسل کو توڑتا نظر آتا تھا۔'' [2]

آزاد نظم کا آغاز انیسویں صدی کے اواخر میں فرانس میں ہوا تھا۔ بعد ازاں امریکی انگریزی شاعر ''والٹ وٹ'' نے اسے اپنایا۔ امریکہ میں مقبولیت حاصل کرنے کے بعد آزاد نظم نے انگلستان کی ادبی اور فنی تحریکوں ''سیریلزم'' اور ''امیجزم'' سے تقویت حاصل کی۔ اردو میں آزاد نظم لکھے جانے کا آغاز بیسویں صدی کے اوائل سے ہوا۔ حالی نے قافیہ کے خلاف آواز تو اٹھائی لیکن انہوں نے خود بے قافیہ شاعری کا کوئی تجربہ نہیں کیا۔ محمد حسین آزاد، عبدالحلیم شرر، اسماعیل میرٹھی، عبدالرحمٰن بجنوری اور ظفر علی خان نے ترجمے کی صورت میں یا طبع زاد بے قافیہ شاعری کی بنیاد ڈالی۔ عظمت اللہ خان نے اپنے ایک مقالہ میں معریٰ اور آزاد نظم کی ترغیب دی اور خود شیکسپیئر کی ایک نظم اور براؤننگ کے ایک گیت کا آزاد ترجمہ کیا، جو آزاد نظم کی اولین مثالیں ہیں ۔ بعد ازاں حفیظ جالندھری نے ''سخت گیر

آقا" کے نام سے ایک نظم کہی جو اُن کے مجموعہ کلام "نغمہ راز" میں شامل ہے۔ اس نظم کا ذیلی عنوان "ایک بے تکی نظم" ہے۔ حفیظ کے بعد تصدق حسین خالد نے باقاعدہ 1924ء میں طبع زاد آزاد نظمیں لکھیں۔ جلد ہی انگلستان چلے گئے اور اس دوران ن۔م۔راشد نے مسلسل آزاد نظمیں لکھیں اور ان کا پہلا مجموعہ "ماورا" 1963ء میں منظرِ عام پر آیا، جب کہ خالد کا مجموعہ 1984ء میں چھپا۔ راشد کے ہاں بیسویں صدی کے متوسط طبقے کے انسان کے مادی اور مابعد الطبیعاتی مسائل کے علاوہ "نئے انسان" کی آمد کا خواب بھی ملتا ہے۔ تیکنیک کے تنوع کے ساتھ ساتھ راشد نے آزاد نظم کو ابتدا ہی میں نئے شعری امیجز کا ایک وقیع سرمایہ فراہم کیا۔ اقبال کی نظم گوئی کا زمانہ بیسویں صدی کے آغاز سے ترقی پسند تحریک تک ہے۔ اقبال کی نظم کی عالیشان عمارت حالی اور آزاد کی رکھی ہوئی بنیادوں پر تعمیر ہوئی ہے۔ اگرچہ اقبال نے قافیے سے آزاد شاعری کو اپنا ذریعۂ اظہار نہیں بنایا، لیکن اپنے فلسفیانہ ادراک اور اعلیٰ نصب العین کے زور پر نظم کو فکری اور فنی معراج پر پہنچا دیا۔ اقبال کی نظم مناظر فطرت کے علاوہ اسلامی، تاریخی اور عسکری تلمیحات اور شعری امیجز سے مزین ہے۔ اقبال کے تفکر کے نتیجے کے طور پر اقبال کے بعد نظم میں ایک رومانویت کی لہر بھی آتی ہے، جس کے نمائندہ شعراء حفیظ جالندھری، اختر شیرانی اور خوشی محمد ناظر وغیرہ ہیں۔

1953ء کی ترقی پسند تحریک کے شعراء نے اپنے جذباتی اور انقلابی فلسفے کے اظہار و ابلاغ کے لئے نظم کو وسیلہ بنایا۔ ان شعراء میں جوش، علی سردار جعفری، فیض، ندیم، مخدوم، مجاز، جذبی، ساحر، شاد عارفی، اختر الایمان، کیفی اعظمی، اور جاں نثار اختر کے نام نمایاں ہیں۔ پاکستانی دور میں جوش کی نظم نے کوئی قابلِ ذکر ترقی نہیں کی جب کہ ساحر ہندوستان چلے گئے۔ البتہ احسان دانش، ظہیر کاشمیری، منظور عارف، احمد ظفر اور جمیل ملک وغیرہ نے دوسرے شعراء کے ساتھ مل کر ترقی پسند نظم کو روایت کو آگے بڑھایا۔ بعد ازاں اس قافلے میں ابنِ انشاء، احمد فراز، خاطر غزنوی، ظہور نظر، حمایت علی شاعر، مصطفیٰ زیدی، اور احمد ریاض وغیرہ بھی شامل ہو گئے۔ ترقی پسندوں کا نعرہ "ادب برائے زندگی" تھا اور وہ طبقاتی

نظام اور رجعت پرستی کے خلاف صف آرا تھے۔ اس لئے شاعری میں رمزیہ عناصر اور ذو معنویت کے سخت خلاف تھے۔ وسیم حیدر لکھتے ہیں : "ترقی پسند نقاد شاعری میں علامت اور استعارے کے قائل نہ تھے۔ بلکہ قطعی اور دو ٹوک انداز کو ضروری خیال کرتے تھے۔ اس لئے کیونکہ ان کے نزدیک شعر و ادب محض معاشرے کے عکاس نہیں ہوتے بلکہ سماج کو بدلنے کے لئے سیاسی ہتھیار بھی ہوتے ہیں۔"[3]

ترقی پسند شعراء میں سے بعض بڑے شعراء کی حیثیت سے ابھرے، بالخصوص فیض احمد فیض، جنہوں نے "نعرہ بازی" کے الزام سے بچ کر آزاد نظم کو اردو شاعری میں مستقل روایت کی حیثیت دینے میں اپنا کردار ادا کیا۔ انقلابی فکر کی وجہ سے ترقی پسند شعراء عہد کے تعلیم یافتہ نوجوانوں کے ایک طبقے میں پسندیدگی کی نگاہ سے دیکھے جانے لگے۔ لیکن اس امر سے انکار ممکن نہیں کہ ترقی پسندوں کی مقصدیت اور جدلیاتی آہنگ نے ادب کے جمالیاتی پہلو کو نقصان پہنچایا۔ یہی وجہ تھی کہ ان کے مقابلے میں "ادب برائے ادب" والے اٹھ کھڑے ہوئے۔ جن میں میرا جی، مختار صدیقی، قیوم نظر، یوسف ظفر، وزیر آغا، اور حفیظ ہوشیارپوری وغیرہ کے نام شامل ہیں۔ ان شعراء کا تعلق 'حلقہ اربابِ ذوق' سے تھا۔ انہوں نے مواد کی بجائے اسلوب پر زیادہ توجہ دی۔ ان کا موقف تھا کہ خشک مقصدیت ادب کو اس کے بنیادی وصف 'مسرت' سے عاری کر دیتی ہے۔ ترقی پسند شعراء کے برعکس ان شعراء کی نظموں میں رنگا رنگی ملتی ہے، اور شاعری کسی ایک مقصد یا نعرے کی تکرار کرتی ہوئی نظر نہیں آتی۔ بقول پروفیسر عرش صدیقی : "حلقہ اربابِ ذوق کے شاعروں میں جہاں سیاسی و سماجی تحریکات سے گریز ایسی مشترک باتیں ملتی ہیں، وہاں وہ ایک دوسرے سے مختلف بھی ہیں۔ ان کی یکسانیت ترقی پسندوں والی یکسانیت نہیں ہے۔ قیوم نظر، یوسف ظفر، مختار صدیقی، وزیر آغا، منیر نیازی، ضیاء جالندھری، مبارک احمد، شاد امرتسری ایک دوسرے سے مختلف ہیں۔"[4]

میرا جی حلقہ اربابِ ذوق کے شعراء میں سب سے نمایاں ہیں اور اردو کے چند بڑے نظم گو شعراء میں سے بھی ہیں۔ میرا جی کے ہاں جنس پرستی حد سے بڑھی ہوئی ہے۔ اس کے ساتھ ساتھ ان کی نظموں میں ایک پر اسرار دیو مالائی فضا ملتی ہے۔ میرا جی بظاہر زندگی سے دور بھاگنے والے ایک ''لیجنڈ'' نظر آتے ہیں، لیکن حقیقت یہ ہے کہ وہ زندگی سے پوری طرح ہم آغوش ہیں ورنہ اقدار کے خوفناک تصادم اور آویزش کو اپنے ذہن پر سہار کر اتنی چابکدستی سے شاعری میں منعکس نہ کرتے۔ ان کی گیت نما نظمیں ہندی گیت کی فضا لئے ہوئے ہیں۔ ان کی نظم میں موجود ہیئت کے تجربات ہنوز توجہ کے متقاضی ہیں۔

اردو نظم گو شعراء میں مجید امجد بہت اہم شاعر ہیں۔ ان کی ساڑھے تین سو سے زائد نظموں میں سے کوئی بھی نظم ایسی نہیں جس کو رد کیا جاسکے۔ وقت، فطرت اور عالم گیر انسانی پہلو ان کی نظم کے نمایاں دھارے ہیں۔ ہیئت کے تجربات کرکے امجد نے فکر کے تنوع کے ساتھ فنی اعتبار سے بھی نظم کے دامن کو وسیع تر کر دیا ہے۔ امجد نظم کے ایک بہت بڑے شاعر تو ہیں، لیکن بعید از قیاس نہیں کہ کل کو وہ اردو نظم کے سب سے بڑے شاعر کہلائیں۔ پاکستانی دور میں علامتی نظم نے بہت ترقی کی۔ قیامِ پاکستان کے بعد منیر نیازی، جیلانی کامران، عرش صدیقی، اعجاز فاروقی اور وزیر آغا کے علامتی نظم نگاری شروع کی، جو بعد میں مخصوص سیاسی حالات اور مغربی ادب کے اثرات کے تحت روایت کی حیثیت اختیار کر گئی۔

افتخار جالب، انیس ناگی، سلیم الرحمان، عباس اطہر، زاہد ڈار، محمد صفدر، تبسم کاشمیری، انور ادیب، اور مبارک احمد نے 1960ء کے دوران نظم کے تمام مروجہ تیکنیکی سانچوں سے انحراف کرتے ہوئے، شعر کی بجائے لفظ کو تخلیقی اکائی قرار دیا۔ اس طرح نظم نثر کے قریب آ گئی۔ جیلانی کامران نے بھی کچھ عرصہ ان مذکورہ شعراء کا ساتھ دیا۔ ''استانزے'' کے علاوہ ان کی 1980ء کی دہائی میں چھپنے والی کتاب ''باغِ دنیا'' میں بھی آہنگ کو توڑنے کی مثالیں ملتی ہیں۔ اس گروہ کو ''اینگری ینگ مین، پاکستانی سٹائل'' کے نام

سے یاد کیا جاتا ہے۔ نثری نظم (بے ربط نثر) انہی شعراء کے تجربوں سے پھوٹتی ہے۔ ان شعراء کے متعدد مجموعہ ہائے کلام بھی شائع ہوئے۔ یہ فیصلہ کرنا مشکل اور قبل از وقت ہے کہ اس قسم کی شاعری کو جدید ادب میں کیا مقام ملے گا۔ شعراء کے علاوہ پاکستانی شاعرات کے بھی نظم گوئی جاری رکھی اور نظم میں پرانی شاعرات کے مقابلے میں انفرادیت یہ پیدا کی کہ اپنی نظموں میں نسوانی مسائل پیش کئے۔ جن پاکستانی شاعرات نے اپنی نظموں میں مشرقی عورت کے مسائل کی عکاسی کی ہے، ان میں ادا جعفری، زہرہ نگاہ، کشور ناہید، پروین فنا سید، فہمیدہ ریاض اور پروین شاکر کے نام نمایاں ہیں۔ 1960ء کے بعد ابھرنے والے شعراء میں اختر حسین جعفری، آفتاب اقبال شمیم اور احسان اکبر کے نام ایسے ہیں جو جدید نظم کے ارتقاء میں اہم کردار ادا کر رہے ہیں۔ امجد اسلام امجد، عظیم قریشی، محسن بھوپالی، ظفر اقبال، یوسف حسن، اور صلاح الدین محمود بھی 1960ء کے بعد کے جدید نظم گو ہیں۔ ان میں سے امجد اسلام امجد بیک وقت رومانی اور سیاسی نظمیں کامیابی سے کہہ رہے ہیں اور عہدِ حاضر کی نوجوان نسل کے محبوب شاعر ہیں۔ جدید ترین نظم گویوں میں انجم اعظمی، ناہید قاسمی، شرجیل انظر، جمال احسانی، منصورہ احمد، جاوید انور اور انوار فطرت وہ نام ہیں جن کے مقام کا تعین آئندہ برسوں میں ہوگا۔

حواشی

1۔ ''مقدمہ شعر و شاعری'' از الطاف حسین حالی (کشمیر کتاب گھر، لاہور) ص: 36

2۔   "جدید اردو نظم" اعجاز فاروقی۔ "اوراق" شمارہ خاص۔2 (جولائی 1968ء) ص 66:

3۔   "منظور عارف شخصیت و فن" از وسیم احمد۔ مقالہ برائے تکمیلِ امتحان ایم اے اردو (پنجاب یونیورسٹی، 1989ء) ص: 90

4۔   "جدید نظم" از پروفیسر عرش صدیقی۔ مشمولہ "پاکستان میں اردو" طبع اول (یونیورسٹی بک ایجنسی، پشاور) ص: 295

سید سبطِ علی صبا کی نظم

صبا بنیادی طور پر غزل کے شاعر تھے۔ لیکن سرزمینِ وطن، شہدائے وطن، شہدائے کربلا اور اپنے قومی رہنماؤں سے اپنی والہانہ عقیدت کے واضح اظہار کے لئے انہوں نے اپنی مختصر تخلیقی زندگی میں بیس کے قریب نظمیں بھی کہیں جو ہفت روزہ ''واہ کاریگر'' اور ہفت روزہ ''ہلال'' راولپنڈی میں چھپتی رہیں۔ ان نظموں میں سے اکثر اہم قومی مواقع پر کہی گئیں جو نہ صرف اپنا ایک فنی اور فکرت معیار رکھتی ہیں، بلکہ اس اعتبار سے بھی منفرد ہیں کہ ان میں ایک ''مسلمان سپاہی شاعر' کا باطنی پیکر اپنے واضح خطوط کے ساتھ جلوہ گر ہو رہا ہے۔ صبا کی ان نظموں میں سے نمایاں نظموں کے عنوانات یہ ہیں: زخم، سلام آنے لگے، ہم جاگ رہے ہیں، راہ میں دیوار نہ بن، نئی حیات، عید محرومی، آج کا دن جمہور کا دن ہے، روشنیِ عمل، تمہیں یاد ہوگا، گواہ رہنا، پرچم شبیر دیکھ، 14 اگست، وہ ایک شاعر، عظیم قاعد۔ ان میں سے چند ایک پابند اور باقی سب آزاد نظمیں ہیں۔

اب تک کی تحقیق کے مطابق صبا کی پہلی چھپنے والی نظم ''زخم'' ہے، جو ہفت روزہ ''واہ کاریگر'' کے شمارہ 6 (14 اگست 1967ء) کے صفحہ 18 پر چھپی۔ اس سے قبل صبا کی ایک غزل اسی ہفت روزہ کے سالنامہ (یکم جولائی 1967ء) کے صفحہ 78 پر چھپ چلی تھی۔ ''زخم'' دورانِ جنگ کی ایک چاندنی رات، کھلے آسمان تلے بسر کرنے والے سپاہی کے احساسات کی عکاسی کرتی ہے۔ صبا اس نظم میں چاند کو امید کا استعارہ بنا کر بات کرتے ہیں۔ اداسی کی لہر نظم میں رواں دواں ہے:

سرمئی بادلوں کے آنچل میں

چھپ گیا چاند دل کا داغ لئے

تیرگی کی دراز زلفوں میں

جھلملاتے نجوم ڈوب گئے

دشتِ وحشت کی وسعتوں میں گم

اک مسافر ہے بہ سر و ساماں

بے خبر راستوں سے، منزل دور

ہر قدم پر ہے رہزنوں کا گماں

سوچتا ہے یہ بار بار کہ کب

چاند نکلے گا، روشنی ہو گی

تیرگی کا مزاج پوچھوں گا

اب ضیا بار چاندنی ہو گی

سرمئی بادلوں کے آنچل سے

چاند نکلا نہ لمحے بھر کے لئے

اس نظم کے حوالے سے صبا کے بھائی سید سبطِ حسن نے راقم کو بتایا: ”یہ ان دنوں کی بات ہے جب ستمبر 1965ء کی جنگ ختم ہو چکی تھی۔ صبا جنگ میں ایک سپاہی کی حیثیت سے شریک رہا تھا۔ جنگ بندی کے بعد کافی دنوں تک اس کا کچھ پتہ نہ چلا کہ وہ کہاں ہے۔ لٰہذا ہمیں اس کے بارے میں تشویش ہوئی۔ میں واہ کینٹ سے لاہور اس کا پتہ کرنے کے لئے گیا۔ تلاشِ بسیار کے بعد ایک کیمپ میں پہنچا جہاں شہید فوجیوں کی فہرستیں تھیں۔ وہاں صبا کا نام اور شعبہ بتایا۔ ایک حوالدار نے میری راہنمائی کرتے ہوئے اس سرحدی علاقے کا پتہ بتایا جہاں صبا دوسرے فوجی جوانوں کے ساتھ ٹھہرا ہوا تھا۔ شام کا وقت تھا جب میں وہاں پہنچا۔ ٹینکوں کے ارد گرد لوگ جمع تھے۔ ایک سپاہی سے میں نے صبا کے بارے میں پوچھا، اس نے

میری راہنمائی کی۔ میں نے دیکھا صبا ایک ٹینک کے نیچے سویا ہوا تھا۔ میرے جگانے پر اٹھ کر مجھ سے بغلگیر ہوا۔ میں نے کہا کہ 'سارا گھر پریشان ہے، تم نے اپنی خیریت کی اطلاع نہیں دی۔' کہنے لگا: 'جہاں اتنی ماؤں کے لال شہید ہو گئے، وہاں میری خیریت کیا اہمیت رکھتی ہے۔' شام کا کھانا کھا کر جب ہم فارغ ہوئے تو سرحد کے بالکل قریب فوجی ٹینٹ میں صبا نے ساتھ کمبل میں مجھے لٹا لیا۔ ہم دونوں بھائی گھر کی باتیں کرتے رہے۔ میں نے اسے پوچھا: 'جنگ کے دوران کوئی شاعری وغیرہ بھی ہوئی؟' تو اس نے مجھے اپنی تازہ نظم زخم سنائی۔" [1]

اس نظم کا مرکزی خیال یہ ثابت کرتا ہے کہ صبا 1965ء کی عارضی کامیابی سے مطمئن نہیں تھے۔ کیونکہ ان کے نزدیک جنگ ہر صورت میں تباہ کن ہے۔ جنگ اگر جیت لی جائے تو بھی صلح و آشتی کے چاند ڈوب جاتے ہیں۔

"عید کا دن" صبا کی ایک رومانوی نظم ہے، جو احمد فراز کی اس غزل کے زیرِ اثر معلوم ہوتی ہے:

رنجش ہی سہی دل ہی دکھانے کے لئے آ

آ پھر سے مجھے چھوڑ کے جانے کے لئے آ

"عید کا دن" سے اقتباس:

آ عید کا دن ہے یہ جدائی کا نہیں دن

تنہائی سے احساس سے ڈر لگتا ہے مجھ کو

تنہائی کا احساس مٹانے کے لئے آ

مرہم مرے زخموں پہ لگانے کے لئے آ

تا عمر کبھی ترکِ تعلق نہ کریں گے

تا عمر کا یہ عہد نبھانے کے لئے آ

یہ نظم اپنی بحر، زمین، قافیے، ردیف اور مضامین تک میں فراز کی غزل کے زیرِ اثر نظر آتی ہے۔ لیکن بعید نہیں کہ صبا نے اس میں بھی اپنی زندگی کے تجربے کی عکاسی کی ہو۔ ''سلام آنے لگے'' بھی جنگ ستمبر 1965ء کے حوالے سے ہے۔ اس نظم کا آہنگ رزمیہ ہے۔ صبا اپنے وطن کے جری جوانوں کو خراج عقیدت پیش کرتے ہیں:

آج پھر قلزمِ ہمت کے شناور جاگے

آج اسلام کے مردانِ دلاور جاگے

اک نئے باب کا تاریخ میں عنواں بن کر

حق پرستوں کے طرفدار غضنفر جاگے

اے وطن تیرے جوانوں نے بڑا کام کیا

ظلم کا امڈا ہوا سیلِ بلا روک دیا

وقت جب آن پڑا تیری حفاظت کے لئے

اپنے ہاتھوں میں صداقت کا علم تھام لیا

جب مجاہد رہِ اسلام میں کام آنے لگے

عرش والوں کے شہیدوں کو سلام آنے لگے

"راہ میں دیوار نہ بن" گھر سے جنگ کے لئے روانہ ہونے والے ایک سپاہی کے آہنی عزائم کی داستان ہے۔ اس نظم کو اردو نظموں کے کسی بھی نمائندہ انتخاب میں رکھا جا سکتا ہے:

میری محبوب، مری راہ میں دیوار نہ بن
اک زمانہ تری زلفوں کی گھنی چھاؤں تلے
میں نے سپنوں کے کئی جال بنے
گیت لکھے
چاندنی رات کی ٹھنڈک میں ترے ہاتھ میں ہاتھ
ڈال کر
تجھ کئی وعدہ و پیمان کئے
ایک اک بات مجھے یاد ہے
لیکن کچھ سوچ!
اپنی بلور سی باہیں مری گردن میں نہ ڈال
وقت نے مجھ کو پکارا ہے مجھے جانے دے
سرحدوں پر ہے لٹیروں کا ہجوم
غازۂ صبحِ چمن لوٹنے کو

"آرزو ہے" میں صبا ارضِ وطن کے حوالے سے اپنے اس مثالی خواب کی صورت گری کرتے ہیں، جو ابھی تک تشنۂ تعبیر ہے۔ وہ اہل وطن کے آنگنوں اور دماغوں میں فکر کی روشنی دیکھنا چاہتے ہیں:

تو مری زندگی کا حسیں خواب ہے!

تیری تعمیر میں فکر کی روشنی

آنگنوں اور دماغوں میں اترے گی کب

روشنی ہے نشانِ رہِ زندگی

روشنی کا سفر ختم ہوتا نہیں

یہ نظم 1977ء کے مارشل لاء کے بعد کہی گئی تھی للذا اس میں ماحول کی تیرگی کی طرف بھی اشارہ ملتا ہے:

یہ زمیں، آسماں، چاند تارے، وطن

روشنی کے سمندر کی ہیں کشتیاں!

کشتیوں کا مسافر بشر ہی تو ہے

وہ بشر، جس کی میراث ہے روشنی

آج کیوں ظلمتوں کی ہے باہوں میں جکڑا ہوا

اور آخر میں کہتے ہیں

آرزو ہے!

کہ شاخوں پہ چڑیاں چہکتی رہیں

فاختائیں بلاخوف اڑتی رہیں

گونگے لفظوں کو اعجازِ معنی ملے

زندگی کا شجر خوب پھولے پھلے

ستمبر 1965ء کی جنگ میں صبا چونکہ خود شریک تھے، اس لئے اس جنگ میں جامِ شہادت نوش کرنے والے بہادر ساتھیوں کو انہوں نے اپنی متعدد نظموں میں خراج عقیدت پیش کیا ہے۔ ''نئی حیات'' اسی سلسلے کی ایک نظم ہے، جو یومِ دفاع ایڈیشن ''واہ کاریگر'' 1970ء میں چھپی:

مرے وطن تری سرسبز کھیتیوں کی خیر

مرے وطن تری چاندی سی ندیوں کی خیر

مرے وطن ترے خوش رنگ منظروں پہ نثار

مرے وطن تیر دھرتی کے باسیوں کی خیر

نوید صبحِ بہاراں سنا رہے ہیں ہم

کہ آج یوم شہیداں منا رہے ہیں ہم

پھر اپنے عزم کی تجدید اس طرح کرتے ہیں:

دلوں میں آج بھی جذبے شہادتوں کے ہیں

ہمارے ہاتھ میں پرچم صداقتوں کے ہیں

ہر ایک عہد نے پائیں ہدایتیں ہم سے

ہر ایک دور میں مینار عظمتوں کے ہیں

وطن کے نام پہ حرف آ گیا تو جینا کیا

فضا پہ دشمنِ جاں چھا گیا تو جینا کیا

14 اگست 1947ء ہماری قومی تاریخ کا سب سے بڑا دن ہے۔ یہ وہ دن ہے، جو نصف صدی کی ان تھک عملی جد وجہد، لاکھوں جیالوں کی بے مثال قربانیوں، سہاگنوں کی آہوں، ماؤں کی دعاؤں اور بچوں کی کراہوں کے نتیجے میں بر صغیر کے مسلمانوں کو نصیب ہوا تھا۔ آزادی ہمیں بیٹھے بٹھائے نہیں ملی۔ لہٰذا احساس محب وطن حلقوں اور دانشوروں کے ہاں آزادی کی قدر و قیمت اتنی ہی زیادہ ہے، جتنی اس کے لئے قربانیاں دی گئیں۔ ہم اس یادگار دن کو ہر سال تزک و احتشام سے مناتے ہیں تو ان لاکھوں شہیدوں کے عکس بھی بینائی میں جھلملانے لگتے ہیں، جنہوں نے قوم کے ایک صدی کے خوابوں کی تعبیر کے لئے اپنی قیمتی جانوں کے نذرانے پیش کئے تھے اور سچ یہ ہے کہ آزادی کی قدر و قیمت کا احساس اسی صورت میں زندہ رہ سکتا ہے جب ہم اپنے شہدائے وطن کی یادوں کے چراغ اپنے دلوں کے نہاں خانوں میں جلائے رکھیں:

وہی یہ دن ہے

کہ جس دن ہمارے پاؤں سے

کٹی وہ آہنی زنجیر جس کی کڑیوں کی

ہم اک صدی سے فضاؤں میں گونج سنتے تھے

سفر پسند جیالوں کے پاؤں جب بھی اٹھے

ہر ایک حلقۂ زنجیر تنگ ہونے لگا

ہر ایک سر

ہدفِ خشت و سنگ ہونے لگا

پرائے دیس سے آ کر نحوستوں کے نقیب

مرے وطن کے کسانوں کا خون پیتے رہے

وہ رقصِ مرگ ہوا شہر شہر گلیوں میں

کہ یادگار ابھی تک ہیں سرخ دیواریں

ہمیں قسم ہے

انہیں سر بکف جیالوں کی

کہ ان کی یاد کے بجھنے نہ دیں دلوں سے چراغ

انہی چراغوں کی لو، مرگِ ظلمتِ شب ہے

(نظم: 14 اگست)

''عید محرومی'' ایک منفرد نظم ہے، جو 1970ء میں مشرقی پاکستان میں آنے والے سیلاب کے حوالے سے کہی گئی ہے۔ تباہ کن سیلاب کی وجہ سے بستیاں اجڑ جانے اور کھیتیاں ویران ہو جانے کے بعد جب عید الفطر کا مذہبی تہوار منانے کا موقع آتا ہے تو صبا اس عید کو ''عید محرومی'' کا خطاب دیتے ہیں۔ سیلاب کی تباہ کاریاں ان کے نزدیک ''گردشِ افلاک کا شاخسانہ'' ہیں لہٰذا فلک پر ہلالِ عید کا ظہور انہیں ایک آنکھ نہیں بھاتا:

اے ہلالِ عید تو نے سانحہ دیکھا نہیں

موت کا سیلاب لاشوں کو بہا کر لے گیا

اک تماشائی کی صورت، آسماں تکتا رہا

مٹ گئی تہذیب ساری بستیاں ویران ہیں

گردشِ افلاک کے انسان پر احسان ہیں

کون جانے کس کا بھائی کس کا بیٹا بہہ گیا

آدمیت حلقۂ ماتم میں ہے نوحہ کناں

اے ہلالِ عید تو بھی سوگواروں کی طرح

کالی کالی بدلیوں کی اوڑھ لے سر پر ردا

23 مارچ کا دن ہماری قومی تاریخ کا ایک سنگِ میل ہے۔ اس دن کو ہم ''یومِ پاکستان'' کے نام سے یاد کرتے ہیں۔ صبا اپنی ایک نظم ''آج کا دن جمہور کا دن ہے'' میں 23 مارچ کے دن کو ایک تاریک صدی کے پیش منظر میں جگمگاتی ہوئی قندیل کی طرح دیکھتے ہیں:

ایک صدی

آسیب غلامی چاٹ رہا تھا

انسانوں کے ذہنوں کو

ہر انسان مثالِ برگِ خزاں دیدہ تھا

ظالم تند ہوا کی زد میں

دلی اجڑی، اجڑ گیا بنگال

اک روٹی کی خاطر ماؤں نے اپنے بیچے لال

جلیانوالے باغ میں ہر سو خون کا دریا امڈا
زنداں زنداں شورِ سلاسل
کوچہ کوچہ مقتل ٹھہرا
ہونٹ سلے تھے زخم کھلے تھے
نوحے گھر گھر گونج رہے تھے
لیکن سازِ طرب پر افرنگی سفال درندے جھوم رہے تھے
ساغر کا منہ چوم رہے تھے

ماؤں کی آغوش کے پالے، جاگ اٹھے اس تاریکی میں
روشنیوں کے مظہر بن کر
ٹوٹ گئی زنجیرِ غلامی
آج کا دن منشور کا دن ہے
آج کا دن جمہور کا دن ہے

نظم ''روشنیِ عمل'' (نوشتہ 1973ء) میں صبا مادر وطن کے تحفظ کی تلقین کرتے ہیں:

ماں کے قدموں کی مٹی کے ذروں کی خوشبو
مبارک تمہیں

دیکھنا کوئی دشمن

روشنیِ عمل کو بجھانے نہ پائے

مامتا کوئی پھر زخم کھانے نہ پائے

نظم ''نئی حیات'' کے بعد ایک بار پھر شہدائے ستمبر کی یاد کو صبا اپنی نظم ''تمھیں یاد ہوگا'' میں یوں تازہ کرتے ہیں:

تمھیں یاد ہوگا

کہ تم نے اک ایثار کا باب زریں مرتب کیا تھا

تمہارے لہو سے نگارِ وطن پر شفق کھل اٹھی تھی

شفق صبح امید کی روشنی ہے

اسی روشنی کی تمازت سے بھٹی [2] کی رگ رگ میں غیرت کا طوفان امڈا

وہ غیرت ہمارے لئے زندگی ہے

تمھیں یاد ہوگا

وہ عظمت کے پیکر جو اپنے سجیلے بدن پر

صداقت کے تمغے سجا کر

شہر اقبال پر اپنی جاں وار کر

روشنیِ صداقت کی تابہ ابدن کے تمثیل عالم میں زندہ رہیں گے

روشنی ہے نشان، رہِ زندگی

روشنی کی قسم!

اپنی راہوں سے دیوارِ نفرت گرادو

سنو ساتھیو

اے مرے غازیو!

ایک اور نظم ''گواہ رہنا'' میں دھرتی ماں سے اپنی وفاداری کا اعادہ اس طرح کرتے ہیں:

عظیم ماں! تو گواہ رہنا

کہ تیری عظمت پہ حرف آنے سے قبل

تیرے جوان بیٹے سروں کے پرچم اچھال دیں گے

ہے تیرے بیٹوں کا عہد محکم

کہ ہم رگِ جاں کا خون دے کر

وطن کو اوج کمال دیں گے! وطن کو حسن و جمال دیں گے

عظیم ماں تو گواہ رہنا

صبا کی شاعری جہاں مادرِ وطن سے والہانہ محبت کی داستان ہے، وہاں وہ اپنے دامنِ تخلیق میں اس محسن کے لئے بھی عقیدتوں کے پھول رکھتے ہیں، جس نے اپنی زندگی کا ایک ایک پل برصغیر کے مسلمانوں کے لئے علیحدہ خطہ ارضی کے حصول کی جد و جہد کے لئے وقف کر دیا اور اپنے آرام، آسائشوں، مفادات، حتیٰ کہ زندگی تک کو نظر انداز کرتے ہوئے غلامی سے قوم کی نجات کے لئے جد و جہد مرتے دم تک جاری رکھی۔ وہ جو بظاہر نحیف جسم کا مالک لیکن اپنے اصولوں میں ایسا کوہِ استقامت تھا کہ بڑے بڑوں کے سر اس کے آگے جھک گئے۔

جسے رواداری کے اصولوں کی وجہ سے گوکھلے نے ''سفیرِ صلح'' اور سروجنی نائیڈو نے ''اتحاد کا سفیر'' قرار دیا، اقبال جیسے عظیم شاعر نے ''مسیح'' اور خواجہ حسن نظامی نے ''قائدِ اعظم'' کے خطابات سے نوازا۔ سید سبطِ علی صبا اس عظیم قومی شخصیت کو خراج عقیدت یوں پیش کرتے ہیں:

عظیم قائد!

ترے اصولوں کی مشعلوں کے جلو میں اپنے قدم بڑھا کر

ہم آنے والی عظیم نسلوں کو منزلوں کا سراغ دیں گے

مٹا کے ساری کدورتیں

مادرِ وطن کی جبیں پہ گیسو سنوار دیں گے

ہمیں خبر ہے عظیم قائد

ترے اصولوں کے پھول جب تک کھلے رہیں گے

چمن چمن فصلِ گل کے خیمے لگے رہیں گے

عظیم قائد کے علاوہ صبا اس عظیم شاعر کی عظمتوں کا بھی اعتراف کرتے ہیں جس نے سب سے پہلے نہ صرف تصورِ پاکستان پیش کیا، بلکہ اپنے پیغام سے مسلمان قوم کے جسمِ نیم جاں میں ایک نئی روح پھونک دی۔ اور نوجوانوں کو خود آگہی اور خود اعتمادی کا درس دیتے ہوئے میدانِ عمل میں اترنے پر آمادہ کیا۔ یہ بات بلا خوف، تردید کہی جا سکتی ہے کہ آج ہم جس آزاد خطۂ ارضی میں سانس لے رہے ہیں، اس کے حصول کو ممکن بنانے کے لئے اقبال کی فکر اور قائدِ اعظم کے عمل نے یکساں طور پر کردار ادا کیا۔ صبا برصغیر کے مسلمانوں پر شاعرِ مشرق کے احسانات کا اعتراف اپنی نظم ''وہ ایک شاعر'' میں دل کی گہرائیوں سے کرتے ہیں۔

وہ ایک شاعر

سیاہیِ شب میں جس نے حق کا دیا جلایا
قفس نصیبوں میں جذبۂ حریت جگایا
بتایا جس نے
صحیفۂ زندگی کی حرمت پہ سر کٹانا ہی زندگی ہے
جہاں میں سچائیوں کے ہر سو علم اٹھانا ہی زندگی ہے
سکھایا جس نے
کہ دست کش ہو کے وصلِ لیلائے مصلحت سے
خوشی سے زخمِ فراق کھانا ہی زندگی ہے

وہ ایک شاعر عظیم کردار بن گیا ہے
وہ اپنے افکار کی ضیا سے
سیاہیِ شب میں
حرف حق کے دیے کی عظمت جگا رہا ہے
تمام خوابیدہ قافلوں کو جگا رہا ہے

اب تک جن نظموں کا تجزیہ کیا گیا ہے، ان میں سے بیش تر نظمیں موضوع کی اکائی میں سمٹی ہوئی نظر آتی ہیں، اور وہ اکائی "دھرتی ماں" ہے۔ اس قومی شاعری کے حوالے سے صبا کی انفرادیت یہ ہے کہ انہوں نے ایک سپاہی کی حیثیت سے عسکری زندگی کے براہ راست

تجربے سے گزر کر نظم گوئی کی ہے۔اس طرح ان کی نظم کو قومی شاعری کا معیار مانتے ہوئے اس کے ذریعے ایک محبِ وطن سپاہی کے اپنی سرزمین وطن کے بارے میں حقیقی احساسات تک رسائی ممکن ہوئی، ورنہ اردو ادب میں عالی شان عمارتوں میں بیٹھ کر مزدور کی شاعری کرنے والوں کی طرح عسکری زندگی سے باہر رہ کر ترانے لکھنے والوں کی بھی کمی نہیں۔

حواشی

1- سید سبطِ حسن سے راقم کی گفتگو

2- میجر عزیز بھٹی شہید، نشانِ حیدر

شہدائے کربلا کے حوالے سے نظمیں اور سلام

صبا شیعہ سید ہونے کے ساتھ ساتھ دنیا کے ہر مظلوم کے پر جوش حامی اور ہر ظالم کے زبردست مخالف تھے۔ اپنے خاندانی پس منظر کے علاوہ اہل بیت سے میدانِ کربلا میں ان کی قربانیوں اور مظلومیت کی وجہ سے والہانہ عقیدت رکھتے تھے۔ اس عقیدت کا اظہار کربلا کے حوالے سے ان کی نظم، سلام اور نوحے میں ہوا ہے۔ یہ تخلیقات اگرچہ تعداد میں اتنی زیادہ نہیں اور نہ ہی اعلیٰ رثائی ادب کی موجودگی میں صبا کا کوئی ادبی مقام بناتی ہیں، تاہم ان کی وساطت سے ظالم اور مظلوم کے بارے میں ان کا نقطۂ نظر واضح تر ہو جاتا ہے۔ اور انسانی تاریخ کی ان عظیم ہستیوں سے صبا کی والہانہ وابستگی کا اندازہ بھی ہوتا ہے، جنہوں نے باطل کی حقیقی فنا اور حق کی حقیقی بقا کے مستقل معیار قائم کیۓ۔ ڈاکٹر گوپی چند نارنگ لکھتے ہیں: ''اسلام کی تاریخ میں بالخصوص، اور انسانیت کی تاریخ میں بالعموم کوئی قربانی اتنی عظیم، اتنی ارفع اور اتنی مکمل نہیں ہے جتنی حسین ابن علی کی شہادت، جو کارزارِ کربلا میں واقع ہوئی۔ پیغمبر محمد مصطفیٰ (ص) کے نواسے اور سیدۃ فاطمۃالزہرا اور حضرت علی المرتضیٰ کے جگر گوشے حسین کے گلے پر جس وقت چھری پھیری گئی اور کربلا کی زمین خون سے لہو لہان ہوئی تو در حقیقت وہ خون ریت پر نہیں گرا، بلکہ سنتِ رسول اور دین ابراہیمی کی بنیادوں کو ہمیشہ ہمیشہ کے لئے سینچ گیا۔ وقت کے ساتھ ساتھ یہ خون ایک ایسے نور میں تبدیل ہوتا گیا جسے نہ کوئی تلوار کاٹ سکتی ہے نہ نیزا چھید سکتا ہے اور نہ زمانہ مٹا سکتا ہے۔ اس نے مذہبِ اسلام کو، جس کی حیثیت اس وقت ایک نوخیز پودے کی سی تھی استحکام بخشا اور وقت کی آندھیوں سے ہمیشہ ہمیشہ کے لئے محفوظ کر دیا۔' [1]

سانحہ کربلا کے حوالے سے مذکورہ بالا وہ حقائق ہیں جن کی تائید صدیوں سے ہوتی آرہی ہے اور تا حشر ہوتی رہے گی۔ صبا نے اپنے ایک سلام میں ان حقائق کا اظہار یوں کیا ہے:

زیرِ خنجر خوابِ ابراہیم کی تعبیر دیکھ
کربلا میں فاطمہ کے شیر کی تاثیر دیکھ
بربریت سرنگوں ہے، آدمیت سرفراز
آج بھی لہرارہا ہے پرچمِ شبیر دیکھ

واقعہ کربلا محض ایک تاریخی واقعہ نہیں بلکہ جبر، ظلم، استحصال اور آمریت سے نبرد آزمائی اور ستیزہ کاری کا ایک دائمی اور آفاقی حوالہ بن چکا ہے۔ دنیا کے گوشے گوشے میں ظلم کے خلاف اٹھنے والی آوازیں کربلا سے توانائی حاصل کرتی ہیں اور اردو ادب میں تو مظلوموں کی حمایت اور ظالموں کے خلاف رزم آرائی کے لئے حسین کے استعارے سے بڑا کوئی ہتھیار ہے ہی نہیں۔ حسین کہیں جرات کی علامت ہے تو کہیں صداقت کا نشان، کہیں شجاعت کا حوالہ ہے تو کہیں روشنی کا استعارہ، کہیں منصف و محسن ہے تو کہیں نجات دہندہ کے طور پر سامنے آتا ہے۔

جمود ذہن پہ طاری تھا انقلاب نہ تھا
سکون قلب کہیں سے بھی دستیاب نہ تھا
حسین ابنِ علی کو نہ آفتاب کہو
وہ جب تھا، جب کہ زمانے میں آفتاب نہ تھا

سر تا بہ قدم صاحب ایمان ہے شبیر
ہر دور میں انصاف کی میزان ہے شبیر
ہر شخص کو باطل کی اطاعت سے ہے انکار
انسان پہ ہر دم ترا احسان ہے شبیر

امام حسینؑ اور ان کے رفقاء کی عظیم قربانیاں دراصل مشیت ایزدی سے اس دین کی عملی تعبیر پیش کرتی ہیں جو ہادیٔ بر حق حضرت رسالت مآب بنی نوع انسان کے لئے لے کر اترے تھے۔ اسلام میں خدا کی راہ میں جہاد کرتے ہوئے شہید ہو جانے والے کو اس لئے بلند مرتبہ دیا گیا ہے کہ شہادت دین کے استحکام کا باعث بنتی ہے۔ باطل قوتوں کو ان کی سرگرمیوں سے باز رکھنے کے لئے ضروری ہے کہ ان کو اس امر کا پختہ یقین دلایا جائے کہ اسلام کے محافظ اپنے دین کی بقا کے لئے جان تک لڑا دینے کے لئے ہمہ وقت تیار ہیں۔ سید سبطِ علی صبا کربلا کے حوالے سے اپنی نظموں میں اسی عظیم عزم کا اعادہ کرتے ہیں جو اسلام کے فلسفۂ جہاد کی روح ہے:

واللہ حسین ابن علی کے ہیں فدائی
وہ مرد جری ہم ہیں کہ ڈرتی ہے خدائی
سرکار دو عالم کے فداکار ہیں ہم لوگ
اسلام کے دشمن سے ہماری ہے لڑائی
صد شکر، نگہبانِ حرم جاگ رہے ہیں
کہہ دو یہ زمانے سے کہ ہم جاگ رہے ہیں
(نظم: ہم جاگ رہے ہیں)

حواشی

1۔ ؟؟؟ڈاکٹر گوپی چند نارنگ

نوحے

کسی عظیم غم سے قوت کشید کرنے کے لئے ضروری ہے کہ وقتاً فوقتاً اس غم کو خود پر طاری کر لیا جائے۔ صبا نہ صرف یہ کہ محرم کے دنوں میں عزاداری کے جلسے، جلوسوں کے اہتمام میں پیش پیش رہتے، بلکہ خود ماتم بھی کرتے تھے۔ اس کے ساتھ ساتھ کربلا کے خونچکاں منظروں کو زندہ کرنے کے لئے نوحے بھی لکھتے تھے۔ ان کے اہلِ خانہ کے بیانات کے مطابق جب وہ نوحے لکھ کر سنانے لگتے تو ان پر رقت طاری ہو جاتی۔

ان کی ہمشیرہ نجم السحر نے راقم سے ملاقات کے دوران ان کے کچھ نوحے سنائے۔ ذیل میں ان سے چند منتخب اشعار درج لئے جاتے ہیں:

راہوں میں ساربان کو پانی ملا نہ سایا
بیتاب دھوپ میں ہے زنجیر کا ستایا
زینب کے سر پہ اب تک ہے ریت کربلا کی
رسی نے بازوؤں پہ کالا نشاں بنایا

زنجیروں سے آتی ہے صدا سجاد بھرے بازاروں میں
سجاد تری تعریف سنی قرآن کے تیسوں پاروں میں

شبیر کے غم میں روکے صبا ہم کیوں نہ گریباں چاک کریں

سیدانیاں سر ننگی جائیں، افسوس، بھرے بازاروں میں

غزل

سید سبطِ علی صبا کی بعض غزلیں ان کے مجموعہ کلام میں شامل نہیں ہیں۔ یہاں ہم انھی غزلوں کا فکری تجزیہ کریں گے۔ ان غزلوں کو زمانی ترتیب میں دیکھا جائے تو اس میں جو سب سے پہلا موضوع ملتا ہے وہ 1958ء کی ایوبی آمریت ہے۔

قیامِ پاکستان کے بعد نو سال تک حکمرانوں کے پس و پیش اور ملکی معاملات میں عدم اخلاص کے باعث ملک کا آئین ہی تشکیل نہ پا سکا۔ آخر خدا خدا کر کے 1956ء میں دو سو چونتیس دفعات اور چھ گوشواروں پر مشتمل پہلا آئین مرتب ہوا، جس میں بنیادی عوامی حقوق کی ضمانت دی گئی اور عام انتخابات کے لئے ایک الیکشن کمیشن کا ذکر بھی موجود تھا۔ آئین کا باقاعدہ نفاذ اس میں مذکورہ قواعد کے تحت منعقد ہونے والے عام انتخابات کے بعد ہی ہو سکتا تھا۔ تاہم یہ آئین عارضی طور پر فی الفور نافذ کر دیا گیا۔ اقتدار کے بھوکے سیاسی رہنماؤں اور حکمران طبقے کی کشمکش نے دو سال تک انتخابات نہ ہونے دئے۔ جس کا لازمی نتیجہ یہ نکلا کہ عوام میں مزاحمت اور احتجاج کا رجحان ابھرا، جمہوریت پسند حلقوں میں تحریکوں نے سر اٹھایا اور انتخابات کا مطالبہ عام ہونے لگا، تاکہ عوام اپنے آزاد ملک میں حقیقی اور باوقار سیاسی آزادی کے ساتھ رہ سکیں۔ جبکہ حکومت عوام کے مطالبات پر غور کرنے کی بجائے مختلف حربوں سے عوامی تحریکوں کو دبانے کی کوشش کرتی رہی۔

حکومت اور عوام ے اس تصادم کے نتیجے میں ملک میں لاقانونیت پھیل گئی۔ چاہئے تو یہ تھا کہ اس سیاسی بحران کا کوئی مثبت سیاسی حل تلاش کیا جاتا، لیکن فوجی سربراہ نے صورتِ حال سے ناجائز فائدہ اٹھاتے ہوئے ملک میں مارشل لاء کے نفاذ کے ساتھ ساتھ ملک کا پہلا آئین بھی باقاعدہ نافذ ہونے سے پہلے ہی منسوخ کر دیا۔ ان حالات کا شعر و ادب

نے براہِ راست اثر قبول کیا۔ بنیادی حقوق کی سلبی کی وجہ سے حکومت پر کھل کر تنقید ممکن نہیں تھی، لہٰذا شعر و ادب میں اظہار کی نئی راہیں تلاش کرنے کا عمل شروع ہوا۔ علامتی افسانہ اسی دور کی پیداوار ہے۔ اس کے ساتھ ساتھ علامتی نظم کو بھی فروغ ملا۔ غزل میں زنداں، سلاسل، تیرگی اور دار و رسن کے امیجز اگرچہ اس سے قبل فیض وغیرہ کے ہاں موجود تھے، لیکن اب یہ باقاعدہ شعری روایت کا حصہ بن گئے۔ صبا ابتدا ہی سے ایک جمہوریت پرست شاعر تھے، لہٰذا اس موقع پر انہوں نے اپنے مخصوص بلند آہنگ لہجے میں کہا:

قدم قدم پہ کرو اہتمامِ دار و رسن

رواں ہے قافلۂ شوق امتحاں کے لئے

1956ء کے آئین کو صدر ایوب نے ناکام قرار دیا اور ایک نیا آئینی کمیشن نامزد کیا جس نے پارلیمانی حکومت کی ناکامی کے اسباب کا تجزیہ کرنے کے بعد دوسرا آئین مرتب کیا۔ جس کے تحت پاکستان میں صدارتی نظامِ حکومت رائج ہوا۔ اس نظام میں چونکہ صدر مقنّنہ اور عدلیہ کی دخل اندازی سے آزاد ہوتا ہے، لہٰذا صدر کو وسیع اختیارات حاصل ہو گئے۔ مرکزی مقنّنہ اور عدلیہ کو صدر نے اپنے زیرِ اثر لے کر صوبائی انتظامیہ کو تقریباً غیر مؤثر کر دیا۔ اور ملک کے انتظامی امور میں خود صدر کو ایک آمر کی حیثیت مل گئی۔ اس طرح پاکستان کی آئینی وفاقی حکومت وحدانی طرزِ حکومت کے قریب ہو گئی۔ چنانچہ 1968ء کے آغاز میں 1962ء کے دستور کے تحت وجود میں آنے والی اس حکومت کے خلاف ملک گیر عوامی تحریک کا آغاز ہوا۔ سید سبطِ علی صبا آ کے حوالے سے پروفیسر یوسف حسن لکھتے ہیں: ''سبطِ علی صبا نے 1968ء کی عوامی جمہوری تحریک اور مقامی مزدور تحریکوں میں بھرپور حصہ لیا۔'' [1] اس تحریک کے دوران صبا نے عوام کے فلک شگاف نعروں کی گونج سے ایوانِ اقتدار میں رکھے ہوئے بربطِ شکستہ کے تاروں کے بجنے کی آواز کو بھی اپنی غزل میں منتقل کیا:

پھر بربطِ شکستہ کے بجنے لگے ہیں تار

سنتا ہوں میں کسی کی صدا گونجتی ہوئی

آگے چل کر صبا ماحول کی تیرگی کا خلاف واضح اعلانِ جنگ کرتے ہیں:

مشعل بکف پھریں گے صبا شہر شہر ہم

سنتے ہیں ظلمتوں سے فضا ہے گھٹی ہوئی

اور پھر بربط شکستہ کو برگِ خزاں دیدہ کے استعارے میں ڈھال کر اس سے یوں مخاطب ہوتے ہیں:

کیوں نخلِ ثمر بار پہ اک بوجھ بنا ہے

اے برگِ خزاں دیدہ ہواؤں میں بکھر جا

قیام کے بعد 23 سال تک ملک میں ایک مرتبہ بھی حقیقی جمہوری اداروں کا قیام عمل میں نہ آسکا۔ مخلص اور محب وطن عوام کے ایک فلاحی ریاست کے تصور کو سامنے رکھ کر برطانوی استبداد کے خلاف آواز بلند کی تھی اور اپنے مقصد کے لئے عظیم قربانیاں بھی دی تھیں، لیکن آزادی کے جھونکے کے لئے ترستے ہوئے عوام کو مسلسل دھوکا دیا جاتا رہا اور اگر کوئی نمائندہ آواز کسی دور میں حکمران طبقے کے خلاف اٹھی تو اس کو سیاسی یا مالی رشوت دے کر یا بالجبر خاموش کر دیا گیا۔ تاہم عوام کی سیاسی بیداری کے سبب آئے دن تحریکوں اور احتجاجی مظاہروں سے تنگ آ کر حکمرانوں کو دسمبر 1970ء میں بالغ رائے دہی کی بنیاد پر انتخابات کروانے پڑے۔ لیکن شومئ قسمت سے ان انتخابات کے نتیجے میں ایک نئے سیاسی بحران نے جنم لیا جو پاکستان کی تاریخ کے سب سے بڑے المیے سقوطِ ڈھاکہ پر منتج ہوا۔ سقوطِ ڈھاکہ کے بعد جنرل یحییٰ خان نے اقتدار ذوالفقار علی بھٹو کو منتقل کر دیا۔ بھٹو دور میں حقیقی جمہوری ادارے قائم ہوئے (؟)۔ دانش ور طبقے کے لئے یہ دور نئے اور حوصلہ افزا سیاسی عمل کا مژدۂ

جانفزا لے کر آیا لیکن 1971ء کی ہزیمت کا احساس بھی ساتھ ساتھ تھا۔ ان ملی جلی کیفیات کا اظہار صبا کی غزل میں اس طرح ہوتا ہے:

صبح آئی لہو میں ڈوبی ہوئی

شام کا رنگ جانے کیا ہو گا

اب نہ جاگے تو موسم گل کا

قافلہ دور جا چکا ہو گا

پاکستان کی سیاست کو کثیر جماعتی نظام نے جتنا نقصان پہنچایا ہے، شاید ہی کسی اور وجہ سے ہوا ہو۔ قیام سے اب تک ان گنت سیاسی جماعتیں ملکی مفاد کو پس پشت ڈال کر گروہی مفادات کے لئے سرگرمِ عمل رہ چکی ہیں۔ بے شمار سیاست دان ایسے ہیں جو اپنی مقصد براری کے لئے انتشار اور فرقہ واریت کو ہوا دیتے ہیں۔ صبا ملکی مفاد کی بجائے گروہی مفادات کے لئے جاری ان مذموم سرگرمیوں کو ایک با شعور شہری کی نگاہ سے دیکھ رہے تھے۔ لہٰذا جمہوریت کا نعرہ لگانے والے سیاسی رہنماؤں کو مخاطب کرکے سوال کرتے ہیں:

طلوعِ صبحِ درخشاں کے چاہنے والو!

چمن تو ایک ہے، سورج ہزار آخر کیوں

داخلی منافرت اور فرقہ واریت پھیلانے میں جہاں سیاست دانوں اور باثروت لوگوں کا ہاتھ ہے، وہاں تنگ نظر "مُلّا اِزم" بھی پیچھے نہیں ہے۔ آئے دن معمولی مذہبی اختلافات کو بنیاد بنا کر فسادات ہوتے رہتے ہیں۔ ایک گھر کے مکین ہونے کے باوجود ہم دشمنیوں کو نسل در نسل منتقل کرتے جا رہے ہیں۔ ایسے حالات میں عروسِ وطن کو نکھارنے سنوارنے کی فرصت کسے ہو گی؟

کیا رنگ آج میں تری تصویر میں بھروں

اپنے لہو سے اپنی قبا ہے رنگی ہوئی

شہر اور دیہات کی زندگی کے معیاروں کے بُعد کی وجہ سے سماجی اکائی بری طرح شکست و ریخت سے دو چار ہو رہی ہے۔ گاؤں اپنے فطری حسن اور اپنے باسیوں کی سادہ دلی کی وجہ سے شاعری میں مروت اور اخوت کے استعارے کے طور پر آتا ہے، جب کہ شہر مادیت پرستی اور تصنع کی وجہ سے بے مروتی کا استعارہ بن گیا ہے۔ صبا نے اس سماجی تضاد کو یوں بیان کیا ہے:

شہر والوں سے حقارت کے سوا کچھ نہ ملا

زندگی، آ تجھے لے جاؤں کسی گاؤں میں

معاشی وسائل کی کمیابی کی وجہ سے حصولِ رزق کی خاطر عوامی آبادی کو گاؤں سے شہر منتقل ہونا ہی پڑتا ہے۔ خواہ وہاں حقارت کا سامنا ہی کیوں نہ کرنا پڑے۔ لیکن اس نقل مکانی کے عمل سے گاؤں کی جو حالت ہوتی ہے، اس کی تصویر ذیل کے شعر میں دیکھی جا سکتی ہے:

نہ آنچلوں کی ہے دھنک، نہ گیسوؤں کی نکہتیں

اجاڑ گاؤں ہو گئے، سہیلیاں بکھر گئیں

گاؤں اور شہر کی زندگیوں کے تضاد کا تجربہ بھی صبا کو ذاتی طور پر ہوا تھا، جس کا اظہار ان کے دیگر اشعار کے علاوہ اس شعر میں بھی ہوتا ہے:

ظلمتوں کے دہر میں گاؤں مرا ڈوبا رہا

روشنی کا ایک دریا شہر میں بہتا رہا

صبا ایک طبقاتی معاشرے کے فرد تھے۔ لہٰذا ان کی شاعری میں اس بات کا احساس جا بجا ملتا ہے کہ اس ملک کے محنت کار جس قدر قومی ترقی میں حصہ ڈالتے ہیں، اس نسبت سے ان کی معاشی حالت بہتر ہونے کی بجائے بدتر ہوتی جاتی ہے۔ جبکہ دوسری طرف وہ طبقہ ہے جو، ان کی محنت کے بل بوتے پر عزت شہرت اور زندگی کی آسائشیں حاصل کر رہا ہے۔ اس عظیم المیے کی پیش کش کے مختلف انداز صبا کی شاعری میں ملتے ہیں:

تشنہ زمیں کی تشنہ لبی اور بڑھ گئی

برسی سمندروں پہ گھٹا جھومتی ہوئی

صبا مفلوک الحال ضرور تھے لیکن باطنی اعتبار سے زیریں سماجی سطح پر بالکل نہیں تھے۔ ایک تو وہ باشعور فن کار تھے اس لئے انہیں اپنے ہونے کا اعتماد حاصل تھا۔ دوسرے، وہ دولت کو صرف اس حد تک اہمیت دیتے تھے کہ ان کی بنیادی ضروریات پوری ہو سکیں۔ دولت کی فراوانی کا ان کے نزدیک سماجی رتبے کے ساتھ کوئی تعلق نہیں ہے:

ہم پستیوں میں رہ کے بھی اتنے بلند ہیں

اسرار جانتے ہیں ترے آسمان کے

دل تونگر آج بھی ہے دوستو، کل کی طرح

گو بدن پر ہے لباسِ مفلسی پہنا ہوا

صبا کی ہمشیرہ قسیم فاطمہ نے راقم کو بتایا: ''صبا کی دو باتیں میں نے خاص طور پر نوٹ کیں، ایک تو یہ کہ ہر عید پر وہ میرے گھر ڑے میں پر تکلف کھانے سجا کر باقاعدگی سے بھیجتے تھے۔ اور دوسرے یہ کہ جب بھی میرے سسرال کے لوگ سیالکوٹ سے واہ آتے تو وہ اپنے گھر میں ان کی شاندار دعوت کرتے اور اس دعوت میں خورد و نوش کے وہ تمام لوازمات ہوتے جو متمول گھرانوں کی دعوتوں میں موجود ہوتے ہیں۔'' [2]

مذکورہ بالا بیان سے اندازہ ہو جاتا ہے کہ لباس مفلسی میں ملبوس صبا دل کے تونگر تھے اور سماجی پستیوں میں رہ کر بھی ذہنی معیار کے اعتبار سے بہت بلند تھے۔ دراصل صبا کا وہ مقام تھا ہی نہیں جو سماج نے ان کو دیا ہوا تھا۔ وہ محض ایک تخلیق کار کی حیثیت سے ہی بلند مقام رکھنے والے انسان نہیں تھے، بلکہ انسانی حیثیت میں بھی لائقِ احترام تھے۔ انہوں نے اپنی تخلیقی زندگی کی خاطر زندگی سے (دوسرے مفلوک الحال فنکاروں کی طرح) دست بردار ی کا اعلان نہیں کیا، بلکہ دل کا مریض ہو جانے کے باوجود ڈاکٹر کی ہدایت کو نظرانداز کرتے ہوئے بچوں کے رزق کے حصول کے لئے مزدوری جاری رکھی۔ وہ اپنے حقیقی مقام و مرتبہ سے خود بھی آشنا تھے، کہتے ہیں:

میں فرازِ چرخ سے تارا ہوں اک ٹوٹا ہوا

اس جہاں کی پستیوں میں کھو گیا تو کیا ہوا

صبا ایک بے ضرر اور صاف گو شخص تھے۔ ان کے عزیز و اقارب اور احباب سے ملاقاتوں کے دوران یہ بات سامنے آئی کہ وہ چند لمحوں سے زیادہ کسی سے ناراض نہیں رہ سکتے تھے۔ ان کا مقصدِ حیات ہی دوسروں کو فائدہ پہچانا تھا۔ اور انسانی فلاح کے عظیم تر مقصد کے لئے وہ تخلیقی طور پر اور عملی زندگی میں عمر بھر جد و جہد کرتے رہے۔ لیکن معاشرہ ان جیسا شفاف نہیں ہے۔ معاشرے نے تو کینہ، بغض، اور حسد جیسے لاعلاج مرض پالے ہوئے ہیں۔ لہٰذا صبا کو جب اپنے روشن اعمال کے ردِ عمل میں بیگانگی اور نفرت کی سوغاتیں ملیں تو اس قسم کے شعر منظرِ عام پر آئے:

ہم نے ہر شخص کو اپنا ہی سمجھ کر چاہا

یہ الگ بات ہمیں کوئی نہ اپنا سمجھے

جانے کس سوچ میں گم جانبِ منزل تھے رواں

جو چلا ساتھ اسے اپنا ہی سایہ سمجھے

سید سبطِ علی صبا کی زندگی سے ''محبت کے تجربے'' کا کوئی ثبوت نہیں مل سکا۔ لیکن ان کی شاعری میں اس تجربے کا منفرد اظہار ضرور ملتا ہے۔ اس کی ایک وجہ یہ ہے کہ اپنی زندگی کو شاعری کے لئے وقف کر دینے والا فنکار کلاسیکی شاعری کے اس اساسی رویے سے بالکل کٹ کر نہیں رہ سکتا۔ اور دوسری وجہ یہ بھی ہو سکتی ہے کہ اس تجربے کا ظہور شاعر کے باطنی تہذیبی نظام میں تو ہوتا رہا ہو لیکن شاعر کی افتادِ طبع کے باعث خارجی سماجی زندگی پر اس کا انکشاف نہ ہو سکا ہو۔ صبا کی عشقیہ شاعری اپنے اندر ایک پاکیزہ فضا رکھتی ہے۔ اور ہر شعر تغزل کی چاشنی سے بھی بھرپور ہے۔ اس سلسلے میں ان کی دو غزلیں خاص طور پر قابلِ ذکر ہیں ، جن کے مطلعے یہ ہیں :

اس کی چاہت کو زمانے سے چھپا بھی نہ سکوں

وہ تو خوشبو ہے اسے ہاتھ لگا بھی نہ سکوں

ہم کو غمِ حیات سے انکار کیوں نہ ہو

دل ہے مسرتوں کا طلبگار، کیوں نہ ہو

ان دو غزلوں کے علاوہ ایک اور غزل کے یہ اشعار بھی قابلِ ذکر ہیں :

تیری آواز کو جب ہم بھی نہ پہچان سکے

تیری آواز کو پہچان لیا ہے دل نے

ان کے علاوہ کچھ اشعار ایسے بھی ملتے ہیں جن میں صبا غمِ جاناں کی طرف بڑھتے ہوئے دکھائی دیتے ہیں، لیکن غمِ دوراں انہیں اپنی طرف کھینچ لیتا ہے :

میرے پاؤں میں وہ حالات کی زنجیریں ہیں

چل کے آؤں جو ترے پاس تو آ بھی نہ سکوں

اس کی آواز کی لہروں کے تعاقب میں صبا
گرد چہرے پہ جمی ہے کہ ہٹا بھی نہ سکوں
ایک آواز سرِ شام بلاتی ہے مجھے
کون زنجیر کی صورت ہے مرے پاؤں میں
میں نے کب جرمِ محبت سے کیا ہے انکار
میں کہ ڈوبا ہوں ابھی فکر کے دریاؤں میں

غمِ دوراں کے ساتھ ساتھ صبا پر احباب کا ''حسنِ کرم'' بھی کچھ کم نہ تھا۔ اس کی گواہی ان کے حالاتِ زندگی اور پوری شاعری دیتی ہے۔ ذیل کے دو شعر اس گواہی پر مہر تصدیق ثبت کرتے ہیں:

کچھ احسان غمِ دوراں کے کچھ احباب کا حسنِ کرم
بستی بستی، کوچہ کوچہ، پھیل گئی رسوائی کچھ
غم کی دیمک، طنز کے نشتر، نفرت کی سوغات ملی
کارگہِ ہستی میں اے دل، دولت خوب کمائی دیکھ

الغرض، سید سبطِ علی صبا کی مطبوعہ غزل کی طرح ان کی غیر مطبوعہ غزل بھی افکارِ نو بہ نو سے مزین ہے۔ اور اس حوالے سے غزل کا ذوق رکھنے والے حلقوں میں ان کی ''پرستش'' مستقبل بعید تک ہوتی رہے گی:

افکارِ نو بہ نو سے مزین اگر ہو فن
دنیا میں پھر پرستشِ فنکار کیوں نہ ہو

حواشی

1۔ "قوس درقوس" از یوسف حسن، روزنامہ امروز لاہور۔ 24 مئی 1990ء

2۔ قسیم فاطمہ سے راقم کی گفتگو مؤرخہ 24 دسمبر 1990ء، 9۔ گل نسترروڈ، واہ چھاؤنی۔

سید سبطِ علی صبا کی شاعری کی فنی خصوصیات

ادب میں تیکنیک کے مطالعہ کی اہمیت پر روشنی ڈالتے ہوئے ڈاکٹر سلام سندیلوی لکھتے ہیں: ''ادب اپنی ادراکی اور جذباتی خصوصیات کی بنا پر انسان کے دل کی گہرائیوں میں اتر جاتا ہے۔ لیکن اس کے ساتھ ساتھ وہ اپنی ہیئت اور صورت کی بنا پر بھی جاذبِ نظر اور دل کش معلوم ہوتا ہے۔ اس لحاظ سے ادب ایک فن لطیف ہے اور دیگر فنونِ لطیفہ کی طرح اس میں بھی مرصع سازی ہوتی ہے۔ لہٰذا ادب کے طالب علم کو اس مرصع سازی کا بھی مطالعہ کرنا چاہئے۔ ادب میں مرصع سازی کا مطلب ہیئت، اندازِ بیان اور اسلوب ہے۔ اور ادبی تیکنیک کے مطالعہ کا تعلق انہی چیزوں سے ہے۔ ان چیزوں کے مطالعہ کے لئے ہم کو مرصع سازکے کارخانہ میں جانا ہوگا اور سمجھنا ہوگا کہ یہ چیزیں کس طرح وجود میں آئیں۔'' [1]

سید سبطِ علی صبا کی شاعری کے فنی تجزیہ کے سلسلے میں سب سے پہلے ہم ان کی غزلوں کو لیں گے۔ صبا کی غزلوں کی بحریں زیادہ تر سادہ اور رواں ہیں، لیکن اپنے اسلوب، آہنگ، تمثال کاری، تراکیب، تشبیہ و استعارہ، علامات، لفظیات اور صنائع بدائع کے حوالے سے یہ غزلیں اپنی فکری ندرت کی طرح اپنے اندر ایک غیر معمولی فنی ندرت بھی رکھتی ہیں۔ پہلے ہم صبا کی غزل کی بحروں اور اوزان پر بحث کریں گے [2]۔

بحریں

بحر و وزن کسی شعر پارے کے محض خارجی لوازمات نہیں ہوتے، بلکہ اس کے داخلی حسن کو بھی اجاگر کرتے ہیں۔ مغربی نقادوں کے حوالے سے ڈاکٹر سجاد باقر رضوی رقم طراز ہیں: ''ورڈزورتھ کے نزدیک اوزان و بحور شاعری کے لئے محض خارجی حسن کی

حیثیت رکھتے ہیں۔ کولرج کا خیال ہے کہ شعری وزن جذبے کو زیادہ شدید بناتا ہے۔ اور ہمیں جذبے کی ادنیٰ سطح سے اعلیٰ سطح پر لے جاتا ہے۔ کولرج کا خیال ہے کہ شاعری میں دو مختلف عناصر، وزن اور آہنگ ایک ترکیب میں ڈھل جاتے ہیں۔ یہ دونوں عناصر مختلف تو ہوتے ہیں لیکن متضاد نہیں ہوتے۔ وزن سے کولرج کی مراد بحور کا التزام ہے۔ اور آہنگ سے مراد روزمرہ کی بول چال کا آہنگ ہے۔ اس کا یہ بھی تقاضا ہے کہ وزن اور آہنگ کا شعر سے نامیاتی تعلق ہونا چاہئے اور انہیں شعر کے دیگر عناصر کے ساتھ ہم آہنگ ہونا چاہئے۔"[3]

"طشتِ مراد" میں درج نعت اور غزل نمبر 3، 10، 14، 16، 22، 26، 29، 30، 31، 37، 51، 55 اور متفرق اشعار میں سے شعر نمبر 4 اور 6، یعنی کل ایک نعت، بارہ غزلیں اور دو شعر بحر مضارع مثمن اخرب مکفوف و مقصور میں ہیں اور اس بحر کے ارکان ہیں:

مفعول فاعلات مفاعیل فاعلان یا مفعول فاعلات مفاعیل فاعلن

اس بحر میں صبا کی غزلوں میں سے نمونے کے طور پر دو اشعار درج کئے جاتے ہیں

:

مولائے کائنات کا ہے حکم اس لئے

وابستہ ہو گیا ہوں درِ بوتراب سے

دیوار کیا گری مرے خستہ مکان کی

لوگوں نے میرے صحن میں رستے بنالئے

غزل نمبر 4، 5، 7، 24، 33، 34، 35، 38، 41، 42، 43، 46 اور متفرق اشعار میں سے شعر نمبر 1، 5 یعنی کل بارہ غزلوں اور دو شعروں کی بحر مجتث مثمن مخبون مقصور ہے۔ اور اس بحر کے ارکان یہ ہیں:

مفاعلن فعلاتن مفاعلن فعلان یا مفاعلن فعلاتن مفاعلن فعلن

صبا کی اس بحر میں کہی گئی غزلوں میں سے دو اشعار:

یہاں وہاں کہیں آسودگی نہیں ملتی
کلوں کے شہر میں بھی نوکری نہیں ملتی

وہ طفل جو کبھی انگلی پکڑ کے چلتے تھے
اب اعتماد کے زینے کی سمت چلنے لگے

غزل نمبر 2، 6، 8، 9، 20، 27، 35، 60 اور متفرق اشعار میں شعر نمبر 7، 8 یعنی کل آٹھ غزلیں اور دو اشعار بحر رمل مثمن مخبون مقصور، مجتث میں ہیں اور اس بحر کے ارکان یہ ہیں:

فاعلاتن فعلاتن فعلاتن فعلن

صبا کے دو اشعار درج کیے جاتے ہیں:

اور طبقات میں انسان بکھرتے جائیں
مشورے روز ہوا کرتے ہیں زر داروں میں

نکہتِ گل کو گرفتار کرو تو جانوں
توڑنا شاخ سے پھولوں کا، ہنر کوئی نہیں

غزل نمبر 13، 18، 19، 23، 25 اور 48 یعنی کل چھ غزلیں بحر رمل مثمن محذوف و مقصور میں ہیں۔ اس بحر کے ارکان ہیں:

فاعلاتن فاعلاتن فاعلاتن فاعلن یا فاعلاتن فاعلاتن فاعلاتن فاعلات

اس بحر میں صبا کی غزلوں میں سے دو اشعار:

جب چلی ٹھنڈی ہوا بچہ ٹھٹھر کر رہ گیا

ماں نے اپنے لال کی تختی جلا دی رات کو

ہر طرف عفریت ہیں اور گھاٹیاں ہیں خوں میں تر

بیشۂ ہستی کی سب پگڈنڈیاں ہیں خوں میں تر

طشتِ مراد کی غزل نمبر 17، 44، 45، 47اور 50کی بحر ہزج مثمن سالم ہے، جس کے ارکان ہیں:

مفاعیلن مفاعیلن مفاعیلن مفاعیلن

اس بحر میں صبا کے دو اشعار ملاحظہ فرمائیں:

لہو جلتا رہے گا کارخانوں میں غریبوں کا

دھواں اٹھتا رہے گا آسماں تک چمنیوں سے کیا

ہمیشہ تیرگی سے برسرِ پیکار رہتا ہوں

تمہارے جگمگاتے شہر کے اس پار رہتا ہوں

غزل نمبر 21 اور 26 یعنی دو غزلوں کی بحر ہزج مثمن اشتر ہے۔ اس بحر کے ارکان اس طرح ہیں:

فاعلن مفاعلین فاعلن مفاعلین

دونوں غزلوں میں سے ایک ایک شعر دیکھئے:

رات کی عدالت میں جانے فیصلہ کیا ہو

پھول پھول چہروں پر ناخنوں کے گھاؤ ہیں

کب ہماری پروازیں آسمان تک ہوں گی

ہم قفس نصیبوں کو حسرتیں پروں کی ہیں

غزل نمبر 57 اور 59 بحر متقارب مقبوض اثلم کے مروجہ ارکان کو بڑھا کر نئی بحر میں کہی گئی ہیں۔ اس بحر کے سولہ ارکان ہیں:

فعول فعلن فعول فعلن فعول فعلن فعول فعلن

فعول فعلن فعول فعلن فعول فعلن فعول فعلن

اس بحر میں مذکورہ بالا غزلوں سے منتخب اشعار:

حریص آنکھیں شکار کی جستجو میں ہر اک کو گھورتی ہیں

سنبھل کے چلنا غریب جائی! ہوس کا کیچڑ جگہ جگہ ہے

تم اپنے بچوں کو آدمیت کے خوں سے رنگیں نصاب دوگے

تو آنے والے عظیم کل کے حضور میں کیا جواب دوگے

غزل نمبر 11 بحر متقارب مثمن سالم میں ہے۔ ارکان ہیں: فعولن فعولن فعولن فعولن

زمانہ ہوا در بدر کوچہ کوچہ

لئے پھر رہا ہے صبا غم کسی کا

غزل نمبر 40 بحر خفیف مسدس مخبون محذوف میں ہے۔ ایک شعر:

کل پکاروگے مسیحا کہہ کر

آج سولی پہ چڑھادو مجھ کو

غزل نمبر 23 اور متفرق اشعار میں سے شعر 2، 3 بحر ہزج مثمن اخرب میں ہیں۔اس بحر کے ارکان ہیں:

مفعول مفاعیلن مفعول مفاعیلن

اس غزل کا مطلع ہے:

ہر صبح پرندوں نے یہ سوچ کے پر کھولے

ان آہنی پنجروں کے شاید کوئی در کھولے

متفرق اشعار میں ایک شعر ہے:

جو وقت کی سولی پہ حق بات سدا بولے

اس شخص کے لہجے میں کیونکر نہ خدا بولے

غزل نمبر 39 بحر متدارک مقطوع میں آدھے رکن کے اضافے کے ساتھ کہی گئی ہے۔اس غزل کی بحر کے ارکان یہ بنتے ہیں:

فعلن فعلن فعلن مفعولن

میرے آئینے میں عکس ہے غربت کا

لیکن مجھ پر روشن ہیں اعمال مرے

غزل نمبر 56 بحر متقارب اثلم کے مروجہ ارکان میں اضافہ کرکے کہی گئی ہے۔ اس طرح جو نئی بحر بنتی ہے اس کا نام کسی کتاب میں موجود نہیں۔اس چودہ رکنی بحر کے ارکان یہ ہیں:

فعل فعولن فعل فعولن فعل فعولن مفعولن

فعل فعولن فعل فعولن فعل فعولن مفعولن

موج بلا سے بچ نکلے تو اپنی کشتی ٹوٹ گئی

جرأت ساتھ نبھاتی کب تک سانس کی ڈوری ٹوٹ گئی

غزل نمبر 36 بحر متقارب مقبوض اثلم میں ہے۔ یہ بحر عام طور پر مثمن استعمال ہوتی ہے۔ لیکن صبا نے مصرعے میں دو ارکان کا اضافہ کیا ہے۔ یہ تجربہ دوسرے بہت سے شعرا کے ہاں بھی ملتا ہے۔ بحر کے ارکان ہیں :

فعول فعلن فعول فعلن فعول فعلن

ہوا کے جھونکے نے میری آنکھوں کو سبز پا کر

ہری بھری بیل کھڑکیوں سے ہٹائی کیسی

غریب گھر کی ضرورتوں کے مقابلے میں

صبا تمہاری مہینے بھر کی کمائی کیسی

تمثال کاری

صبا کی غزل میں کلاسیکی اور معاصر اردو غزل سے بالکل مختلف امیجری ملتی ہے۔ ان کی غزل کی فنی تمثالیں : موت کی لوری، حالات کی سولی، ہوا کی بیٹیاں، محنت کا نصاب، مہکتی شجاعتیں، چاہتوں کے پنچھی، روح کے قیدی پرندے، دار کی ٹہنی، دوشیزگانِ صبح، زخموں کے آئینے، سایوں کے پیکر، خواہشوں کی تتلیاں، کالے دھماکے، روشنی کی گرد، زخموں کے تمغے، روح کا پیکر، آہنی ہار، تمغۂ ہجرت، اعتماد کی کشتی، دکھوں کی گٹھڑی، افلاس کا زنداں، نفرت کی سولی، حالات کا دریا، ہوش کا کیچڑ، وقت کی سولی، فصیلِ برف، حجلۂ شب، ذات کی خندق،

سلطنتِ آرزو، چہرے کا پوسٹر، دکھوں کی دیمک، فکر کے دریا، خوف کے صحرا، درد کا غازہ اور حالات کی زنجیریں وغیرہ ہیں جو کم و بیش سب کی سب ان کی اپنی تخلیق کی ہوئی ہیں۔

تراکیب

صبا کی غزل میں ایک وقیع سرمایہ مرکبات کا ہے۔ یہ مرکبات بھی صبا نے کسی سے مستعار نہیں لئے، بلکہ خیال کے ساتھ ساتھ اپنے ارد گرد کے ماحول سے ان کا انعکاس شاعر کی متخیلہ پر ہوا ہے: ابرِ سنگ، گردشِ وقت، تجربہ گاہِ جہاں، سگانِ برزنِ قریہ، چراغِ سر، شہرِ بد اعمال، شاخِ مژگاں، سیلِ درد، سیلابِ شبِ تار، کاروانِ فصلِ گل، جبرِ خزاں، رہرو منزلِ مقتل، وزنِ شب، قافلۂ شوق، فرازِ چراغ، افکارِ نو بہ نو، پرستشِ فنکار، شہرِ خیانت، دیوارِ حفاظت، زحمتِ مہمان نوازی، لشکرِ سگاں، کرن شعور، لہو چناب، فراتِ زیست، سگانِ شہر، تمثیلِ مفلسی، رموزِ کتبِ ہستی، ساعتِ بختاور، خانۂ انصاف، اور سنگِ جفا وغیرہ وہ تراکیب ہیں، جو صبا کی غزل سے مخصوص ہیں۔

استعارے

صبا کے ہاں ملک کے حوالے سے بہت سے معروف استعارے ملتے ہیں، مثلاً شہر، چمن، گلستاں، مکاں، آنگن وغیرہ لیکن کچھ استعارے بالکل نئے ہیں جیسے ناکام حکمرانوں کے لئے بربطِ شکستہ اور برگِ خزاں دیدہ اور ملک کے لئے خستہ مکان وغیرہ۔

تشبیہات

صبا کی غزل میں تشبیہات اور تشبیہی مرکبات بھی نئے ہیں جو ان کی اپنی تخلیق ہیں ۔اور ان کی مثال کلاسیکی یا ان کی معاصر غزل میں موجود نہیں ہے مثلاً دل کو مثالِ برگِ خزاں کہنا:

خزاں کا دور ہو یا موسمِ بہار صبا
مثالِ برگ خزاں دل تو داغدار رہا

یا خود کو ٹوٹے ہوئے ثمر سے تشبیہ دینا:

صبا درخت سے ٹوٹے ہوئے ثمر کی طرح
زمیں پہ روند دیا گردشِ جہاں نے مجھے

یا بچی کو موم بتی سے تشبیہ دینا:

جلتے جلتے بجھ گئی اک موم بتی رات کو
مر گئی فاقہ زدہ معصوم بچی رات کو

لفظیات

صبا کی غزل میں ایسے ایسے الفاظ استعمال ہوئے ہیں جن کو غزل جیسی نازک صنف میں برتنا اور غزل کی روایت کو بھی سہارا دئے رکھنا صبا جیسے بڑے فنکار ہی کا کام ہے۔ اگر صبا کی غزل میں ذاتی دکھوں کی لہریں موجود نہ ہوتیں تو غزل کسی صورت میں ان لفظوں کی متحمل نہیں ہو سکتی تھی۔ لیکن صبا نے یہ کارِ کوہ کنی کر دکھایا کہ غزل کے ذخیرۂ الفاظ میں اضافہ کرتے ہوئے اس صنف سے احتجاج اور پیغام کا کام بھی لیا اور اس کے حسن کو بھی مجروح نہیں ہونے دیا: پیوند، قبا، چادر، ہسپتال، بستر، بھونچال، انگلیاں، سوئی، کہنیاں، ناخنوں کے گھاؤ، چڑیا گھر، گھڑی، تھال، مہینہ، کمائی، ریل، کھڑکی، پتھر کا تکیہ، بوریاں، رسیاں، چھاگلیں، فٹ پاتھ، کوٹھیاں، قمقمے، غذا۔ صنعتی زندگی کے عکاس الفاظ و تراکیب: دھواں، چمنیاں، پسینے کی مہکار، کلوں کا شور، نوکری، کار، ہڈی، پسلی، چیخ۔ گھریلو زندگی کی جزئیات کو نمایاں کرنے والے الفاظ: اوڑھنی، سوت، کشیدہ کاریاں، چوڑیاں وغیرہ۔ عسکری زندگی کے حوالے سے: جنگ، لشکر، تیر، ڈھال، وردیاں، لشکری، گھنٹیاں، گولی، خون، محاذ، بارود، دھماکے، سپاہی، برچھیاں، تلوار، زنگ زدہ شمشیر۔ دیہی زندگی کے حوالے سے: کسان، دھرتی، گاؤں، چوپال، پگڈنڈیاں وغیرہ۔ یہ ایسے الفاظ ہیں جو صبا کی غزلوں میں بکثرت ملتے ہیں۔ غزل کے شعراء ایک نیا لفظ بھی استعمال کرنے سے پہلے کئی بار سوچتے ہیں۔ لیکن صبا ہمہ وقتی شاعر تھے لہٰذا خیال کے ساتھ وارد ہونے والے ہر فصیح لفظ کو انہوں نے خوش آمدید کہا۔ نئی لفظیات کو غزل کے قارئین اور نقاد جلدی قبول نہیں کرتے۔ لیکن قلیل عرصے میں صبا کی پاکستان اور بیرونِ پاکستان کے ادبی حلقوں میں مقبولیت ان کی غزل کی کامیابی کا ثبوت فراہم کرتی ہے۔

علامات

صبا کی غزل میں مروجہ شعری علامات کی کمی نہیں۔ مثلاً جنگل، گاؤں، شمع، تیرگی، رات، طوق اور زنجیر وغیرہ لیکن ان کی طبعزاد علامات ایسی ہیں جو ان کی پہچان کا مستقل حوالہ بنتی ہیں۔ ان میں گرتی ہوئی دیوار، آدھا جسم اور سبز آنکھیں ہیں، جو اپنی دھرتی کے لئے ہیں:

گرتی ہوئی دیوار کو گرنے سے بچالو

دیوار کے سائے کے سوا امن کہاں ہے

میں آدھا جسم لے کر رینگتا پھرتا ہوں سڑکوں پر

بسر اوقات میری غیر کی خیرات پر کیوں ہے

ہوا کے جھونکے نے میری آنکھوں کو سبز پا کر

ہری بھری بیل کھڑکیوں سے ہٹائی کیسی

اس کے علاوہ "ماں" صبا کے ہاں حقیقی اور زمینی دونوں رشتوں کے حوالے سے ایک مستقل علامت ہے۔ ماں اگرچہ تحفظ کی علامت کے طور پر دوسرے شعرا کے ہاں بھی موجود ہے لیکن صبا کی دونوں "ماؤں" سے مجنونانہ وابستگی نے اس علامت کو نیا رنگ دے دیا ہے:

وہ اپنی بانہوں میں بھینچ لے تو برائی کیسی

زمین ماں ہے تو ماں سے میری لڑائی کیسی

ڈرایا روشنِ فکر سے جہاں نے مجھے

مگر بچایا ہے اس ڈر سے میری ماں نے مجھے

چھوٹے ترقی پذیر ممالک کے لئے صبا نے پرندوں اور طفل کی علامات استعمال کی ہیں۔ مثلاً پڑوسی ملک افغانستان کے بارے میں دو شعر ہیں:

نئی فضا میں پرندوں کے پر نکلنے لگے
مرے پڑوس کے آنگن میں پیڑ پھلنے لگے
وہ طفل جو کبھی انگلی پکڑ کے چلتے تھے
اب اعتماد کے زینے کی سمت چلنے لگے

بڑے سامراجی ممالک کے لئے صبا نے ''شکرے'' کی علامت استعمال کی ہے:

کسی بھی شکرے کو اب جراتِ شکار نہ ہو
ڈری ہوئی نہ کہیں کوئی فاختہ دیکھوں

سورج کی علامت کو صبا مثبت اور منفی، دونوں معنوں میں استعمال کرتے ہیں:

سورج کی برچھیوں سے مرا جسم چھد گیا
زخموں کی سولیوں پہ مری رات کٹ گئی
طلسمِ تیرہ شبی ٹوٹنے لگا آخر
فصیلِ برف پہ سورج کے تیر چلنے لگے

صبا کے ہاں مخاطب اور غائب ضمیروں کا استعمال ہر جگہ مختلف معنوں میں ہوا ہے۔ کلاسیکی شعرا کے ہاں ''تُو'' کا لفظ محبوب مجازی اور صوفی شعراء کے ہاں محبوب حقیقی کے لئے استعمال ہوتا تھا۔ اقبال کے ہاں ''تُو'' اپنے مردِ مومن کو مخاطب کرنے کے لئے ہے۔ اس کے بعد جدید مزاحمتی شعراء کے ہاں اس ضمیر کو حکمرانوں کے لئے استعمال کرتے ہیں۔ صبا ایک غزل میں خداوند تعالیٰ کی ذات سے یوں شکوہ سنج ہوتے ہیں:

میں کوئی حرف غلط ہوں کہ مٹایا جاؤں

جب بھی آؤں تری محفل سے اٹھایا جاؤں

ایک اور جگہ اپنی زمین سے یوں مخاطب ہوتے ہیں:

صد شکر اپنے دل کو ترا غم ہوا نصیب

ہم تجھ سے مل کے صاحبِ کردار بن گئے

اور ایک غزل میں اپنی رفیقۂ حیات کے لئے کہتے ہیں:

دیوار کی طرح تری تصویر ہے خموش

تصویر تیری رونق دیوار کیوں نہ ہو

غائب ضمیروں میں سے ''وہ'' کا استعمال بھی صبا دو تین حوالوں سے کرتے ہیں۔ ایک شعر میں تلمیح کی مدد سے جابروں کے خلاف یوں بات کرتے ہیں:

جس شخص نے نفرت سے جلائے مرے خیمے

وہ شخص بھی اس آگ میں جل کیوں نہیں سکتا

ایک حمدیہ شعر میں خدائے بزرگ و برتر کے حوالے سے کہتے ہیں:

حجاب میں ہے مگر پھر بھی بے حجاب ہے وہ

مسافرو! رہِ ہستی میں ہم رکاب ہے وہ

ایک اور شعر میں ''غیر کی خیرات'' پر پلنے والے اہل وطن کو خدا پر اعتقاد کی تلقین یوں کرتے ہیں:

تم اپنے پاؤں پہ چلنے کی آرزو تو کرو

تمہیں وہ منزلِ مقصود کی خبر دے گا

ایک شعر میں "وہ" کی ضمیر کی مدد سے "یار نمامار" کے کردار کو اجاگر کرتے ہیں:

وہ تو حلیف بن کے ہی کرتا ہے اپنا وار
ترکش میں اس کے زہر بجھا تیر اور ہے

سید سبطِ علی صبا کی شاعری میں تلمیحات بھی پائی جاتی ہیں، جن کی چند مثالیں یہ ہیں:

ہر ایک شخص کو آمادۂ جفا دیکھوں
جدھر بھی دیکھوں ادھر دشتِ کربلا دیکھوں

میں وقت کا یوسف ہوں مرے بھائی ہیں دشمن
افلاس کے زنداں میں گرایا بھی گیا ہوں

یہ کس نے پھونک دیا صورِ حشر دنیا میں
چہار سمت پہاڑوں کے جسم گلنے لگے

اس کربلائے عصر میں ہر ماں کے سامنے
بیٹے کا گرم خاک پہ سہرا بکھر گیا

ہر حرملہ کے دوش پہ ترکش کو دیکھ کر
ماؤں نے اپنی گود میں بچے چھپا لئے

نظموں کا فنی تجزیہ

ہیئت

سید سبطِ علی صبا کی نظم ''زخم'' مربع ہیئت میں ہے۔ راہ میں دیوار نہ بن، آرزو ہے، عیدِ محرومی، روشنی عمل، تمہیں یاد ہوگا، گواہ رہنا، آج کا دن جمہور کا دن ہے، عظیم قائد، وہ ایک شاعر، اور یادِ شہدا، آزاد نظمیں ہیں۔ ان آزاد نظموں میں سے گواہ رہنا، عظیم قائد، وہ ایک شاعر، یادِ شہدا، مصرعی تسلسل کی آزاد نظمیں ہیں جو 'فعول فعلن' کے ارکان میں شروع سے آخر تک چلتی ہیں۔ جب کہ دیگر آزاد نظمیں غزلیہ مصرعے کی تیکنیک میں ہیں۔

صبا کی نظمیں اپنا تمام مواد سرزمینِ وطن، اس کی عسکری روایات اور اسلامی عسکری تاریخ سے حاصل کرتی ہیں۔ ان میں رنج، تاسف یا دل شکستگی کا شائبہ تک نہیں ملتا ہے۔ ان نظموں میں مادرِ وطن کی زندگی میں سپاہی کے کردار کو سمجھنے والے ایک پر عزم اور باشعور سپاہی کا بلند عسکری لہجہ ہے، جو اہل وطن کو تاریخی اور قومی شعور بیدار رکھتے ہوئے وطن کے دفاع کے لئے ہمہ وقت تیار رہنے کی تلقین کرتا ہے۔ ان نظموں میں وطن کے دریاؤں، کھیتوں، کسانوں، شہیدوں اور قومی رہنماؤں سے شاعر کی والہانہ عقیدت کا اظہار ملتا ہے۔ الفاظ اور تراکیب بھی عسکری زندگی سے لئے گئے ہیں۔ علم، مشعل، پرچم وغیرہ کا بکثرت تذکرہ ملتا ہے۔ وطن کے سپاہیوں کی ہمت اور جذبہ حریت و شجاعت کو خراج عقیدت پیش کیا گیا ہے۔ اور ان کو قلزمِ ہمت کے شناور، جرار، اور غضنفر وغیرہ کے القاب دئے گئے ہیں۔ حضرت ابراہیم علیہ السلام اور حضرت امام حسین کی تاریخی قربانیوں کے تذکرے کے ساتھ ساتھ پاکستان کی دشمن کے ساتھ ہونے والی جنگوں کے واقعات بھی بطور تلمیحات ان نظموں میں ظاہر ہوتے ہیں ۔ الغرض، ان نظموں سے ایک سچے پاکستانی سپاہی کے وطن کے بارے میں حقیقی احساسات وجذبات کا انکشاف ہوتا ہے۔

حرفِ آخر

سید سبطِ علی صبا نے زندگی میں جو کچھ محسوس کیا، اسے بیان ہی نہیں کیا بلکہ اصلاح احوال کے لئے آواز بھی اٹھائی۔ ان کے ہاں غم کی لہروں سے دب جانے کا احساس نہیں ملتا، بلکہ مزاحمت و پیکار کی فضا ملتی ہے۔

صبا کی غزل جہاں دنیا بھر کے مظلوموں اور ارضِ وطن کے ساتھ وفاداری کا اعلان کرتی ہے، وہاں ان کی نظم عساکرِ پاکستان کے جذبوں اور عزائم کو مہمیز لگاتی ہے۔ اپنے موضوعات کے اعتبار سے ان کی شاعری زیر دستوں کے مسائل کی شاعری ہے، اور فنی مواد کے سہارے سے ان مسائل کے خلاف احتجاج کی صورت میں اظہار پاتی ہے۔ صبا کی شاعری کے فنی تجزیے اور مطالعے کے بعد ہم اس نتیجے پر پہنچے ہیں کہ صبا کا اسلوب ایک ''سپاہیانہ اسلوب'' ہے جو ان کی سپاہیانہ فکر نے پیدا کیا ہے۔ بقول سید عابد علی عابد: ''اسلوب دراصل فکر و معانی اور ہیئت و صورت، یا ما فیہ و پیکر کے امتزاج سے پیدا ہوتا ہے۔''

حواشی

1۔ ''ادب کا تنقیدی مطالعہ'' ڈاکٹر سلام سندیلوی۔ مکتبہ میری لائبریری، لاہور (اشاعت اول 1986ء) ص: 35

2۔ بحروں کے سلسلے میں ان کتابوں سے استفادہ کیا گیا: اردو کا عروض، ترجمۂ حدائق البلاغت، میزانِ سخن، محبوب الشعرائ۔ مصنفین اور ناشرین کے حوالے ''کتابیات'' میں مذکور ہیں۔

3۔ ''مغرب کے تنقیدی اصول'' ڈاکٹر سجاد باقر رضوی۔ مقتدرہ قومی زبان اسلام آباد۔ (طبع اول، جون 1987ء) ص:234

4۔ ''اسلوب'' از سید عابد علی عابد۔ طبع اول 1971ء (مجلسِ ترقی ادب، لاہور) ص:63

باب چہارم

اردو ادب میں سیّد سبطِ علی صبا کا مقام

پاکستان کے قیام کے بعد ملک کی عسکری ضروریات کے پیشِ نظر واہ (ضلع راولپنڈی) میں پاکستان آرڈنینس فیکٹریز کا قیام عمل میں آیا۔ ضروری عمارات کی تعمیر اور مشینوں کی تنصیب کا کام مکمل ہونے پر 82 دسمبر 1951ء کو اس وقت کے وزیرِ اعظم خواجہ ناظم الدین نے کارخانے کا افتتاح کیا۔ کارخانے کو چلانے کے لئے بڑی تعداد میں فنی ماہرین اور کارکنوں کی خدمات حاصل کی گئیں، جو ملک کے دور دراز علاقوں سے آکر واہ میں آباد ہوئے۔ کارخانے کا انتظام و انصرام پاک فوج کے سپرد کیا گیا۔ لہٰذا اس علاقے کا نام "واہ" سے "واہ چھاؤنی" ہو گیا۔ سڑکیں، مکانات، تعلیمی ادارے، عبادت گاہیں، ہسپتال، اور تجارتی مراکز تعمیر ہونے لگے اور اس طرح چند سالوں میں ٹیکسلا سے حسن ابدال کی پہاڑیوں تک پھیلا ہوا یہ وسیع و عریض سرسبز میدان ایک بڑے صنعتی شہر میں تبدیل ہو گیا۔

سید سبطِ علی صبا اس صدی کی چھٹی دہائی کے آغاز میں اپنے والدین کے ہمراہ سیالکوٹ سے واہ منتقل ہوئے۔ بعد ازاں وہ 1956 تا 1963ء پاکستان آرمی میں بھی رہے، لیکن اس دوران وہ اکثر اپنے والدین سے ملنے واہ آتے رہے اور ادبی محفلوں میں بھی شرکت کرتے رہے۔ صبا بچپن ہی سے شعر و شاعری سے رغبت رکھتے تھے۔ لیکن ان کا اصل شعری جنم واہ چھاؤنی کی فضاؤں ہی میں ہوا۔ اور، پھر ایک ایسا دور آیا کہ واہ کے اہلِ قلم کے ہجوم میں صبا سب سے نمایاں نظر آنے لگے اور پورے ملک کے ادبی حلقوں میں ان کا نام لیا جانے لگا۔ پروفیسر سجاد شیخ لکھتے ہیں: [1]

Saba was well-known in literary circles of Pakistan though he belonged to the nucleus of writers settled in Wah Cantonment where he virtually spent the most productive period of his life.

کسی بھی تخلیق کار کی حسیات کا اپنے چو گرد کے تخلیقی منظر سے ایک نامیاتی رشتہ ہوتا ہے، جو اس کی تخلیقات کو خونِ تازہ مہیا کرتا ہے۔ البتہ یہ امر تسلیم شدہ ہے کہ ایک بڑی آواز ہمیشہ ایک غیر معمولی صلاحیتوں کے حامل فنکار کے زینۂ سخن سے ہی بقائے دوام کی دیوی کا ہاتھ پکڑتی ہے۔ صبا بھی ایک غیر معمولی صلاحیتوں کے حامل فنکار تھے۔ انہوں نے نہ صرف واہ کے ادبی ماحول پر اپنے امٹ اثرات چھوڑے بلکہ خود بھی ماحول کے اثرات قبول کئے۔ ان کو واہ کے ادبی منظر سے کاٹ کر دیکھنا ایسے ہی ہے جیسے کوئی طالب علم بغیر سیاق و سباق اور حوالہ متن کے کسی پیراگراف کی تشریح شروع کر دے۔ لہٰذا اردو ادب میں ان کے مقام کے تعین کے سلسلے میں ہم قیامِ پاکستان سے لے کر 1980ء (صبا کی وفات) تک کی ان ادبی سرگرمیوں کا جائزہ اور شعرا کا تذکرہ ضروری سمجھتے ہیں، جنہوں نے واہ جیسی دور افتادہ ایک صنعتی بستی کو ادبی مرکز کی حیثیت دی۔

واہ میں سب سے پہلے ادب کی شمع اس وقت روشن ہوئی جب 1954ء میں توصیف تبسم، آفتاب اقبال شمیم اور الیاس صدا نے مل کر یہاں راولپنڈی کی ادبی تنظیم ''پال'' کی شاخ قائم کی۔ یہ وہ دن تھے جب ملک کے معروف شاعر شاہد نصیر بھی لاہور سے واہ منتقل ہوئے۔ شاہد نصیر کا کلام اس وقت ملک کے مقتدر ادبی پرچوں 'سویرا' اور 'ادبِ لطیف' وغیرہ میں چھپتا تھا۔ اور 19848ء سے 1953ء تک کی پاکستانی غزل کے ہر سالانہ انتخاب میں ان کی غزلیں شامل ہوتی تھیں [2]۔ ''پال'' کا پہلا ادبی اجلاس اسلم مارکیٹ واہ کے قریشی ہوٹل (موجودہ عباسی ہوٹل) کے چوبارے پر منعقد ہوا جس میں واہ کے دوسرے شعراء کے علاوہ سبطِ علی صبا نے بھی ایک نوآموز شاعر کی حیثیت سے شرکت کی[3]۔ جب کہ راولپنڈی سے صادق ادیب اور نظم گو شاعر احمد شمیم بھی اس اجلاس میں شریک ہوئے۔ پچاس کی دہائی کے آخری سالوں میں توصیف تبسم اور آفتاب اقبال شمیم تعلیم مکمل کرنے کی

غرض سے یکے بعد دیگرے واہ سے راولپنڈی منتقل ہو گئے۔ اس دوران ظہیر رام پوری، تپش برنی، عارف لکھنوی، نذیر احمد شیخ، مخلص وجدانی، انوار عثمانی، آلِ نبی تابش، جمال لکھنوی، کمال کاسگنجوی، بیدل فاروقی، احمد جمیل، اکمل ارتقائی، علی مطہر اشعر، حلیم قریشی، نظیر اختر، رفیق نشتر، بشیر آذر، سجاد بابر، شاہد ملک، طفیل کمالزئی، امان اللہ خان، امتیاز عارف اور محمد سلیم بھٹی جیسے اہلِ قلم کی ایک کھیپ واہ کے ادبی منظر میں داخل ہو چکی تھی۔ لہٰذا کوئی فعال ادبی تنظیم نہ ہونے کے باوجود کئی برس تک نجی ادبی محفلیں آباد رہیں۔ چھٹی دہائی کے آخری مہینوں میں جگر مراد آبادی کے شاگرد راز مراد آبادی کا تبادلہ واہ چھاؤنی ہو گیا۔ راز نے اپنے ''افسر تعلقاتِ عامہ'' کے عہدے سے بھرپور فائدہ اٹھاتے ہوئے واہ کی ادبی سرگرمیوں میں انقلاب برپا کر دیا۔ انہوں نے چند ہی سالوں میں واہ کے گمنام اہلِ قلم کو نہ صرف ملک کی بڑی ادبی شخصیات مثلاً عدم، ناصر کاظمی، جوش اور ندیم وغیرہ کے ساتھ (واہ میں تقاریب کا اہتمام کر کے) مل بیٹھنے کے مواقع فراہم کئے، بلکہ فیکٹری انتظامیہ کو ایک ادبی تیکنیکی مجلّہ جاری کرنے پر بھی آمادہ کیا، جو پندرہ روزہ 'کاریگر'' کے نام سے مئی 1963ء میں جاری ہوا۔

چھٹی دہائی کے وسط میں واہ کے اہلِ قلم نے ایک ادبی تنظیم ''دھنک'' قائم کی۔ اس کے صدر احمد جمیل تھے۔ دھنک کے شعری و تنقیدی اجلاس باقاعدگی سے ہونے لگے۔ اس کے ساتھ ساتھ نعت گو شعراء کی کچھ تنظیمیں بھی سرگرمِ عمل تھیں، جن میں 'بزمِ نعت' سرِ فہرست تھی۔ بزمِ نعت کے روحِ رواں جمال لکھنوی، انوار عثمانی، آلِ نبی تابش، کمال کاسگنجوی، تپش برنی اور احسان اللہ خان تھے۔ واہ کی ادبی تاریخ میں ایک اہم نام ظفر ابن متین کا بھی ہے، جن کی کوششوں سے 2 اپریل 1967ء کو اتفاق رائے سے ''دھنک'' کا نام تبدیل کر کے ''بزمِ فانوسِ ادب'' رکھا گیا۔ فانوس کے اجلاس اکثر و بیشتر ظفر ابنِ متین کی اقامت گاہ (ڈی۔71، ویسٹ پارک) میں منعقد ہوتے رہے۔ البتہ وقتاً فوقتاً اس تنظیم کے اجلاس ریکری ایشن سنٹر، کنٹونمنٹ بورڈ لائبریری، کیفے ناز اور دوسرے مقامات پر بھی منعقد ہوتے۔ فانوس اپنے قیام سے 1980ء تک سرگرمِ عمل رہی اور اس طرح شمالی پنجاب کی

ایک نمائندہ ادبی تنظیم کی حیثیت سے ابھری۔ ستر کے عشرے میں اس تنظیم کے اجلاس کچھ عرصہ تعطل کا شکار بھی رہے، لیکن یہ تعطل اتنی محدود مدت کا تھا کہ شعراء کے تخلیقی سفر پر اثر انداز نہیں ہو سکا۔ فانوس کے پہلے معتمد عمومی ظفر ابنِ متین تھے۔ ازاں بعد نسیم قریشی، الیاس صدا، سبطِ علی صبا، احمد جمیل، سجاد بابر، حسن ناصر، علی مطہر اشعر، امان اللہ خان، اور شاہد ملک مختلف ادوار میں اس عہدے کے لئے منتخب ہو کر خدمات سر انجام دیتے رہے، جبکہ شاہد نصیر، راز مراد آبادی، رفیق نشتر، حلیم قریشی، اکمل ارتقائی، بشیر آذر، جلیل عالی، شفیع ضامن، منور عزیز، مسرور قدرمانی، شہزاد قمر، محمود اختر عادل، محمد سلیم بھٹی، غلام رسول، قیصر عابدی، یوسف امیر، سلمان عادل، خالد نذیر، احمد مختار، وصی احمد زندہ اور شاہد عباس وغیرہ اس تنظیم کے دیگر عہدیداران اور نمایاں اراکین کی حیثیت سے ادب کی ترویج و ترقی کے لئے کوشاں رہے۔

ستر کا عشرہ واہ کی ادبی تاریخ میں بہت اہمیت کا حامل ہے۔ یہی وہ دور تھا جب واہ پاکستان کے ایک ادبی مرکز کی حیثیت سے اپنی پہچان بنانے میں کامیاب ہوا۔ ادبی حوالے سے واہ کے نام کو معتبر بنانے میں ان ادبی تقریبات نے سب سے اہم کردار ادا کیا، جو 1960ء تا 1980ء کے بیس سالوں کے دوران راز مراد آبادی کی کوششوں سے سرکاری طور پر اور "بزمِ فانوسِ ادب" اور دوسری تنظیموں "حلقہ اربابِ فکر و فن"، "بزمِ نعت" اور "انجمنِ ترقیِ ملت و ادب" وغیرہ کے زیرِ اہتمام منعقد ہوتی رہیں۔ ان تقریبات میں ملک کے معروف اور غیر معروف اہلِ قلم مختلف اوقات میں بڑی تعداد میں شرکت کرتے رہے، جن کی تخلیقات کے اثرات واہ کے تخلیق کاروں پر مرتب ہوئے۔ تاہم اس سے اہم بات یہ ہے کہ ان تقریبات کی وساطت سے واہ کے صنعتی ماحول میں پنپنے والے نئے ادبی رویوں کا انکشاف پاکستانی ادب پر ہوا۔ مذکورہ بیس سالوں میں منعقد ہونے والی ان تقریبات کے حوالے سے ابنِ انشاء، احسان دانش، احمد سعید اختر، احمد فراز، احمد ندیم قاسمی، اختر ہوشیار پوری، ارمان لکھنوی، اعجاز راہی، افضل منہاس، الطاف پرواز، امجد اسلام امجد، انصر لدھیانوی، انور مسعود،

باقر نقوی، تنویر سپرا، ثریا فخری، جعفر طاہر، جوش ملیح آبادی، جون ایلیا، حسن رضوی، حمید ساغر، خاطر غزنوی، خالد احمد، خاور اعجاز، خاور رضوی، ربیعہ فخری، رحمان کیانی، رشید امجد، رشید نثار، رضا ہمدانی، رفعت سلطان، سبطِ احمد، سبطین شاہجہانی، سجاد میر، سرفراز شاہد، سرور انبالوی، سرور کامران، سعد اللہ کلیم، سلطان رشک، سلطان زبیری، شریف کنجاہی، شوکت خواجہ، شوکت مرادآبادی، شہزاد احمد، ڈاکٹر صابر آفاقی، صادق قمر، سید صفدر حسین زیدی، صوفی تبسم، صفیہ شمیم ملیح آبادی، ظفر اکبر آبادی، ڈاکٹر طاہر فاروقی، ڈاکٹر ظہیر فتح پوری، ظہیر کاشمیری، سید عابد علی عابد، عاقل وزیر آبادی، عبدالحمید عدم، ڈاکٹر عبادت بریلوی، عظیم الوقار فرحان، غلام محمد قاصر، فارغ بخاری، قمر صدیقی، کشور ناہید، کلیم عثمانی، محسن احسان، کرنل محمد خان، مسرت ہاشمی، منشی لطیف گجراتی، مضطر اکبر آبادی، حافظ مظہر الدین، منصور تابش، منیر نیازی، ناصر زیدی، نظم اکبر آبادی، نیاز لکھنوی، نیساں اکبر آبادی، ڈاکٹر وزیر آغا، سید وقار عظیم، یوسف حسن، یوسف سلیم چشتی، اور یوسف ظفر بیرونِ واہ سے تعلق رکھنے والے وہ قلمکار ہیں جن کے اسمائے گرامی واہ کی ادبی تاریخ میں محفوظ ہو چکے ہیں [4]۔

مذکورہ بالا شعراء و ادباء میں سے کئی ایک نامور شعراء مثلاً ناصر کاظمی، احسان دانش، اور احمد ندیم قاسمی وغیرہ متعدد بار واہ کے مشاعروں میں شریک ہوئے۔ پاکستان کے ان نامور شعراء نے واہ کی فضاؤں میں اپنی وہ شہکار تخلیقات پیش کیں جن کے بعض اشعار آج زبان زدِ عام ہیں۔ ذیل میں چند مقبول اشعار مع حوالوں کے درج کئے جاتے ہیں:

نہ ملا کر اداس لوگوں سے

حسن تیرا بکھر نہ جائے کہیں

ناصر کاظمی (1)

(1) بزم ادب کے زیرِ اہتمام لائبریری ہال، واہ چھاؤنی میں محفل مشاعرہ۔ صدارت: ناصر کاظمی، نظامت: اظہر لودھی، کاروائی مطبوعہ ''واہ کاریگر'' جلد۔2، شمارہ ۔10، ص :28 (مارچ 1965ء)

یہ رینگتی چلی آتی ہیں کیا لکیریں سی
یہ ڈھونڈتی ہے کسے سائے سائے شامِ فراق

ناصر کاظمی (2)

(2) آرڈیننس کلب واہ چھاؤنی میں محفلِ مشاعرہ، کاروائی مطبوعہ ''واہ کاریگر'' جلد۔4، شمارہ ۔16۔ ص :11 (13 اکتوبر 1969ء)

تو پکارے تو چمک اٹھتی ہیں آنکھیں میری
تیری صورت بھی ہے شامل تری آواز کے ساتھ
عمر بھر سنگ زنی کرتے رہے اہل وطن
یہ الگ بات کہ دفنائیں گے اعزاز کے ساتھ

احمد ندیم قاسمی (3)

(3) آرڈیننس کلب، واہ چھاؤنی میں ''احمد ندیم قاسمی کے ساتھ ایک شام''۔ کاروائی مطبوعہ ''واہ کاریگر' جلد۔2، شمارہ۔13، ص :29 (ستمبر 1967ء)

میرے محبوب محبت سے سیاست میں نہ آ
بد سگالی کو یہاں حسنِ عمل کہتے ہیں
ہم پسِ پشت دیا کرتے ہیں جن کو گالی

"ان کی صورت نظر آئے تو غزل کہتے ہیں"

پروفیسر طٰہٰ خان (4)

(4) آرڈ ننینس کلب، واہ چھاؤنی میں محفلِ مشاعرہ۔ کاروائی مطبوعہ "واہ کاریگر" جلد۔4 ، شمارہ۔16، ص :12 (31 اکتوبر 1969ء)

مجھ سے تو پوچھنے آیا ہے وفا کے معنی

یہ تری سادہ دلی مار نہ ڈالے مجھ کو

قتیل شفائی (5)

(5) واہ آرڈ ننینس کلب، واہ چھاؤنی میں منعقد ہونے والی ایک محفلِ مشاعرہ۔ کاروائی مطبوعہ "واہ کاریگر" جلد۔4، شمارہ۔16، ص :11 (31 اکتوبر 1969ء)

چیز کڑوی ہے مگر دھوپ سے بچنے کے لئے

نیم کا پیڑ بھی آنگن میں لگا دیتے ہیں

پہلے دیوانہ بنا دیتے تھے لوگوں کو حسیں

آج کل شہر کے حالات بنا دیتے ہیں

رحمان کیانی (6)

(6) رحمان کیانی کے اعزاز میں کنٹونمنٹ لائبریری واہ چھاؤنی میں رفیق نشتر کے زیرِ اہتمام منعقد ہونے والی ایک محفلِ مشاعرہ کی کاروائی، مطبوعہ "واہ کاریگر" جلد۔5، شمارہ۔6، ص :61 (24جولائی 1970ء)

چھت کی کڑیاں جانچ لے، دیوار و در کو دیکھ لے

مجھ کو اپنانے سے پہلے میرے گھر کو دیکھ لے

تنویر سپرا (7)

(7) تنویر سپرا کے ساتھ ایک شام، جون 1972ء : کاروائی رجسٹر، بزمِ فانوسِ ادب، واہ چھاؤنی

ملیں جب ان سے تو مبہم سی گفتگو کرنی

پھر اپنے آپ سے سو سو وضاحتیں کرنی

احمد فراز (8)

(8) آرڈنینس کلب واہ چھاؤنی میں منعقد ہونے والی محفلِ شعر کی کاروائی مطبوعہ ''واہ کاریگر'' جلد۔4، شمارہ۔16، ص :12 (31 اکتوبر 1969ء)

واہ کو پاکستانی ادبی منظر میں نمایاں مقام دلانے میں ادبی رسائل نے جو کردار ادا کیا اس کو بھی نظر انداز نہیں کیا جا سکتا۔ اس سلسلے میں ماہنامہ ''فنون'' لاہور خاص طور پر قابلِ ذکر ہے۔ واہ کے چند شعراء کی تخلیقات تو 1970ء سے پہلے بھی ممتاز ادبی پرچوں مثلاً سویرا، ادب لطیف، لیل و نہار، نقوش، ماہِ نو، اوراق اور فنون میں وقتاً فوقتاً چھپتی رہتی تھیں لیکن ستر کی دہائی میں اس صنعتی بستی کے متعدد شعراء کی غزلیں اور نظمیں فنون میں اس تسلسل اور اہتمام کے ساتھ چھپیں کہ واہ بھی ایک سکول آف تھاٹ کی حیثیت سے ابھرنے لگا۔ سبطِ علی صبا کی فنون میں پہلی غزل 1972ء میں جلد۔15، شمارہ۔6 میں شائع ہوئی (غزل کا مطلع)

ان کی آخری غزل اس مجلّہ میں ان کے انتقال کے بعد اگست 1980ء میں شمارہ۔14 میں شائع ہوئی۔ (اس غزل کا مطلع ہے)

صبا کے علاوہ اس دور میں باقاعدگی سے فنون میں چھپنے والے واہ کے شعراء میں علی مطہر اشعر، ظفر ابن متین، جمیل یوسف، نثار ناسک، جلیل عالی، بشیر آذر، حلیم قریشی، حسن ناصر، نسیم قریشی، شفیع ضامن، سجاد بابر اور منور عزیز کے نام شامل ہیں۔

واہ کے ایک اہم ادبی مرکز ہونے کا ثبوت شعراء وادباء کی اس کثیر تعداد سے بھی ملتا ہے جو صبا کے عہد میں یہاں عمل تخلیق وادب میں سرگرم تھی۔ مقالے کی ضرورت اور گنجائش کے مطابق ہم یہاں صبا کے معاصر شعراء وادباء میں سے کچھ کا تذکرہ کریں گے۔ ترتیب اسماء حروفِ تہجی کے اعتبار سے رکھی گئی ہے۔

آفتاب اقبال شمیم پچاس کی دہائی کے چند سال واہ میں مقیم رہے۔ واہ میں ادب کی ترویج میں شاہد نصیر، الیاس صدا، اکمل ارتقائی، توصیف تبسم، اور احمد جمیل کے ساتھ ساتھ آفتاب اقبال شمیم کا کردار بھی بنیادی ہے۔ آفتاب اقبال شمیم جدید علامتی نظم کے ممتاز شاعر ہیں۔ 1985ء میں نظموں کا مجموعہ ''فردا نژاد'' منظرِ عام پر آیا۔ نظم کے ساتھ ساتھ جدید لہجے میں غزل بھی کہتے ہیں۔ غزل کا ایک شعر ملاحظہ ہو:

میں اپنی ذات میں ہوں سرحدوں کا باشندہ

منافقت نے سکھایا ہے اعتدال مجھے

احمد جمیل بھی پچاس کی دہائی میں واہ منتقل ہوئے اور تا حال پی او ایف میں ملازمت کرتے ہیں۔ جمیل کی غزل عصر حاضر کے احساس تنہائی، خوف اور معاشی مسائل کے کرب کی عکاسی کرتی ہے۔ جمیل نے اردو شاعری میں صنعتی زندگی کی ''ہوٹر'' جیسی علامت کو متعارف کرایا:

صبح کو دفتر، شام سڑک پر، رات ڈھلی تو گھر

گھر میں بھی ہوں لحد کی صورت سنگ سنگ بستر

ہجر کے سائے جوں توں سر کے قہر کی دھوپ چڑھی

گرم ہوا ہنگامۂ محشر، چیخ اٹھا ہوٹر

نفسا نفسی کا عالم ہے کون کسی کا میت

اک اک ساتھی دشمن نکلا، اپنے آپ سے ڈر

اکمل ارتقائی 1954ء میں راولپنڈی سے واہ منتقل ہوئے۔ ایک جدید شاعر کے علاوہ وسیع المطالعہ ناقد کی حیثیت سے بھی اپنی پہچان رکھتے ہیں۔ چند برس پہلے اکمل نے واہ سے ایک کتابی سلسلہ ''ادب'' کا اجراء کیا تو پروفیسر یوسف حسن نے لکھا: ''ادب کے مرتب اکمل ارتقائی ہیں۔ جو وسیع مطالعہ رکھنے والے ایک روشن خیال اہل قلم ہیں۔ انہوں نے واہ میں بہت سے نوجوانوں کی ذہنی تربیت کی ہے۔ اس کتابی سلسلے کے اجراء کا مقصد یہ ہے کہ دانش اور حقیقت پسندی بخشنے والی نگارشات سستے داموں عام لوگوں تک پہنچائی جائیں۔'' [6] اکمل کی غزل کا پیکر بھی جدید صنعتی تہذیب کے خطوط سے تشکیل پاتا ہے۔ ان کی ایک غزل (مطبوعہ: لیل و نہار، لاہور، مارچ 1964ء) کے دو شعر ملاحظہ ہوں:

ہر سمت نظر آتے ہیں جھلسے ہوئے چہرے

ہنستے ہوئے شہروں کی ہوا زہر بھری ہے

اے شہر ہمارے ہی لئے تنگ نظر ہے!

ہم نے ہی تو پھولوں سے تری گود بھری ہے

ان کی ایک اور غزل کا مطلع ہے:

دستک سنی تو دوڑ کے دہلیز تک گیا

باہر ہوا کا شور تھا، چہرہ اتر گیا

الیاس صدا الہ آباد (بھارت) میں پیدا ہوئے۔ پاکستان بننے کے بعد بسلسلہ ملازمت واہ منتقل ہوئے، جہاں تیس برس سے زیادہ شعر گوئی کا عمل جاری رکھا۔ لیکن بد قسمتی سے مجموعۂ کلام منظرِ عام پر نہ آ سکا۔ صدا کا انتقال 21 اکتوبر 1984 کو واہ میں ہوا۔ رومانویت اور عصری آگہی صدا کی غزل کی متوازی لہریں ہیں، جو ان کے اسلوب کے انوکھے رنگ پہنے ہوئے جلوہ گر نظر آتی ہیں:

شام ڈھل جائے تو اکثر ترے ڈیرے جاؤں
سوچتا ہوں کہ کسی روز سویرے جاؤں

چاند اس شان سے نکلا کہ مجھے ہوش نہ تھا
کبھی اپنے کبھی دروازے پہ تیرے جاؤں

نظریں اٹھیں تو چاند پہ انساں اتر گیا
نظریں جھکیں تو بھوک سے اک شخص مر گیا

اک روشنی کا خواب بھی دیکھا تو اس طرح
بجلی چمک رہی تھی اندھیرے مکان پر

بشیر آذر کم نویس لیکن مضبوط اور منفرد غزل کہنے والے شاعر ہیں۔ ایک عرصہ تک ان کی تخلیقات ''فنون'' میں چھپتی رہیں۔ آج کل ''اوراق'' میں باقاعدگی سے چھپ رہے ہیں۔ درخت، پنچھی، آشیاں، شہر، مکان، چھت جیسے نئے استعارے اور علامات آذر کی غزل کی پہچان ہیں:

گھرے ہوئے جاتے ہیں در و بام کے سائے
ہے پیڑ کو تشویش کہ پنچھی نہیں آئے

سوچوں کا ہر اک موڑ پہ ہوتا ہے تصادم

اس شہر کا آئین کوئی کیسے بنائے

دوستو! تم مجھے آئینے دکھاتے رہنا

میرے اندر سے نیا شخص نکل آنے تک

توصیف تبسم 1952ء میں پشاور سے واہ منتقل ہوئے جہاں 1959ء تک رہے۔ 1961ء میں گارڈن کالج کے ایک با قاعدہ طالب علم کی حیثیت سے پنجاب یونیورسٹی سے اردو ادبیات میں ایم اے کیا اور تدریس کے شعبے سے وابستہ ہو گئے۔ چند برس قبل ڈاکٹریٹ کی ڈگری حاصل کر چکے ہیں۔ اردو کے ممتاز شاعر اور نقاد ہیں۔ ڈاکٹر توصیف تبسم کی غزل کے بارے میں رشید امجد لکھتے ہیں : "توصیف تبسم کے یہاں کائنات کے سطحی دائرے سے آگے بڑھنے کی جستجو اور تمنا بہت نمایاں ہے۔ ان کی غزلوں میں تجسّس ہے۔ اپنے آپ سے سوال کرنے اور خود ہی جواب دینے کا یہ نفسیاتی عمل اس دور کی اس انحطاطی کیفیت کا غماز ہے جو ذات اور خارج کے ٹکراؤ سے وجود میں آتی ہے۔" [7]

میری صورت سایۂ دیوار و در میں کون ہے

اے جنوں، میرے سوا یہ میرے گھر میں کون ہے

خاک چھنواتی ہے راتوں کو یہ کس کی جستجو

چاندنی کی طرح پھیلا دشت و در میں کون ہے

قطرے لہو کے صرفِ قلم ہو چکے بہت

بس کیجئے کہ خود پہ ستم ہو چکے بہت

توصیف اپنے خرچ پہ دیوان چھاپئے

یک جا بقولِ میر یہ غم ہو چکے بہت

جلیل عالی معروف جدید غزل گو ہیں۔ ان کا مجموعۂ غزل چند برس پہلے ''خواب دریچہ'' کے نام سے شائع ہوا۔ واہ میں عالی ستر کے عشرے میں چند برس ایک استاد کی حیثیت سے رہے۔ چند منتخب اشعار درج کئے جاتے ہیں، جو ان کے تخلیقی معیار کی نشان دہی کرتے ہیں:

اس دن ایسی سرخی تھی اخباروں پر

گونگے ہو گئے شہر کے سارے ہاکر بھی

بس رہا تھا مری سوچ کے آسمانوں پہ جو

اور ہی شہر تھا اس کے سب بام و در اور تھے

اپنے دیے کو چاند بتانے کے واسطے

بستی کا ہر چراغ بجھانا پڑا ہمیں

جلیل عالی کے ہاں مروجہ مرکبات اضافی و توصیفی کو نئے انداز میں برتنے کی بہت سی مثالیں ملتی ہیں:

لب شاخوں سے دیکھ اڑا کر بات کبوتر

پل میں کیسے لگتا ہے الزام تماشا

حسن ناصر پی او ایف واہ میں 1960ء سے قیام پذیر ہیں۔ خاندانی پسِ منظر اور گھر کے ادبی ماحول کی وجہ سے زمانہ طالب علمی میں شعر گوئی کی طرف راغب ہوئے۔ ناصر کے دادا ایک ادیب تھے جنہوں نے اپنے دور میں ایک ہندو ادیب کے ساتھ مل کر ''تاج

اللغات" مرتب کی[8]۔ ناصر جدید لہجے میں نظم اور غزل کہتے ہیں۔ شاعری میں برتے ہوئے مواد کی تشکیلِ نو سے گریز کرتے ہوئے نئے مضامین متعارف کراتے ہیں:

ہر اک سمت سے اس پر دباؤ ایسا پڑا

دھنک کے رنگ سبھی بلبلے میں ٹوٹ گئے

کڑکتی دھوپ تھی لیکن وہ راہبر ناصر

سفر نواز تھا ایسا کہ چھاؤں ہی میں رہا

درخت کٹ گیا لیکن وہ رابطے ناصر

تمام رات پرندے زمیں پہ بیٹھے رہے

کاندھوں پہ ندامت کا گراں بوجھ اٹھائے

تہذیب چلی لوٹ کے پھر غار کی جانب

حلیم قریشی پچاس کی دہائی سے اسی کی دہائی کے ابتدائی سالوں تک واہ میں مقیم رہے۔ آج کل بسلسلہ ملازمت سندھ میں ہیں۔ نئے لہجے کے شاعر ہیں۔ نظم و غزل دونوں پر یکساں توجہ دیتے ہیں۔ کلام گزشتہ دو عشروں سے ملک کے نمائندہ ادبی پرچوں میں چھپ رہا ہے:

انساں، تو اپنے روپ میں آ جا، بہت ہوئی

صدیاں گزر گئی ہیں تجھے ڈھونڈتے ہوئے

پیاس بجھانے والا خود محروم رہا

کیسے لوگوں کا کیسا مقسوم رہا

اس نے پیٹھ سے مجھ پہ کتنے وار کئے

اور مراسم میں کتنا معصوم رہا

چھت گرنے کا خوف سبھی پہ طاری تھا

جتنی دیر کٹھرے میں مظلوم رہا

راز مراد آبادی نے علی گڑھ مسلم یونیورسٹی میں تعلیم حاصل کی۔ شاعری میں جگر مراد آبادی کی شاگردی اختیار کی۔ 1960ء میں پی او ایف واہ کے شعبہ تعلقات عامہ میں ذمہ داریاں سنبھالنے کے بعد راز نے واہ سے ادبی تیکنیکی مجلّہ ''کاریگر'' (جو بعد میں ''واہ کاریگر'' ہو گیا) جاری کروایا۔ اس کے علاوہ بڑی ادبی محفلیں منعقد کروائیں، جن میں ملک کے نامور شعراء اور ادباء شریک ہوتے رہے۔ راز کا مجموعہ کلام ''حرفِ راز'' کے نام سے شائع ہوا۔ 80ء کی دہائی کے ابتدائی سالوں میں راز کا انتقال ہوا۔ راز کی غزل کے بارے میں ڈاکٹر توصیف تبسم لکھتے ہیں: ''خالص غزل لکھنے کی جس تحریک کی ابتداء مومن سے ہوئی تھی، وہ حسرت اور جگر سے ہوتی ہوئی راز تک پہنچتی ہے۔'' [9]

ترے خیال سے فرصت جو عمر بھر نہ ہوئی

کب اپنے آپ سے گزرے ہمیں خبر نہ ہوئی

سحر کے نام پہ بزمِ نشاط کی برہم

چراغ ہم نے بجھائے مگر سحر نہ ہوئی

رفیق نشتر ایک اہم محنت کش شاعر ہیں۔ واہ کے ادبی حلقوں میں نہ صرف محنت کشوں کے ایک نمائندہ شاعر کی حیثیت سے بلکہ ''استادِ زمن'' کے فرضی نام سے بھی نشتر نے بہت شہرت پائی۔ ان کے اک شاگرد عاطر ملتانی لکھتے ہیں: ''سالنامہ، ہفت روزہ ''واہ کاریگر'' 1971ء میں جناب ''واہ واہی'' نے جو واہ کے ادبی حلقوں میں رئیس امروہوی کی سی

حیثیت کے مالک ہیں، اپنے مخصوص طنزیہ رنگ میں کچھ قطعات شائع کروائے تھے جو مقامی شعراء و ادباء پر گہرا طنز لئے ہوئے تھے۔ اس پر راقم کے استاد محترم نے، جو بلا مبالغہ واہ کے نوجوان خوش گو شاعر مانے جاتے تھے، ایک قطعہ اپنی جانب منسوب سمجھتے ہوئے ایک جوابی نظم بعنوان "واہ واہی کے نام" شائع کروائی۔ بس، پھر کیا تھا! جواب الجواب نظمیں اور قطعات شائع ہونے لگے۔ آخر کار استاد بشیر احمد صمصام نے فریقین کو اپنے دولت کدہ پر مدعو کرکے آپس میں مصالحت کروادی۔" اس قلمی مجادلہ کو، جو "واہ واہی" (ظفر ابنِ متین) اور "استادِ زمن" (رفیق نشتر) کے مابین مجلّہ "واہ کاریگر' کی 1971ء کی چھ اشاعتوں تک جاری رہا اور اس میں "استاد زمن" کے شاگرد بھی حصہ لیتے رہے، عاطر ملتانی نے مرتب کرکے شائع کروا دیا۔ مندرجہ بالا اقتباس اسی مرتب شدہ اشاعت کے صفحہ 4 (پیش لفظ) سے لیا گیا ہے۔ اس مناقشے کا ابتدائیہ ملاحظہ فرمائیے:

اب شہر کے اک شاعرِ بیداد سے ملئے

صیادِ سخن، حضرتِ صیاد سے ملئے

جس بزم میں آجاتے ہیں، اٹھتا ہے یہی شور

'استاد سے، استاد سے، استاد سے ملئے'

(واہ واہی)

"واہ واہی کے نام"

میں وقت کا حافظ ہوں، نہ سعدی ہوں نہ جامی

میں دل کا پیامی ہوں فقط دل کا پیامی

مقصود کسی سے بھی نہیں تلخ کلامی

سچائی پہ مرمٹتا ہوں ہے مجھ میں یہ خامی
الجھا ہوں میں بدخواہوں کے لشکر سے ہمیشہ
دیتا ہوں جواب اینٹ کا پتھر سے ہمیشہ
شاگرد ہیں میرے، مجھے کہتے ہیں جو استاد
کیا عیب ہے گر 'باپ' کہے باپ کو اولاد
کیوں لوگ تعرض کی بنا لیں اسے بنیاد
گلشن کے محافظ کو سمجھنے لگیں صیاد
گنگا کبھی اس رخ پہ بہے گی نہ بہی ہے
یہ میرے حریفوں کی فقط کم نگہی ہے
فن کار کو فن کار کی تضحیک سے حاصل؟
جو حق ہے سو حق ہے، جو ہے باطل سو ہے باطل
وہ اپنے تئیں خود کو سمجھتے ہیں جو قابل
ہمت ہے اگر ان میں تو آ جائیں مقابل
کھل جائے کہ ہے شاعرِ بیداد یہاں کون
شاگرد یہاں کون ہے استاد یہاں کون
سمجھو کہ جہالت میں پلا ہوں تو یہ سن لو
جانو کہ میں اتنا ہی برا ہوں تو یہ سن لو

کہہ سکتا ہوں کچھ اور بھی چاہوں تو یہ سن لو

گر جاننا چاہو کہ میں کیا ہوں تو یہ سن لو

میں جلوہ گرِ مسندِ اقلیمِ سخن ہوں

استاد ہوں، استاد ہوں، استادِ زمن ہوں

(استادِ زمن)

رفیق نشتر کو "استادِ زمن" ثابت کرنے کے لئے ان کے مندرجہ ذیل دو شعر ہی کافی ہیں، جنہیں ادب کی معمولی سوجھ بوجھ رکھنے والا عام انسان بھی ایک مرتبہ سن لینے کے بعد کبھی فراموش نہیں کر سکتا:

فن کی تکمیل پہ فن کار برے لگتے ہیں

قصر بن جائے تو معمار برے لگتے ہیں

میں نے چاہا کہ کسی شاخ پہ تنکے رکھ لوں

آئی آواز، خبردار! برے لگتے ہیں!

ایک جدید غزل گو شاعر سجاد بابر واہ میں ساتویں دہائی کے آخر سے لے کر آٹھویں دہائی کے آخری سالوں تک تقریباً دس برس تک مقیم رہے۔ "سجاد بابر کا آبائی شہر پشاور ہے اور وہ جواں سال جدید حقیقت پسندی کے ایک نمائندہ شاعر ہیں۔" [10]

رفیق وقت رہا، سارے منظروں سے ملا

بجز سراب مجھے کیا مسافتوں سے ملا

وہ خوش خصال بھرے راستوں پہ یاد آیا

جو اختلاف کے باوصف چاہتوں سے ملا

ڈھل جاتا ہے صدیوں کا غبار ایک گھڑی میں

سوچوں کے خرابے میں اگر تو نظر آئے

شاہد ملک نے واہ ہی میں تعلیم حاصل کی۔ ایم اے انگریزی کرنے کے بعد کچھ عرصہ شعبہ تدریس سے وابستہ رہے۔ آج کل بی بی سی کے اردو نشریات کے شعبے سے وابستہ ہیں۔ شاہد کی غزل غم جاناں اور غم دوراں کا امتزاج جمیل ہے۔ بحریں رواں اور ردیفیں نئی استعمال میں لاتے ہیں:

گلوں کا رنگ، زمیں کی مہک، ہوا کی نمی

ترے وجود سے ہوتی ہیں بار یاب رتیں

وہ تیرگی ہے کہ آنکھوں پہ کچھ نہیں کھلتا

لہو کا رنگ، قفس، آسماں، ہوا، چہرے

بہت قریب ہے شاہد نجات کا موسم

کریں گے درد کا اظہار برملا چہرے

واہ کے سینئر شاعر شاہد نصیر پاکستان کے گنے چنے صاحب اسلوب شعراء میں سے ایک ہیں۔ لیکن اپنی قلندرانہ طبیعت کی وجہ سے ذرائع ابلاغ اور نامور ناقدینِ ادب کی نظروں سے اوجھل رہے۔ شاہد امرتسر میں پیدا ہوئے۔ سکول کے دور میں شاعری شروع کی۔ ایف اے کرنے کے بعد 4 4 91ء میں ملازمت کرلی۔ تقسیم کے بعد لاہور منتقل ہوئے اور پاکستان ملٹری اکاؤنٹس میں ملازمت اختیار کی۔ کلام 1940ء اور 1950ء کے دوران کے نامور ادبی پرچوں کی زینت بنتا رہا۔ نظیر اختر کے ایک مضمون (مطبوعہ ''واہ کاریگر'' ستمبر

1965ء) کے مطابق 1948ء تا 1953ء کے پاکستانی غزل کے ہر سالانہ انتخاب میں شاہد کی غزل شامل ہوتی رہی۔ 1954ء میں شاہد نصیر واہ منتقل ہوئے اور اپنی عمر کا باقی حصہ یہیں پر گزارا۔ انتقال 3 ستمبر 1973ء کو دل کا دورہ پڑنے کی وجہ سے ہوا۔ شاہد نصیر کے بارے میں ڈاکٹر توصیف تبسم کہتے ہیں : ''واہ میں سب سے اہم نام اس وقت (1954ء میں) خواجہ شاہد نصیر کا تھا۔ وہ ایک طرح سے ہم سب کے 'مرشد' تھے۔ باقی صدیقی، شاہد اور میں اس سے قبل پشاور میں بھی اکٹھے رہ چکے تھے۔ شاہد نوکری ملٹری اکاؤنٹس میں کرتے تھے اور رہتے کیمونسٹ پارٹی کے دفتر میں تھے۔ شاہد وہ شخص ہے جس نے باقی صدیقی سے بھی شاعری کروائی۔ وہ نجی محفلوں میں ''لیکچر'' دیتے اور باقی صدیقی ان سے استفادہ کرتے ہوئے نظمیں لکھتے تھے۔'' [10]

شاہد نصیر چھوٹی بحروں میں داخلی واردات کی عکاسی بڑی چابک دستی سے کرتے ہیں۔ قادرالکلامی، اسلوب کی جدت اور تغزل، شاہد کی غزل کی وہ خصوصیات ہیں جو، ان کو پاکستانی شعراء کی صفِ اول میں جگہ دلواتی ہیں۔ شاہد نے غزلوں اور نظموں کا ایک وقیع سرمایہ چھوڑا ہے جو مختلف رسالوں میں، شاہد کے اہلِ خانہ اور دوستوں (توصیف علوی وغیرہ) کے پاس محفوظ ہے۔ ضروری ہے کہ ان کا سارا کلام کتابی شکل میں سامنے آئے۔

مے خانے کے دروازے پہ ٹوٹا ہوا اک جام

شاہد کا یہ انجام، نہیں ایسا نہیں ہے

غمِ عالم نہ ڈالے پھر خراشیں

رخِ ہستی پہ اے کاکل بکھر جا

کہاں تک ٹھہری ٹھہری سی قیامت

کسی دن موج، تو، سر سے گزر جا

آکے منزل پہ سوچتا ہوں میں

کاش! رستے میں رہ گیا ہوتا

آگہی زخم بن گئی شاہد

کاش! میں کچھ نہ جانتا ہوتا

اور شاہد کی اپنی پسند کا شعر [11]:

دل صحیفہ تھا، ایک عمر جسے

باب در باب دیکھتے گزری

شفیع ضامن پاک فوج کے شعبہ تعلیم سے وابستہ تھے اور اسی سلسلے میں اگست 1973ء سے اکتوبر 1977ء تک واہ چھاؤنی میں مقیم رہے۔ آج کل اسلام آباد کے ایک کالج میں اردو ادبیات کے استاد کی حیثیت سے خدمات سرانجام دے رہے ہیں۔ غزل کے ساتھ ساتھ نثر اور تنقیدی مضامین بھی لکھتے ہیں۔ شفیع ضامن کے اس اقتباس سے واہ کی ادبی اہمیت واضح ہو جاتی ہے: ''وہ کینٹ میں رہتے ہوئے میں جس خود تربیتی اور خود احتسابی کے عمل سے گزرا، اور مجھے جو ادبی فضا میسر آئی اس نے مجھے ایک مختلف قسم کا انسان بنا ڈالا۔ یہاں کے چار سالہ قیام کے دوران ہی میں نے ادب کے نام پر کچھ ٹوٹے پھوٹے الفاظ لکھے لیکن 'تخلیقِ ادب' کا یہ عمل واہ سے میرے تبادلے کے ساتھ ہی زوال پذیر ہو گیا۔'' [12]

شفیع ضامن کی غزل جدید طرزِ احساس کی حامل ہے۔ وطن کی سرزمین اور شاعر کی اپنی منفرد شخصیت کی سرزمین دونوں کی خوشبو ضامن کی غزل میں رچی بسی ہے:

ہر نئے دور کے معیار الگ تھے ضامن

شکر ہے یاد رہا ہم کو سلیقہ اپنا

بانجھ بتلاتے رہے اس کو خدایانِ بخیل

ورنہ دھرتی تھی مری، لعل اگلنے والی

اپنی افتادِ طبیعت بھی عجب ہے ضامن

سنگ سے سخت مگر برف سی گلنے والی

ظفر ابن متین بھی واہ کی ادبی تاریخ میں ایک نمایاں حیثیت رکھتے ہیں۔ ظفر ضلع فتح پور (یوپی، بھارت) میں پیدا ہوئے۔ الہ آباد سے بی اے کرنے کے بعد 1943ء میں ہندوستان کے محکمہ محاسبات سے منسلک ہوئے۔ پاکستان کے قیام کے بعد راولپنڈی منتقل ہوئے۔ 1954ء سے 1981ء (اپنی وفات) تک واہ میں مقیم رہے۔ واہ کی فعال ادبی تنظیم ''بزمِ فانوسِ ادب'' کے پہلے سکرٹری اور روح رواں تھے۔ اردو کی تقریباً ہر صنف سخن میں طبع آزمائی کی۔ کلام ملک کے نامور جرائد: فنون، اوراق، سیپ، افکار، ادبی دنیا اور ادبِ لطیف کے علاوہ بہت سے دیگر ادبی رسالوں میں چھپتا رہا۔ ''واہ کاریگر'' کے اہم قلمی و انتظامی معاون رہے۔ چند برس (؟) رئیس امروہوی کے رنگ میں مزاحیہ قطعات بھی لکھتے رہے، جو ''واہ واہی'' کے مخفی نام سے مجلّہ ''واہ کاریگر'' میں شائع ہوئے، اور بہت پسند کئے گئے۔ ظفر کا مجموعہ کلام ''قلم اور روشنی'' کے نام سے شائع ہوا۔ ان کے سارے غیر مطبوعہ اور غیر مدون کلام سے انتخاب کر کے بھی ایک اور مجموعہ کلام ترتیب دیا جا سکتا ہے۔ متانت، سنجیدگی اور قدیم و جدید اسلوب کا امتزاج جمیل ظفر کی غزل کا خاصہ ہے:

کم اس طرح بھی سچ کا اثر کر دیا گیا

دیوانہ کہہ کے شہر بدر کر دیا گیا

پوچھا نہ جیتے جی کبھی دل کا معاملہ

اک جشن بعدِ مرگِ ظفر کر دیا گیا

کسی نے لوحِ جبیں کا نہ ایک حرف پڑھا

مری کتاب کا مضموں کتاب ہی میں رہا

علی مطہر اشعر پاکستانی محنت کشوں کے مسائل کی شاعری کے حوالے سے اپنی ایک واضح پہچان رکھتے ہیں۔ اشعر 1955ء میں واہ منتقل ہوئے۔ جہاں کارخانے کے ایک ورک مستری کی حیثیت سے تیس سال سے زیادہ عرصہ تک خدمات زر انجام دیتے رہے۔ چند برس پہلے ریٹائر ہو کر دوبارہ مزدوری جاری رکھے ہوئے ہیں۔ اشعر نے اپنے واہ میں قیام کے دوران ہی 1960ء کی دہائی میں شاعری شروع کی۔ غزل کے علاوہ نعت، نظم، سلام اور مرثیے بھی کہتے ہیں۔ افسانہ نگار بھی ہیں۔ تیس کے قریب افسانے مجلّہ ''واہ کاریگر'' میں شائع ہو چکے ہیں۔ کئی ایک نعتیں مک کے معروف نعت خوانوں کی آواز میں ریکارڈ ہوئیں جو مختلف قومی مواقع پر ریڈیو اور ٹی وی سے نشر ہوتی رہتی ہیں۔ اپنے اوقاتِ کار کی پابندی کے باوجود ریڈیو کے لئے وقت نکال کر کئی ایک ڈراموں میں صداکاری کر چکے ہیں۔ فارسی کے عالم ہیں ۔ اور اپنی مادری زبان اردو کے علاوہ انگریزی اور پنجابی بھی جانتے ہیں۔ اشعر کی غزل میں روایت اور جدت کا امتزاج ملتا ہے، لیکن جدت کا پلڑا بھاری ہے۔ رواں بحروں میں غزلیں کہتے ہیں۔ الفاظ کی نشست و برخاست کا خاص خیال رکھتے ہیں۔ بحر اور زمین کی ساخت کے تقاضوں کے پیشِ نظر اسلوب میں بعض اوقات فارسیت کا رنگ گہرا ہو جاتا ہے۔ گھر، مزدور اور انسانی رشتے اشعر کی غزل کے نمایاں موضوعات ہیں۔ رؤف امیر لکھتے ہیں : ''اشعر کے انسانی رشتوں؛ ماں، بیوی اور بچوں کے حوالے سے مسائل کی جو شاعری کی ہے، اردو غزل کا دامن اس سے پہلے اس قسم کے موضوعات سے خالی تھا۔'' [13]

وہ پیڑ کاٹ رہا ہے کہ گھر بنائے گا

پرندے سوچ رہے ہیں کہ ہم کدھر جائیں

وہ جو اک فاقہ زدہ معصوم کے ہاتھوں میں ہے

کرب کے آثار اس گڑیا کے چہرے پر بھی ہیں

اب مری بیوی کی آنکھوں میں چمک بڑھنے لگی

میرا اک بچہ بھی مزدوری کے قابل ہو گیا

اپنے بچوں کو چھپا کر جھاڑیوں کی اوٹ میں

شیر کو اپنے تعاقب میں لگا لیتی ہے ماں

دن بھر کی مشقت کا صلہ روح کا گریہ

آنکھوں میں جلن، دل میں کسک اور بدن چُور

اک چھوٹے سے سیب کو کتنی قاشوں میں تقسیم کروں

کچھ بچوں کا باپ ہوں اشعر، کچھ بچوں کا تایا ہوں

اشعر کی ایک نظم "مزدور" کے چند اشعار درج کئے جاتے ہیں، جو انہوں نے 1972ء میں واہ کے مزدوروں کے ایسے جلسے میں پڑھی جس سے اس وقت کے وزیرِ محنت نے بھی خطاب کیا [14]:

دستِ مزدور سے قائم ہے نظامِ ہستی

ہے اسی مردِ جفا کش سے نظامِ ہستی

نقش بر سنگ ہوئے کارِ نمایاں اس کے

صنعتِ اسلحہ سازی پہ ہیں احسان اس کے

یہ وفا کیش ہے تم دادِ وفا دو اس کو

یہ تہی دست ہے، محنت کا صلہ دو اس کو

سالکِ راہِ محبت ہے جزا دو اس کو
کام لینا ہے تو کچھ آب و غذا دو اس کو
داد و تحسین کے پھولوں سے سجا دو اس کو
پیرہن اس کا دریدہ ہے قبا دو اس کو
اس کی اولاد کو سرمایۂ ملت سمجھو
اس کی دستار کو دستارِ فضیلت سمجھو

منور عزیز 1970ء کے عشرے میں واہ چھاؤنی میں چند برس بسلسلہ ملازمت قیام پذیر رہے۔ منور کی غزل جدید عہد میں پائی جانے والی امید و بیم کی ملی جلی کیفیات کی عکاسی کرتی ہے:

لکیریں کھینچ رہا ہوں ہوا کی لہروں پر
تری شبیہ سنورنے کی ایک آس تو ہے
سر پٹختے ہیں بہت تیز ہوا کے جھونکے
آج کی رات تو گلیوں میں چراغاں ہوتا
آئینہ آئینہ لمحوں کے مقابل آ کر
کون ہم سا تھا کہ بازار میں عریاں ہوتا

نثار ناسک ڈسکہ (سیالکوٹ) کے رہنے والے ہیں ۔ شعر گوئی کا آغاز بچپن میں ماہیے، ڈھولے کہنے سے کیا۔ عملی زندگی کا آغاز صحافت سے کیا۔ آج کل ریڈیو پاکستان سے وابستہ ہیں ۔ نثار نے چند سال تک کنٹونمنٹ بورڈ کی ملازمت بھی کی اور اس سلسلے میں

1968ء اور 1969ء کے دو سال واہ میں مقیم رہے۔ لیکن سبطِ علی صبا سے ان کی دوستی اس سے بہت پہلے کی تھی۔ نثار کی غزل میں روایتی موضوعات نہ ہونے کے برابر ہیں۔ اسلوب بھی اچھوتا ہے۔ مشاعروں میں شرکت کم کرتے ہیں اور (بعض شعراء کی طرح) مشاعرے میں شرکت کرنے کے لئے کبھی شعر نہیں کہتے۔ نثار ناسک کے کچھ اشعار بیسویں صدی کی کلاسیکی غزل کا حصہ بن چکے ہیں :

میں جس کے سائے سے اٹھا تھا تیری یاد کے ساتھ

وہ شاخسارِ صنوبر مری تلاش میں ہے

میں سازشوں میں گھرا اک یتیم شہزادہ

یہیں کہیں کوئی خنجر مری تلاش میں ہے

قتلِ طفلاں کی منادی ہو رہی ہے شہر میں

ماں ! مجھے بھی صورتِ موسیٰ بہا دے نہر میں

نذیر احمد شیخ پی او ایف کے قیام سے لے کر اپنی وفات (1971ء) تک واہ میں قیام پذیر رہے۔ پاکستان کے گنے چنے مزاح نگاروں میں ایک نام نذیر احمد شیخ کا بھی ہے۔ "سردی"، "چکر"، "زمیندار بستی کی بس" اور ایسی ہی کئی مزاحیہ نظموں پر مشتمل ان کا مجموعۂ کلام بھی شائع ہو چکا ہے (نام؟)۔ ذیل میں ان کی نظم "زمیندار بستی کی بس" سے ایک اقتباس درج کیا جاتا ہے :

جھکولوں سے سب کارواں جھومتا ہے

مسافر مسافر کا منہ چومتا ہے

پھنسا پاؤں سوتا ہے، سر گھومتا ہے

دبی نبض سوتی ہے نس چل رہی ہے

زمیندار بستی کی بس چل رہی ہے

جہاں قید ہے اک زنانی سواری

وہاں ایک حضرت پہ ہے وجد طاری

ذرا دٹانگ دیکھو، کہاں ہے پساری

یہ جوتے کی جوتی سے مس چل رہی ہے

زمیندار بستی کی بس چل رہی ہے

نسیم قریشی بزمِ فانوسِ ادب واہ کے بانی ارکان میں سے ہیں۔ آج کل بھی واہ میں مقیم ہیں۔ اپنے نام کی طرح نرم رو غزل کہتے ہیں۔ تصادم اور جدلیات کا احساس کہیں بھی نہیں ہوتا۔ لیکن اس کا مطلب یہ نہیں کہ ان کی غزل روایتی ہے۔ ان کے موضوعات نئے ہوتے ہیں۔ اس کے علاوہ بولتی ہوئی ردیفیں نسیم کی غزلوں کی پہچان ہیں:

جن گھروں میں رہتے ہیں لوگ آئینوں جیسے

ان کے چار جانب ہیں پتھروں کی دیواریں

گر پڑیں نسیم آخر اپنے کانچ جسموں پر

ہم نے جو اٹھائی تھیں نفرتوں کی دیواریں

اسے نزدیک سے دیکھا ہے جب بھی

سمندر کی طرح گہرا لگا ہے

نظیر اختر 1953ء میں جموں (کشمیر) میں پیدا ہوئے۔ تعلیم سیالکوٹ میں حاصل کی۔ سکول کے دور ہیں ہی نظم گوئی شروع کر دی۔ 1951ء میں ایف اے کرنے کے بعد تلاشِ روزگار میں کراچی منتقل ہو گئے، جہاں ادبی انجمنوں کے جلسوں میں شرکت سے شعری اور تخلیقی ذوق کو جلا ملی۔ 1956ء میں سیالکوٹ واپس آئے تو شکیب جلالی بھی وہاں ''شہکار لمیٹڈ'' نامی کمپنی کے مینیجر تھے، جن سے نظیر کی دوستی رہی۔ بعد ازاں شکیب نے سیالکوٹ سے لاہور منتقل ہونے پر ایک ادبی پرچہ ''جاوید'' نکالا۔ اس میں نظیر اختر کی پہلی غزل شائع ہوئی۔ واہ میں نظیر 1957ء میں منتقل ہوئے اور تا حال پی او ایف ایڈ منسٹریشن میں خدمات سر انجام دے رہے ہیں۔ نظیر کی غزل میں صنعتی زندگی کے مسائل کی عکاسی اور سیاسی جبر کے خلاف مزاحمت کے عناصر نمایاں ہیں۔ اس کے علاوہ ان کی غزل غم جاناں کو اپنے اندر جذب کرکے ایک نئے جارحانہ انداز میں پیش کرتی ہے:

کچھ اس طرح سے وفا کا موسم بدل رہا ہے

ہر آدمی دشمنی کے سانچے میں ڈھل رہا ہے

ملوں نے دھرتی کے شاہکاروں کو روند ڈالا

نہ لہلہاتی وہ کھیتیاں ہیں، نہ ہل رہا ہے

ہر گلی کوچے سے نکلیں گے ہزاروں آفتاب

دیکھنا، اک دن یہ اندھے شہر روشن ہو گئے

وہ تیر بن کے سینۂ شب میں اتر گئے

جن کو تمہاری زلف کے سائے بہم نہ تھے

ہم کو مٹا سکی نہ ہوائے جنوں کہ ہم

راہِ وفا میں صورتِ نقشِ قدم نہ تھے

اب تک ہم نے واہ کے جن شاعروں کا تذکرہ کیا ہے، ان سب کی شاعری کا بالواسطہ تعلق سید سبطِ علی صبا کی شاعری سے بنتا ہے۔ واہ کے آسمانِ ادب کی یہی وہ کہکشاں ہے جس میں صبا کوکب کی طرح نظر آتے ہیں۔ لیکن یہ کہکشاں وہ ہے جو ایک ہی نظر میں دکھائی پڑتی ہے۔ ذرا قریب جائیں تو تخلیقی نور سے فروزاں اور بھی بے شمار ستارے نظر آتے ہیں، جن میں آصف منہاس، آلِ نبی تابش، ابن الحسن سید، احسان اللہ خان، احمد سعید اختر، اختر نواز ملک، ارشد قریشی، الطاف قمر، انجم سلطانپوری، انوار عثمانی، ایس اے شیما، بشیر احمد صمصام، بشیر علی حلیم، ڈاکٹر بے تاب، بیدل فاروقی، تپش برنی، توصیف صدیقی، جلیل قریشی، جمال لکھنوی، جمیل یوسف، خورشید الزمان، ذاکر حسین ذاکر، ذکاء اللہ اخگر، رفیع الدین یاور، رؤف امیر، زاہد ملک، ساجد زبیری، ساجد مراد آبادی، سلطان نیر، سلمان عادل، سید قابل، شاہد ملک، شجاعت حسین، شرف الدین مصلح، شعیب بن عزیز، شمس العارفین عارف، شوکت رضوی، شہزاد قمر، شیراز طاہر، صابر القادری، صفی حیدر دانش، صمیم خیر آبادی، طفیل عاصم، طلعت بانو، ظفراللہ خان، ظہیر رامپوری، عبدالماجد علیگ، عون محمد، غزل وقار، فرخ جمال خان، فضل حسین صمیم، فوزیہ بانو، فہیم اختر، کمال کاسگنجوی، لیاقت انجم، متین اسلم، محمود اختر عادل، مختار ندیم، مخفی مارٹن پوری، مخلص وجدانی، مسرور قدرمانی، ممتاز تاباں، منظور الکونین، منیر احمد شامی، میر بشیر، نازش رضوی، ناظم شاہجہان پوری، نائم مظفر پوری، نثار ناصر، نجیب کلیم آبادی، نصرت دہلوی، نقیب جالندھری، نورالدین نوری، وصیت خان وصیت، وصی سیتاپوری، یعقوب سالک، اور علامہ یوسف جبریل کے نام شامل ہیں۔

ان تمام شعراء وشاعرات نے واہ کے قیام پاکستان سے لے کر 1980ء تک کے سرمائے میں اپنے اپنے شعری ماحول اور رجحانات کے مطابق حصہ ڈالا، جس کی اہمیت سے انکار نہیں کیا جا سکتا۔ واہ میں جہاں شعراء کی ایک کثیر تعداد قیام پذیر رہی، وہاں چند نثر نگار

بھی مسلسل تخلیقی عمل میں مصروف رہے۔ ان میں طفیل کمالزئی، امان اللہ خان، امتیاز عارف، سلیم بھٹی، قیصر عابدی، علی مطہر اشعر، اکمل ارتقائی، غلام رسول، سعید اختر، محمود اختر عادل، منور احمد جاوید، احمد مختار، شاہین اقبال، سلیم انصر، رضا عباس، جاوید خان، صغیر حسین شاہ، غلام دستگیر، مختار بٹ، شوکت علی، اور کفیل مرزا کے نام آتے ہیں۔ طفیل کمالزئی کے نویں دہائی میں دو افسانوی مجموعے ''سانجھے دکھ'' اور ''گھرا ہوا آدمی'' منظرِ عام پر آئے۔ امان اللہ خان کے افسانے منظرِ عام پر آنے سے یقیناً اردو کے معیاری افسانوی ادب میں اضافہ ہوگا۔ سلیم بھٹی اور امتیاز عارف بھی خاصی تعداد میں افسانے تحریر کر چکے ہیں۔ اکمل ارتقائی شاعری کے ساتھ ساتھ تنقیدی مضامین بھی لکھتے ہیں۔ صبا کے قریبی دوست قیصر عابدی کے تنقیدی مضامین کا تذکرہ بھی واہ کی ادبی سرگرمیوں کی پرانی کاروائیوں میں ملتا ہے۔ محمود اختر عادل ابتدا میں جدید شاعری کے علم بردار، پھر جدید افسانے کے قلم بردار رہے اور اب دونوں سے دست بردار ہو چکے ہیں۔ انہیں افسانہ نگاری کی طرف تو ضرور توجہ دینی چاہیئے، کیونکہ ان کے برسوں پہلے چھپنے والے افسانوں کا تذکرہ اب بھی واہ کے ادبی حلقوں میں رہتا ہے۔

شاعر ہمیشہ اپنے عہد کی شاعری کے اثرات جذب کرتا اور اپنے اثرات اس پر چھوڑتا ہے۔ خاص طور پر بڑا شاعر معاصر شاعری سے بانیاز نہیں رہ سکتا، اور نہ ہی معاصر شاعری اس سے آنکھ بچا کر گزر سکتی ہے۔ واہ اور بیرونِ واہ میں صبا کے معاصرین دوست شعراء اور عام شعراء میں کئی نام ایسے ہیں، جن کی غزل جزوی طور پر صبا کی غزل کے ساتھ طرزِ احساس کا اشتراک رکھتی ہے۔ صبا کے ان معاصر شعراء کے بارے میں یہ نہیں کہا جا سکتا کہ وہ صبا سے زیادہ متاثر ہوئے یا صبا ان سے، لیکن اتنا ضرور ہے کہ صبا سے مخصوص غزل کا مجموعی رویہ تشکیل دینے میں ان شعراء کی غزل نے جو کردار ادا کیا اس کو نظر انداز نہیں کیا جا سکتا۔

ان شعراء میں سرِ فہرست تنویر سپرا کا نام ہے۔ تنویر نہ صرف صبا کے عہد کے شاعر ہیں بلکہ ان کے ساتھ پیشے کا اشتراک بھی رکھتے ہیں۔ صبا ایک اسلحہ اور بارود ساز ادارے کے مزدور تھے اور تنویر ایک سگرٹ مل کے کارکن رہے۔ ان کے ساتھ تیسرے نامور شاعر علی مطہر اشعر ہیں، جن کا ذکر اسی باب میں ہو چکا ہے۔ تینوں نے ایک ماحول میں، لیکن اپنی اپنی افتادِ طبع اور نفسیاتی پسِ منظر کے زیرِ اثر شاعری کی۔ لہٰذا طبقاتی اور پیشہ ورانہ اشتراک کے باوجود تینوں کی غزل اپنی اپنی الگ پہچان رکھتی ہے۔ تنویر سپرا کے ہاں صنعتی مزدور کے مسائل کا حوالے سے شاعری کا سرمایہ صبا اور اشعر دونوں سے زیادہ ہے۔ تنویر صنعتی زندگی کے مسائل کو غزل کی مخصوص رِیت اور علامت کا سہارا دیے بغیر پیش کرتے ہیں، اس لئے عامی حلقوں میں نسبتاً زیادہ مقبول ہیں۔ انہوں نے اپنے مجموعہ کلام "لفظ کھردرے" کے پیش لفظ 'اپنی بات' میں اپنے عوامی انداز کا اعتراف یوں کیا ہے: "بڑے شعراء کی طرح میرے خیال میں نہ تو غیب سے مضامین آتے ہیں اور نہ ہی صریر خامہ نوائے سروش ہے۔ میری شاعری افلاکی نہیں خاکی ہے۔ میری طرح میرے اشعار بھی اپنا رزق اسی کرہ خاک سے حاصل کرتے ہیں۔ اور اسی باعث میرے قارئین بھی فلک نژاد نہیں خاک زاد ہیں۔" [15] اپنے ایک شعر میں تنویر سپرا غزل کے نقادوں سے یوں مخاطب ہیں:

میں شاعرِ عوام ہوں، تعظیم کر، نہ کر

ہر عہد میرا عہد ہے، تسلیم کر، نہ کر

تنویر کے ہاں صنعتی زندگی کے علاوہ بھی متنوع موضوعات ملتے ہیں، تاہم ان کی غزل گہرے تفکر اور حکمت و فلسفہ جیسے مضامین سے خالی ہے۔ بحریں رواں، اندازِ بیاں سادہ اور غیر مبہم اور لہجہ قطعی، عوامی اور بلند بانگ ہے:

کتنا بعد ہے میرے فن اور پیشے کے مابین

باہر دانش ور ہوں، مل کے اندر آئل مین

دشمنی زر دار سے مجھ کو وراثت میں ملی

میں بھی ہوں مزدور، میرا باپ بھی مزدور تھا

آج بھی سپرا اس کی خوشبو مل مالک لے جاتا ہے

میں لوہے کی ناف سے پیدا جو کستوری کرتا ہوں

رات کی شفٹ چلا کر مجھ کو خوابوں سے محروم کیا

میرے آجر نے میری فطرت پر ڈاکہ ڈالا ہے

اے رات! مجھے ماں کی طرح گود میں لے لے

دن بھر کی مشقت سے بدن ٹوٹ رہا ہے

سب وحشتوں کے کام و دہن کو عزیز ہے

محنت کشوں کا خون بہت ہی لذیذ ہے

مل مالک کے کتے بھی چربیلے ہیں

لیکن مزدوروں کے چہرے پیلے ہیں

مردوں کی طرح جس میں مرا باپ جیا ہے

وہ صورتِ حالات نہیں چاہئے مجھ کو

مزدور ہوں، محنت کا صلہ مانگ رہا ہوں

حق دیجئے خیرات نہیں چاہئے مجھ کو

عورت کو سمجھتا تھا جو مردوں کا کھلونا

اس شخص کو داماد بھی ویسا ہی ملا ہے
تم شب کی سیاہی میں مجھے قتل کرو گے
اور صبح کے اخبار کی سرخی میں بنوں گا

کہہ رہی ہیں سرحدوں پر چھوٹتی مہتابیاں
آ رہی ہے میرے گھر میں پالکی خورشید کی

واعظ کے اہتمامِ مناجات پر نہ جا
یہ تو تمام بندے پھنسانے کے ڈھنگ ہیں

سبطِ علی صبا، تنویر سپرا اور علی مطہر اشعر کی غزلوں میں صنعتی زندگی کے مسائل کے علاوہ بھی کچھ موضوعات کا اشتراک ملتا ہے۔ ان میں غریب طبقے کے بچوں کا حوالہ اور ماں کے عظیم رشتے کا حوالہ قابلِ ذکر ہیں۔

بچے کے حوالے سے صبا کا شعر ہے:

جب چلی ٹھنڈی ہوا، بچہ ٹھٹھر کر رہ گیا
ماں نے اپنے لال کی تختی جلا دی رات کو

علی مطہر اشعر کا شعر ہے:

وہ جو اک فاقہ زدہ معصوم کے ہاتھوں میں ہے
کرب کے آثار اس گڑیا کے چہرے پر بھی ہیں

تنویر سپرا نے کہا:

میں اپنے بچپنے میں چھو نہ پایا جن کھلونوں کو

انہی کے واسطے اب میرا بیٹا بھی مچلتا ہے

ماں کے حوالے سے ان تینوں کے اشعار دیکھئے:

ماں نے مجھے تنہا کبھی چھوڑا ہی نہیں ہے

چشمہ مرے پاؤں سے ابل کیوں نہیں سکتا

(صبا)

اپنے بچوں کو چھپا کر جھاڑیوں کی اوٹ میں

شیر کو اپنے تعاقب میں لگا لیتی ہے ماں

(اشعر)

کبھی گوتم نے جس کی جستجو میں گھر کو چھوڑا تھا

وہی تسکین ملتی ہے مجھے ماں کی زیارت سے

(تنویر)

ماں اور بچوں کے حوالے سے ان تینوں شعراء کے مشترک موضوعات کے علاوہ کچھ ایسے موضوعات بھی ہیں جو صبا اور اشعر کی شاعری میں مشترک ہیں اور کچھ ایسے جو تنویر اور صبا کی غزل میں معمولی فرق کے ساتھ مشترک ہیں۔ شریکِ حیات کے حوالے سے اشعر اور صبا کے احساسات کا عکس ان اشعار میں جھلکتا ہے:

اس کی قسمت جب مری قسمت سے وابستہ ہوئی

پھول سا اس کا بدن تھا، سوکھ کر کانٹا ہوا

اب مری بیوی کی آنکھوں میں چمک بڑھنے لگی

میرا اک بچہ بھی مزدوری کے قابل ہو گیا

(علی مطہر اشعر)

لوگوں کی چادروں پہ بناتی رہی وہ پھول
پیوند اس نے اپنی قبا میں سجا لئے
مر غزارِ شاعری میں گم رہا سبطِ علی
سو گئی رہ دیکھتے بیمار بیوی رات کو

(سبطِ علی صبا)

تنویر سپرا اور سبطِ علی صبا کے مشترک موضوعات کی دو مثالیں ملاحظہ ہوں :

تنویر مفلسی میں بھی کتنا عظیم ہے
جس کی گرہ میں دولتِ ذوقِ سلیم ہے

(تنویر سپرا)

ہم پستیوں میں رہ کے بھی اتنے بلند ہیں
اسرار جانتے ہیں ترے آسمان کے

(صبا)

اس نگری کی ہر گوری نے روٹھ کے اپنے بالم سے
گجرے توڑے بند یاد ھوئی، جھانجر کھولی پاؤں سے

(تنویر)

صحن میں اک شور سا، ہر آنکھ ہے حیرت زدہ

چوڑیاں سب توڑ دیں دلہن نے پہلی رات کو

(صبا)

تنویر سپرا اور علی مطہر اشعر کے علاوہ بھی کئی معاصر شعراء کے ہاں صبا کی غزل کے موضوعات سے مماثلت ملتی ہے۔ مثلاً صبا کی 1958ء میں کہی گئی غزل کا شعر ہے:

زنجیرِ پا کٹی تو جوانی گزر گئی

ہونٹوں پہ تیرا نام صبا لائے کس طرح

اسی دور کے ایک شاعر شبنم مناروی کا ایک شعر خاصا مقبول ہوا، جو 1980ء کی دہائی میں چھپنے والے ان کے مجموعۂ کلام "پانی پر بہتا پھول" میں شامل ہے:

کٹ چکا عہد جوانی تو ترا پیار ملا

ہم سے کھنڈرات میں انسان بسائے نہ گئے

"زنجیرِ پا" کی تمثال کے حوالے سے یوسف حسن کا ایک مختلف موضوع پر شعر یاد آجاتا ہے جو عرصہ دراز سے انقلابی محنت کش حلقوں میں مقبول چلا آرہا ہے:

دست دعا اٹھائے تو اک عمر ہو چلی

کوئی قدم اٹھاؤ کہ زنجیرِ پا گرے

جلیل عالی کا ایک شعر ہے:

بس رہا تھا مری سوچ کے آسمانوں پہ جو

اور ہی شہر تھا اس کے سب بام و در اور تھے

اسی موضوع پر سبطِ علی صبا کا شعر ہے

تیری جنت کا تصور مرا دشمن نکلا

موجزن دھوپ ہے ہر سمت شجر کوئی نہیں

ماں کے حوالے سے صبا کا شعر مذکور ہو چکا ہے۔ نثار ناسک نے تلمیح کی مدد سے ماں کے کردار کو ایک مختلف صورت میں اجاگر کیا ہے:

قتلِ طفلاں کی منادی ہو رہی ہے شہر میں

ماں، مجھے بھی صورتِ موسیٰ بہا دے نہر میں

ہمارے دیہی معاشرے میں جاگیر دارانہ سماج کے اثرات ابھی تک جاری و ساری ہیں۔ صبا نے اپنے ایک شعر میں اس سماج کے روایتی 'چودھری' کے کردار کو یوں پیش کیا ہے:

گاؤں کے چودھری نے منادی کرائی ہے

ہر سر پھرے کو گاؤں سے باہر نکال دو

حسن ناصر کا ایک پنجابی شعر ہے:

کلفاں لگے شملے سوچیں پے گئے نیں

اوکھیاں گلاں کر گیا، پُت مصلیاں دا

فکر کے ساتھ ایک عہد کے شعرا ایک دوسرے کے فنی اثرات بھی قبول کرتے ہیں۔

صبا کی ایک غزل کا مطلع ہے:

اس کی چاہت کو زمانے سے چھپا بھی نہ سکوں

وہ تو خوشبو ہے اسے ہاتھ لگا بھی نہ سکوں

اسی بحر میں پروین شاکر کی مشہور غزل کا مطلع ہے، جس کے پہلے مصرعے کے پہلے حصے اور صبا کے زیرِ نظر مطلع کے دوسرے مصرعے کے پہلے حصے میں کوئی فرق نہیں :

وہ تو خوشبو ہے ہواؤں میں بکھر جائے گا

مسئلہ پھول کا ہے، پھول کدھر جائے گا

اس طرح صبا کے ہاں ایک غزل ایسی بھی موجود ہے جس کی بحر اور صبا کے دوست غلام محمد قاصر کی ایک غزل کی بحر ایک ہی ہے۔ جس سے اندازہ ہوتا ہے کہ یہ دوست شعراء ایک دوسرے کے فنی اثرات قبول کرتے رہے ہیں :

تم تو یونہی ناراض ہوئے ہو ورنہ میخانے کا پتہ

ہم نے ہر اس شخص سے پوچھا، جس کے نین نشیلے تھے

(غلام محمد قاصر)

موج بلا سے بچ نکلے تو اپنی کشتی ٹوٹ گئی

جرات ساتھ نباہتی کب تک سانس کی ڈوری ٹوٹ گئی

(سبطِ علی صبا)

صبا کی ایک اور بحر میں اکلوتی غزل موجود ہے، جس کا مطلع ہے:

وہ اپنی باہنوں میں بھینچ لے تو برائی کیسی

زمین ماں ہے تو ماں سے میری لڑائی کیسی

اسی بحر میں صبا کے ہم عصر واہ کے شاعر حلیم قریشی کی ایک غزل ہے، جس کا ایک شعر اس طرح ہے:

وہ پیاس ہے کہ سمندروں کو بھی خوف آئے

وہ حبس ہے کہ خیال میں بھی ہوا نہ اترے

ریاست کے مسائل، ذاتی حالات اور صنعتی زندگی کے مسائل صبا کی غزل کے نمایاں دھارے ہیں۔ قومی موضوعات پر تقریباً تمام جدید غزل گو طبع آزمائی کرتے ہیں۔ لیکن ذاتی حالات اور صنعتی زندگی کے حوالے سے کم شعراء ایسے ملتے ہیں جو قاری کو چونکا دیتے ہیں۔ بیرونِ واہ کے پاکستانی ادب کے شعری سرمائے میں سے ہم چند اہم اشعار درج کرتے ہیں جو صبا کی غزل کے قریب ترین نظر آتے ہیں:

چپ چاپ گھر کے صحن میں فاقے بچھا دئے

روزی رساں سے ہم نے گلہ کچھ نہیں کیا

(اقبال ساجد)

لاش کے پہلو سے چوری ہو گئے

اک پرانا سائیکل، خالی ٹفن

(اسلم کولسری)

آجر سوچے دیکھ کے تن مزدوروں کے

کتنا سونا نکلے گا ان کانوں سے

(ماجد صدیقی)

سید سبطِ علی صبا بنیادی طور پر غزل کے شاعر ہیں۔ ان کی نظموں میں سے اگرچہ ''راہ میں دیوار نہ بن'' اور ''عید محرومی'' وغیرہ انفرادیت کی حامل ہیں، لیکن ان کی نظموں میں باوجود جذبۂ حب وطن کی تہذیب یافتہ شکل ان کی غزلوں میں ملتی ہے۔ لہٰذا ہم نے واہ کے ادبی ماحول کے ساتھ ساتھ صبا کی معاصر غزل کے جائزے کو اساسی اہمیت دی ہے۔ یہ جائزہ پیش کرنے کا ہمارا مقصد صبا کی انفرادیت دریافت کرنا ہے۔ رہی بات یہ کہ صبا کے بعد کی غزل پر صبا کے کیا اثرات مرتب ہوئے۔ اس سلسلے میں عرض یہ ہے کہ صبا کا مجموعہ کلام 1986ء میں منظرِ عام پر آیا۔ بلا شبہ ان کے جدید ترین ادب پر اثرات مرتب ہوں گے لیکن ان کی واضح نشان دہی چند برس بعد مناسب رہے گی۔ فی الحال یہ کام قبل از وقت ہے۔

سید سبطِ علی صبا کی شاعری پر تنقیدی، تشریحی اور تجزیاتی کام اب تک بہت کم ہوا ہے۔ اس سلسلے میں شفیع ضامن لکھتے ہیں: ''یہ ایک تلخ حقیقت ہے کہ اب تک میرے سمیت کسی نے بھی صبا کی شاعری کا اس سنجیدگی اور ہمدردی سے مطالعہ نہیں کیا جس کی وہ مستحق ہے۔ اس کی سیدھی سادی وجہ اس کا سوشل سٹیٹس تھا۔ وہ ایک مزدور اور غریب شاعر تھا جو ہمارے sophisticated دانشوروں اور نقادوں کی نظر میں جچ ہی نہیں سکتا تھا، تو پھر اس کی شاعری کی پرکھ پڑچول کون کرتا۔'' [16]

شفیع ضامن کا مندرجہ بالا بیان صبا کے انتقال (1980ء) کے دنوں کا ہے اور آج، دس سال بعد، بھی اس کی صداقت اپنی جگہ برقرار ہے۔ تاہم صبا کی شاعری اور شخصیت کا مطالعہ کرنے اور، تھوڑا بہت جو کچھ ان کے فن پر لکھا گیا ہے، اس کو مربوط انداز میں دیکھنے کے بعد ہم اردو ادب میں صبا کا انفرادی مقام دریافت کرنے میں کامیاب ہو جاتے ہیں۔ ذیل میں صبا کے بارے میں نقادوں کی آراء سے ایک انتخاب دیا جاتا ہے۔

احمد ندیم قاسمی لکھتے ہیں: ''اس کی غزل جہاں دھرتی کے بیٹوں کے دکھوں، محرومیوں اور شکستِ تمنا کے حادثوں کی ترجمان ہے، اور یوں بیسویں صدی کی تیسری چوتھائی

کا معاشرتی، تہذیبی اور سیاسی آشوب معلوم ہوتی ہے، وہاں یہ عوام الناس کی بنیادی آزادیاں اور حقوق چھیننے والوں کے نام ایک الٹی میٹم بھی ہے۔ جو لوگ سبطِ علی صبا کو جانتے ہیں انہیں معلوم ہے کہ خدا کے سوا وہ کسی کے سامنے گھٹنے ٹیکنے کا تصور بھی نہیں کر سکتا تھا۔ جو شدت اور حدت اس کے مصافحے اور معانقے میں تھی، وہی شدت اور حدت اس کے مشاہدۂ حیات میں بھی تھی۔ وہ اپنے آنگن سے باہر کی دنیا تک چار طرف جب چھینا جھپٹی کے مناظر دیکھتا تھا اور زر پرست معاشرے کے پاٹوں میں پسنے والے کروڑوں عوام پر نگاہ ڈالتا تھا تو ایسا ایسا قیامت کا شعر کہہ جاتا تھا کہ تجربات اور محسوسات کی اتنی صداقت اور ساتھ ہی خیال و اظہار کی اتنی ندرت اور جدت سے اردو غزل ابھی کچھ زیادہ آشنا نہ تھی۔" [17]

ڈاکٹر وحید قریشی لکھتے ہیں: "سید سبطِ علی صبا کا تعلق 1960ء کے بعد آنے والی اس نسل سے ہے جس نے شعری روایت کو ایک احساسِ تازہ سے روشناس کرایا۔ نئے تجربوں اور نئے ذائقوں کو خوش آمدید کہنے والے ان شاعروں میں سبطِ علی صبا اس لحاظ سے مختلف بھی ہے کہ اس نے وارداتِ قلب و نظر کو شعر کرنے کے لئے لفظی بازیگری کا سہارا نہیں لیا۔ اور روایت سے مضبوط شتہ قائم رکھتے ہوئے نئی شعری فرہنگ مرتب کرکے نئے اسلوب میں شعر کہا۔" [18]

پروفیسر سجاد شیخ لکھتے ہیں:

Saba was a remarkable poet, profound and pathetic but actually aware of human life.

بھارت کے نقاد رئیس منظر لکھتے ہیں: "ان کا سلسلہ 1974ء کے بعد وجود میں آنے والی اس نسل سے ملتا ہے، جس نے بعض ناگزیر حالات کے تحت بدیسی اثرات کی گرفت سے آزاد ہو کر اپنا رشتہ اپنی حقیقی دنیا سے جوڑا۔ اقبال نے معجزۂ فن کی نمود کو خونِ جگر کا مرہونِ منت قرار دیا ہے۔ صبا کے اشعار بتاتے ہیں کہ ان کی تخلیق میں شاعر کا خونِ جگر

صرف ہوا ہے۔ اپنے موضوع کو لہو میں رچا لینے، اسے inhale کر لینے سے شاعری میں وہ جوہر پیدا ہوتا ہے، جسے صداقت کہتے ہیں۔ صبا کی انفرادیت اسی جوہر سے متعین ہوتی ہے۔ صبا ہمارے اپنے زمانے کے شاعر ہیں۔ انہوں نے آج کی آلودہ اور گھمبیر حقیقتوں سے براہ راست آنکھ ملائی ہے۔ لیکن ارضِ وطن سے ان کی وابستگی نے ان کے ذہنی اور فکری رویے کو مایوسی کا شکار نہیں ہونے دیا ہے۔ چنانچہ وہ موت جیسی بھیانک سچائی، جس کا سامنا کرتے ہوئے آدمی اس طرح لرزتا ہے، جس طرح بچے اندھیرے میں جاتے ہوئے ڈرتے ہیں، ان کے ہاں کیا سے کیا بن جاتی ہے

وہ اپنی بانہوں میں بھینچ لے تو برائی کیسی

زمین ماں ہے تو ماں سے میری لڑائی کیسی

یوسف حسن نے اپنے مضمون ''محنت کشوں کا شاعر'' میں لکھا ہے: ''کہنے کو وہ ایک عام دمی تھا، مگر اپنے مشخص فکری اور فنی کردار میں اس کی ذات ایک مثال تھی۔ وہ اپنے کردار اور فن دونوں ہی میں کھری محبت اور کھلی نفرت کا اظہار کرنے والا انسان تھا۔ وہ خود ایک محنت کش تھا، اور اپنے کردار اور فن میں محنت کشوں کا ایک با شعور اور حوصلہ مند طرف دار تھا۔ اس کا رشتہ اپنی زمین اور اپنے زمین زادوں سے تھا اور اسی زمینی شعور نے اس کی ذاتی انا کو اجتماعی انا سے مربوط کئے رکھا، اور وہ ذات کو آفاق سے ہم آہنگ کئے رہا۔ سبطِ علی صبا مظلوم اور محروم ضرور رہا، مگر ظالموں سے رحم کا طالب کبھی نہ ہوا۔ اس کی شخصی حوصلہ مندی اور اس کے تاریخی شعور کے امتزاج سے اس کے کردار میں رزم آرائی کا رنگ اور فن میں رزمیہ نگاری کا آہنگ ابھرا۔ صبا کا یہ رنگ اور آہنگ فقط اس کی ذات تک محدود نہیں رہا بلکہ محنت کش طبقے کی تخلیقی توانائیاں صدیق پاتی ہوئی محسوس ہوتی ہیں۔'' [21]

صبا کی شاعری پر گفتگو کرتے ہوئے آفتاب اقبال شمیم کہتے ہیں: ''صبا کو اس بات کا شعور تھا کہ ہماری غزل میں غالب رویہ خود ترحمی کا ہے، جو متوسط طبقے کا طرزِ احساس ہے۔ اس

نے خود ترحمی کو دانستہ طور پر رد کیا۔ اس نے احتجاج کی شاعری میں جو لفظیات اور تماثیل برتیں، وہ بالکل انوکھی ہیں۔" [22] راقم سے ایک گفتگو کے دوران آفتاب اقبال شمیم نے کہا: "صبا کا اردو غزل میں ایک بہت بڑا contribution ہے۔ صبا سے پہلے کسانوں اور محنت کشوں کے بارے میں جو غزلیں یا نظمیں لکھی گئیں، وہ ان شعراء کے قلم سے نکلیں جو محنت کش طبقے سے ہمدردی رکھتے تھے، لیکن خود محنت کش طبقے میں ابھی کوئی شاعر ایسا نہیں ابھرا تھا جو معاشرے کے استحصال اور جبر کے براہ راست تجربے کو شاعری میں منتقل کرتا۔ یہ کام سب سے پہلے سبطِ علی صبا نے کیا۔ ہم دیکھتے ہیں کہ مثلاً احسان دانش کی شروع کی نظمیں بھی ایک محنت کش کی لکھی ہوئی نظمیں ہیں لیکن ان نظموں پر ایک طرح سے اس دور کے لہجے اور ایک طرح کی رومان پسندی کا سایہ پڑتا ہوا دکھائی دیتا ہے۔ سبطِ علی صبا، علی مطہر اشعر اور تنویر سپرا کم و بیش یک دوسرے کے ہم عصر تھے لیکن صبا نے شاعری کچھ عرصہ پہلے شروع کی، اس حوالے سے وہ اپنے ہم عصروں کا پیش رو بن گیا۔" [23]

علی مطہر اشعر اور تنویر سپرا کے آغازِ شاعری کے بارے میں آفتاب اقبال شمیم نے جو بیان دیا ہے، اس کی وضاحت کے لئے یہ تفصیل درج کرنا ضروری ہے کہ تنویر سپرا نے راقم سے ملاقات (مؤرخہ 7 اگست 1990ء: مجاہد آباد، جہلم) کے دوران بتایا کہ انہوں نے پہلی غزل 1968ء میں جہلم کی سگرٹ فیکٹری کے ایک مشاعرے میں سنائی تھی۔ اور علی مطہر اشعر نے راقم سے ملاقات (جمعہ 23 نومبر 1990ء: لائق علی چوک، واہ کینٹ) کے دوران بتایا کہ انہوں نے پہلی باقاعدہ غزل 1966ء میں ایک طرحی مصرعے پر کہی، جس میں اشعر کا ایک مصرعہ تھا:

سب ہی تمہاری بزم میں تھے ایک ہم نہ تھے

1963ء میں "بزمِ ادب، واہ" کے زیرِ اہتمام ایک طرحی محفلِ مشاعرہ منعقد ہوئی، جس میں طرح مصرعہ تھا:

صلائے عام ہے یارانِ نکتہ داں کے لئے

اس مشاعرے کی رپورٹ واہ فیکٹری کے مجلّہ ''واہ کاریگر'' کے لئے طفیل کمالزئی نے لکھی۔ مطبوعہ رپورٹ (جلد۔1، شمارہ۔5، ص :17 (اکتوبر 1963) میں دوسرے شعراء کے علاوہ واہ کے مزدور شعراء رفیق نشتر اور سبطِ علی صبا کے بھی دو دو اشعار درج ہیں۔ ایک ایک شعر یہاں نقل کیا جاتا ہے:

کبھی کبھی تو مجھے یہ گمان ہوتا ہے

یہ کارواں ہے فقط میرِ کارواں کے لئے

(رفیق نشتر)

قدم قدم پہ کرو اہتمامِ دار و رسن

رواں ہے قافلۂ شوق امتحاں کے لئے

(سبطِ علی صبا)

اس کے بعد اکمل ارتقائی کی ایک غزل بھی، اکمل کے اپنے بیان کے مطابق ''لیل و نہار'' لاہور کے شمارہ مارچ 1964ء میں چھپی، جو انہوں نے راقم کی خواہش پر اپنے ہاتھ سے لکھ کر بھی فراہم کی۔ اس غزل کا ایک شعر ہے:

ہر سمت نظر آتے ہیں جھلسے ہوئے چہرے

ہنستے ہوئے شہروں کی ہوا زہر بھی ہے

تاہم اکمل ارتقائی کے ہی بیان کے مطابق صبا سے پہلی غزل انہوں نے 1958ء میں سنی تھی، جس کا ہم اس مقالے کے پہلے باب کے حصہ ''آغازِ شاعری'' میں ذکر کر چکے ہیں۔

اور اب سبطِ علی صبا کے بارے میں علی مطہر اشعر کی رائے ملاحظہ کریں۔ لکھتے ہیں : ''اس نے طبقات کی دیواروں کو منہدم کرنے کے لئے اپنے تجربات و مشاہدات کی بنیاد پر ایسا ادب تخلیق کیا، جس کے ذریعے تقدیر کے غیر محرک فلسفے کا تدارک ہو سکے''۔ [24]

شفیع ضامن لکھتے ہیں : ''جہاں تک میں سمجھ سکا ہوں، صبا کی شاعری کا اساسی محرک اس کا جذبہ حب الوطنی ہے، لیکن اس کی حب الوطنی اپنے وطن کے پہاڑوں، دریاؤں، آبشاروں، درختوں اور پھولوں کا محض سیر چشمانہ تذکرہ کر دینے تک محدود نہ تھی۔ وہ اس مطلق قسم کی حب الوطنی کا قائل ہی نہ تھا۔ اس کے نزدیک وطن کی محبت کا معیار یہ تھا کہ جس طرح وطن کی خدمت کرنا اور اس کے ساتھ غیر مشروط وفاداری برتنا ہم سب پر فرض ہے، بالکل اسی طرح وطن کے وسائل پر بھی ہم سب کا حق ہے۔ اور صبا کے نقطۂ نظر سے وہ شخص ہرگز محب وطن نہیں جو ان وسائل پر سانپ بن کر بیٹھا ہوا ہے، یا بیٹھنا چاہتا ہے۔ اسی لئے ہم دیکھتے ہیں کہ صبا کی شاعری سماجی ناہمواریوں اور معاشرتی بے انصافیوں کے خلاف ایک انتہائی ترش اور تلخ احتجاج ہے۔'' [25]

جمیل الدین عالی لکھتے ہیں : ''کسی نے کہا 'سبطِ علی صبا کو چند شعروں کی بنا پر اتنا بڑا شاعر بنا کر رکھ دیا ہے' تو کیا یہ غلط ہوا ہے؟ اور 'اتنا بڑا' نہ تو اسے بنایا گیا ہے، نہ کوئی کسی کو بنا سکتا ہے۔ مولانا آزاد ''آبِ حیات'' میں ایک لڑکے کا ذکر کرتے ہیں، جس کا نام انہیں بھی معلوم نہ تھا۔ وہی لڑکا! 'اس گھر کو آگ لگ گئی گھر کے چراغ سے'! ۔ وہ بے نام لڑکا صرف ایک شعر کے بل بوتے پر آج تک اردو ادب میں زندہ ہے۔ میں کہتا ہوں اگر سبطِ علی صبا نے صرف یہی شعر کہا ہوتا 'لوگوں نے میرے صحن میں رستے بنا لئے'، تو وہ اردو ادب میں زندہ رہنے کا حق دار تھا! لیکن اس نے اور بہت کچھ کہا ہے۔ اس کی کراہیں، اس کے عزائم، اس کی ناکامیاں، اس کی جد و جہد ہمارے پورے معاشرے، پورے دور کی ایسی ترجمان ہیں کہ عصری ادب میں ایسی موثر مثالیں بہت کم ملیں گی۔'' [26]

رشید نثار اپنے مضمون ''طشتِ مراد'' میں لکھتے ہیں: ''کمزور کندھے والا ایک سبطِ علی صبا ہی تھا جس کی آنکھیں اپنے سینے کی طرف بھی کھلتی ہیں اور باہر کی جانب بھی کہ وہ ناآسودگیوں اور محرومیوں کو کھلی آنکھوں سے دیکھنے کا عادی تھا اور جب اس نے اس کا اظہار کرنا چاہا تو اس کے کلام کو سن کر معاشرتی ناہمواریوں کی چکی میں پسے ہوئے افراد کے خمیروں کو تسکین ملتی تھی۔ اور وہ لوگ جو معاشرتی ناہمواریوں کے براہ راست ذمہ دار تھے انہیں اس کے کلام کو پڑھ کر ہچکچاہٹ محسوس ہوتی تھی، لیکن مجموعی طور پر تاریخی ارتقاء کے تسلسل کو جانچنے اور پرکھنے والے ذہنوں کو اس کی شاعری کے اعتراف میں کوئی گھبراہٹ نہیں ہوتی۔ ایک مزدور کی حیثیت سے وہ لاکھوں مزدوروں ہی کی طرح تھا، لیکن فن کو زندگی بخشنے میں مزدور کے علاوہ اس کے اندر ایک فکری انسان بھی تھا جس نے اسے بے باک اظہار اور کبھی کبھی تصادم و پیکار کی راہ بھی سجھائی تھی۔ صبا کو یہ معلوم تھا کہ ہمارا معاشرہ ذہنی آسودگی سے مبرا ہے اور اسے تبدیل کرنے کے لئے ایک فکری انقلاب کی یہاں اشد ضرورت ہے۔'' [27]

نثار ناسک کہتے ہیں: ''وہ ایک کم پڑھا لکھا شاعر تھا۔ لیکن اگر اس کے معاشی مسائل نہ ہوتے تو نرا شاعر ہی شاعر تھا۔ شاعری ولایت کی طرح ہوتی ہے، یہ حقیقت ہے کہ جس طرح دل میں میل آ جانے سے ولی کی ولایت چلی جاتی ہے، اسی طرح شاعر کے دل میں مفادات کی میل آ جانے سے اس کی شاعری چلی جاتی ہے۔ صبا کو شاعری خدا کی طرف سے ودیعت ہوئی تھی۔ ورنہ اتنے محدود مطالعے والا بندہ شاعری نہیں کر سکتا۔ اس نے زندگی میں سچ لکھے ہیں، روزمرہ زندگی میں جو بھی محرومیاں اس کو درپیش رہیں یا جتنے بھی مسائل اس کے مشاہدے میں آئے ان کو اس نے پورے خلوص اور صداقت کے ساتھ پیش کیا۔ اس نے مسائل کو کمزور اور بھونڈے طریقے سے پیش نہیں کیا۔ لہٰذا اس کی شاعری کو ہم اردو کے ادبِ عالیہ میں رکھ سکتے ہیں۔'' [28]

صبا کی شاعری کے حوالے سے نظیر اختر لکھتے ہیں : ”صبا کا واضح نقطۂ نظر یہ تھا کہ مزدور کے حقوق ملنے چاہئیں ۔ وہ یہ سمجھتا تھا کہ مزدور کا استحصال ہو رہا ہے، اور اس کی ضروریات کے مطابق اس کی محنت کا معاوضہ نہیں مل رہا۔“ [29]

صبا کی شاعری کی فنی خصوصیات کے بارے میں یوسف حسن کہتے ہیں : ”صبا کی شاعری میں روایتی فنی تمثالیں برائے نام ہیں۔ زیادہ تر فنی تمثالیں جدید اور تازہ ہیں، جب کہ بعض بالکل نئی ہیں جیسے آہنی ہار، موت کی لوری، چہرے کا پوسٹر، فصیل برف، تمغۂ ہجرت، اور افق کا آنچل وغیرہ۔ سبطِ علی صبا محنت کش شاعر ہوتے ہوئے بھی عام ترقی پسند اور غیر ترقی پسند نقادوں کے اس جھانسے میں نہیں آیا کہ حقیقت پسندانہ شاعری محدود موضوعات کا مقبول تمثالوں میں اکہرا اظہار ہوتی ہے۔ اس کی بجائے اس نے زیادہ سے زیادہ موضوعات کو جدید تمثالوں میں پیش کرتے ہوئے اعلیٰ شاعری کے معیار پیشِ نظر رکھے۔“ [30]

سید سبطِ علی صبا کی جملہ تخلیقات کے تجزیہ اور ان کے نقادوں کی مندرجہ بالا آراء کے مطالعہ کے بعد ہم اس نتیجے پر پہنچتے ہیں کہ اردو ادب میں ان کا مقام ان کی غزل متعین کرتی ہے جو سچائی، کھرا پن، عدم ابہام، نئی امیجری اور رزمیہ لہجے کہ وجہ سے اردو ادب میں ایک نئی غزل کا نمونہ ہے۔ اس غزل میں صنعتی محنت کش کے جملہ معاشی اور سماجی مسائل، صنعتی زندگی کے نفسیاتی مسائل، پاکستان کے قیام سے لے کر 1980ء تک کے جملہ قومی اور ریاستی وسائل کے ثمرات سے محروم نچلے درجے کے شہری کے احساسات کی ترجمانی ملتی ہے۔ اس طرح یہ زندگی کے مخصوص پہلوؤں کی نہیں بلکہ پوری زندگی کی ترجمان غزل ہے۔ ظلم، استحصال اور جبر کے خلاف سپاہیانہ آہنگ اور لہجے میں واضح احتجاج کے باوجود صبا کی غزل میں غزل کا ”درد“ موجود ہے۔ یہ غزل نہ تو نعرہ بازی کو قریب پھٹکنے دیتی ہے اور نہ ہی اس میں رمزیت کے نام پر کوئی ذو معنویت یا ابہام ہے۔ اس طرح یہ غزل بیک وقت زندگی کے جمالیاتی اور افادی دونوں قسم کے تقاضوں کو پورا کرتی ہے۔ اس سنبھلے ہوئے انداز اور

موضوعات کی ہمہ گیری کے سبب یہ ''مکمل غزل'' ہے۔ صبا ارضِ وطن سے، اس میں جذب ہو جانے کی حد تک وابستگی رکھنے والے شاعر ہیں۔ لہٰذا ان کی غزل کے تمام موضوعات ماورائی اور رومانوی کی بجائے ارضی ہیں۔ صبا کے ذاتی حالات پر کہے گئے اشعار بالخصوص پاکستانی اور بالعموم تیسری دنیا کے زیر دستوں کے مشترکہ دکھوں کے ترجمان ہیں۔ اس طرح ان کی غزل خالص ''ارضی غزل'' ہے۔

ماضی بعید سے لے کر حال تک کے ادب میں اس نئی اور ''مکمل ارضی غزل'' کی مثال ڈھونڈنے والوں کو مایوسی ہو گی۔

حواشی

1۔ ''صبا، اے ریمارک ایبل پوئٹ'' انگریزی مضمون از پروفیسر سجاد شیخ۔ ''طشتِ مراد'' ص :21

2۔ شاہد نصیر پر نظیر اختر کا مضمون۔ مطبوعہ ''واہ کاریگر'' جلد۔3 ، شمارہ۔3 (ستمبر 1965ء)

3۔ ڈاکٹر توصیف تبسم اور آفتاب اقبال شمیم سے راقم کی ملاقات: 7 دسمبر 1990ء، اسلام آباد

4۔ واہ کے ادبی ماحول کے بارے میں تفصیلات ''واہ کاریگر'' کے 3 196ء تا 1980ء کے شماروں اور ''بزمِ فانوسِ ادب'' کے کاروائی رجسٹر سے اخذ کی گئی ہیں۔

5۔ شعراء کے نام حروف تہجی کی ترتیب کے مطابق لکھے گئے ہیں۔

6۔ ''قوس در قوس'' از یوسف حسن۔ روزنامہ امروز، لاہور (9جولائی 1987ء)

7۔ ''غزل کے نئے افق'' رشید امجد مطبوعہ ''اوراق'' لاہور: شمارہ خاص۔2 (جولائی 1968ء) ص :26

8۔ حسن ناصر سے راقم کی گفتگو: 92 جنوری 1991ء ، 9۔گل نستر روڈ، واہ چھاؤنی۔

9۔ راز مراد آبادی کے ساتھ ایک شام۔کاروائی مطبوعہ ''واہ کاریگر'' جلد۔3، شمارہ۔3 1 (یکم دسمبر 1968ء)

01۔ یوسف حسن۔ روزنامہ امروز، لاہور۔

a10۔ ڈاکٹر توصیف تبسم اور آفتاب اقبال شمیم سے راقم کی ملاقات: 7 دسمبر 1990ء، اسلام آباد۔ تجویز یہ ہے کہ نفسِ مضمون میں یا تو اس حوالے کو مختصراً ضم کر دیں، یا حوالہ نمبر 3 دے دیں۔

11۔ شاہد نصیر پر نظیر اختر کا مضمون۔ مطبوعہ ''واہ کاریگر'' جلد۔3، شمارہ۔3 (ستمبر 1965ء)

12۔ راقم کے سوالنامے کا تحریری جواب از شفیع ضامن۔ 01 دسمبر 1990ء

13۔ ''پاکستانی غزل کے چند زاویے'' سہ ماہی ادبیات، اسلام آباد، جلد۔3، شمارہ۔01، 11، 21 (اکتوبر تا جون 1990ء)

14۔ ''واہ کاریگر'' جلد۔6، شمارہ۔93 (7 اپریل 1972ء) ص: 24

15۔ ''اپنی بات'' مشمولہ ''لفظ کھردرے'' از تنویر سپرا، بار اول 1980ء (بک کارنر جہلم) ص: 51

16۔ ''کھردرا ریشم'' از شفیع ضامن۔ ماہنامہ فنون لاہور، شمارہ۔4 1 (اگست 1980ء) ص: 02

17۔ پیش لفظ از احمد ندیم قاسمی ''طشتِ مراد'' ص: 9، 8

18۔ فلیپ از ڈاکٹر وحید قریشی ''طشتِ مراد''۔

20۔ ''دیوار کیا گری'' رئیس منظر، ہفت روزہ ''ہماری زبان'' دہلی۔ 51 اگست 1980ء

21۔ ''محنت کشوں کا شاعر'' از یوسف حسن ''واہ کاریگر۔ سبطِ علی صبا نمبر'' ص: 34

22۔ حلقہ اربابِ غالب، راولپنڈی کے زیرِ اہتمام صبا کی دسویں برسی کی تقریب (منعقدہ 14 مئی 1990ء، پریس کلب راولپنڈی) میں آفتاب اقبال شمیم کا صدارتی خطبہ۔

23۔ آفتاب اقبال شمیم سے راقم کی بات چیت مؤرخہ 7 دسمبر 1990ء۔ مکان نمبر 115، گلی نمبر 91، سیکٹر آئی۔ نائن، اسلام آباد

24۔ ''صبا، فن کے آئینے میں'' از علی مطہر اشعر، ''واہ کاریگر۔ سبطِ علی صبا نمبر'' ص :71

25۔ ''کھردرا ریشم'' از شفیع ضامن۔ ماہنامہ فنون لاہور، شمارہ۔14 (اگست 1980ء) ص :12

26۔ فلیپ از جمیل الدین عالی ''طشت مراد''

27۔ واہ میں ''طشت مراد'' کی تقریبِ رونمائی (91 اپریل 1986ء) میں پڑھا گیا۔ تقریب کی کاروائی روزنامہ ''حیدر'' راولپنڈی (92 اپریل 1986ء) میں شائع ہوئی۔

28۔ نثار ناسک سے راقم کی گفتگو مؤرخہ 6 جنوری 1991ء، صدر راولپنڈی

29۔ نظیر اختر سے راقم کی گفتگو مؤرخہ 22 دسمبر 1990ء، واہ چھاؤنی

30۔ ''سبطِ علی صبا کی شاعری'' از یوسف حسن۔ صبا کی دسویں برسی کے موقع پر حلقہ اربابِ غالب، راولپنڈی میں پڑھا گیا۔

کتابیات

القرآن

نمبر شمار	نام مصنف	نام کتاب	ادارہ	سالِ اشاعت
1۔	احمد فراز	دردآشوب	ماورا پبلشرز، لاہور	1980ء
2۔	احمد ندیم قاسمی	تہذیب وفن	مکتبہ فنون، لاہور	1979ء
3۔	اقبال ساجد	اثاثہ	جنگ پبلشرز، لاہور	1990ء
4۔	الطاف حسین حالی، مولانا	دیوانِ حالی	کشمیر کتاب گھر، لاہور	۔
5۔	ایضاً	مقدمہ شعر وشاعری	--	-
6۔	پریم چند، منشی	زادِ راہ	--	-
7۔	تنویر سپرا	لفظ کھردرے	بک کارنر، جہلم	1980ء
8۔	جمیل جالبی، ڈاکٹر	ارسطو سے ایلیٹ تک	نیشنل بک فاؤنڈیشن، پاکستان	1975ء
9۔	حبیب اللہ خان غضنفر	اردو کا عروض	غضنفر اکیڈمی، کراچی	1980ء
10۔	حمید عظیم آبادی	میزانِ سخن	شیخ شوکت علی پرنٹرز	1986ء

11۔ خاطر غزنوی، محمد طاہر فاروقی پاکستان میں اردو یونیورسٹی بک ایجنسی، پشاور 1965ء

12۔ خدیجہ شجاعت علی (ترجمہ) حدائق البلاغت صدیقی پبلشرز، لاہور ۔

13۔ سبطِ علی صبا، سید طشتِ مراد مجلسِ تصنیف و تالیف، واہ کینٹ 1986ء

14۔ سجاد باقر رضوی، ڈاکٹر مغرب کے تنقیدی اصول مقتدرہ قومی زبان، اسلام آباد 1987ء

15۔ سجاد ظہیر، سید روشنائی مکتبہ دانیال

۔

16۔ سلام سندیلوی، ڈاکٹر ادب کا تنقیدی مطالعہ میری لائبریری 1986ء

17۔ سلیم اختر اردو ادب کی مختصر ترین تاریخ سنگِ میل پبلیکیشنز، لاہور 1989ء

18۔ عابد علی عابد، سید اسلوب مجلس ترقی ادب، لاہور 1971ء

19۔ عبادت بریلوی، ڈاکٹر غزل اور مطالعہ غزل انجمن ترقی اردو، پاکستان 1955ء

20۔ عبدالغفور، آغا ٹیکسلا کا تہذیبی منظر نامہ وژن پبلیکیشنز، لاہور 1986ء

21۔ فیض احمد فیض نسخہ ہائے وفا --

۔

22۔ قدرت اللہ شہاب شہاب نامہ سنگِ میل پبلیکیشنز، لاہور 1989ء

23۔ مجید امجد کلیاتِ مجید امجد ماورا پبلشرز، لاہور 1989ء

24۔ محمد اقبال، ڈاکٹر علامہ بالِ جبریل شیخ غلام علی اینڈ سنز، لاہور 1980ء

25۔ محمد زکریا، شیخ الحدیث تبلیغی نصاب ناشرانِ قرآن لمیٹڈ، لاہور ۔

26۔ محمد موسیٰ خان کلیم مقامِ غالب نقوش پریس، لاہور 1965ء

277۔ معین الرحمٰن، ڈاکٹر سید جدید اردو غزل یونیورسل بکس، لاہور 1987ء

28۔ مقبول بیگ بدخشانی، مرزا ادب نامہ ایران نگارشات، لاہور ۔

29۔ ناصر کاظمی برگ نے فضل حق اینڈ سنز پبلشرز، لاہور 1989ء

30۔ نظیر حسین سخا محبوب الشعراء عطیہ پبلشنگ ہاؤس، لاہور 1983ء

31۔ ہارون الرشید، پروفیسر اردو ادب اور اسلام اسلامک پبلیکیشنز، لاہور 1968ء

32۔ ۔ اردو دائرہ معارف اسلامیہ، جلد۔1 دانش گاہ پنجاب، لاہور 4 196ء

33۔ ۔ ایضاً جلد۔3 ایضاً 1968ء

34۔ ۔ ایضاً جلد۔5 ایضاً 1971ء

35۔ تاریخِ ادبیات مسلمانانِ پاک و ہند، جلد۔01 پنجاب یونیورسٹی لاہور ۔

36۔ خالد شریف (مرتب) (انتخاب) اردو کی شہکار غزلیں لاہور 1989

رسائل و جرائد

1۔ واہ کاریگر (پندرہ روزہ، ہفت روزہ) واہ کینٹ: مئی 3 196ء تا مئی 1980ء کے شمارے، سبطِ علی صبا نمبر اگست 1980

2۔ ماہنامہ فنون، لاہور (احمد ندیم قاسمی): جدید غزل نمبر 1969ء، فروری۔مارچ 1971ء، نومبر۔دسمبر 1972ء، دسمبر 1974ء، اپریل۔مئی 1976ء، اگست۔ستمبر 1976ء، اکتوبر۔نومبر 1977ء، اکتوبر۔نومبر 1978ء، جنوری۔فروری 1980ء، جون۔جولائی 1980ء، اگست 1980ء

3۔ ماہنامہ اوراق، لاہور (وزیر آغا): جولائی 1968ء

4۔ ہفت روزہ ہلال، راولپنڈی: 6 ستمبر 1968ء، اپریل 1996ء، 15 مارچ 1970ء، 30 نومبر 1973ء، 6 ستمبر 1974ء، 18 اپریل 1975ء، 21 ستمبر 1975ء، 31 اگست 1976ء، 15 اکتوبر 1976

5۔ مجلّہ ہماری زبان، دہلی: 15 اگست 1980ء

6۔ ماہنامہ سب رس، کراچی (خواجہ حمید الدین شاہد): مارچ۔اپریل 1982ء

7۔ ہفت روزہ اخبارِ خواتین، کراچی: 26 مئی 1986ء

8۔ ماہِ نو، لاہور (قائم نقوی): مارچ 1990ء

روزنامے

1۔ امروز، لاہور: 9 جنوری 1986ء، 25 جنوری 1986ء، 24 مئی 1990ء

2۔ جنگ، راولپنڈی: 9 مئی 1986ء، 28 جون 1986ء، 18 جنوری 1990ء، 6 جون 1990ء، 18 جون 1990ء

3۔ حیدر، راولپنڈی: 29 اپریل 1986ء

4۔ نوائے وقت، راولپنڈی: 24 جون 1985ء

***